KB090480

제2판

Social Media & Marketing

소셜 미디어와 마케팅

서여주 저

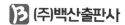 (주)백산출판사

제2판
머리말

코로나19는 이커머스 시장을 급격하게 성장시켰을 뿐만 아니라 사람들이 온라인 쇼핑을 이용하는 행태와 구매 여정까지 바꿔놓았다. 소비자 10명 중 6명이 코로나19로 인한 온라인 쇼핑 행동의 변화를 체감한다고 응답할 만큼 사람들의 이용행태는 크게 변화했다. 팬데믹이 시작된 이후 소비자들이 쇼핑 시 이용하는 플랫폼의 개수는 늘어났으며, 온라인 쇼핑 여정은 더욱 길어지고 복잡해졌다. 복잡해진 구매 여정 속에서 소비자들은 타 매체 대비 YouTube를 쇼핑 정보를 확인하기 위한 용도로 더욱 많이 이용하기 시작했다. 설문조사에 응답한 전체 소비자의 4명 중 1명이 온라인 쇼핑 시 YouTube를 이용한다고 응답할 만큼 다른 매체 대비 온라인 쇼핑 중 YouTube를 이용하는 빈도가 크게 증가했다. 소비자들은 제품을 구매할 수 있는 플랫폼에 대한 정보를 확인하고, 제품과 관련된 정보 및 전문가 또는 일반 소비자의 리뷰나 후기를 확인하기 위해, 그리고 제품의 가격을 비교하기 위해서 Google과 YouTube를 더욱 자주 이용했다.[1]

이렇듯 소셜 미디어 중 YouTube의 영향력은 갈수록 커지고 있다. 즉 소셜 미디어 도구를 통해 바이럴을 주도하고, 소비자와의 밀접한 상호작용으로 구매력을 높일 수 있는 소셜 미디어 마케팅을 이해해야 한다. 따라서 본 책은 소셜 미디어와 마케팅에 관한 인사이트를 전달하고자 하며, 최근 관심이 높아진 YouTube에

---

[1] https://www.thinkwithgoogle.com/intl/ko-kr/

대해서, 또한 YouTube 마케팅을 심도있게 다루었다.

본 책은 전통적인 마케팅과 소셜 미디어를 이용하는 마케팅은 결코 배타적이지 않으며, 상호 보완적인 역할을 맡고 있다는 것에 초점을 맞추어 구성하였다.

본 책은 총 3부 10장으로 구성하였다.

제1부는 소셜 미디어와 마케팅의 이해에 관한 내용으로 소셜 미디어, 마케팅 관리, 마케팅 믹스, 브랜드 자산과 커뮤니티에 관하여 설명하였다.

제2부는 소셜 미디어 마케팅 유형과 저작권에 관한 내용으로 소셜 미디어 마케팅 유형, 저작권과 개인정보보호에 대하여 설명하였다.

제3부는 유튜브 마케팅 실무에 관한 내용으로 숏폼, 유튜브 영상 만들기, 유튜브 채널 만들기, 유튜브 수익 창출하기에 대하여 설명하였다.

본 책을 준비하는 데 여러분이 도움을 많이 주셨다. 무엇보다도 무리한 일정에도 기꺼이 출판을 허락해 주신 백산출판사 진욱상 대표님과 책을 만드느라 애써주신 편집부 및 마케팅부 여러분께도 진심을 담아 고마움을 표시하고자 한다.

2022년 7월

소셜 미디어와 마케팅에 도움이 되길 바라며,

서여주

차례

PART Ⅲ 유튜브 마케팅 실무

소셜 미디어와
마케팅의 이해

소셜 미디어와 마케팅

소셜 미디어

CHAPTER

1

1 소셜 미디어의 어원과 역사

소셜 미디어(Social Media)의 확산은 전 세계적으로 가히 폭발적이다. 소셜 미디어가 등장한 이후로 커뮤니케이션 영역에서 지각변동이 나타나기 시작했다. 2019년 말, 전 세계적으로 코로나19가 초래한 언택트(untact) 환경이 도래함에 따라 소셜 미디어 시장은 또 다른 성장 동력을 맞이하고 있다. 대면 접촉이 제한된 상황에서 소셜 미디어를 통한 의사소통과 사회적 교류가 증가했을 뿐 아니라, 쇼핑과 엔터테인먼트성 콘텐츠를 위해서도 소셜 미디어를 찾는 이용자가 늘고 있기 때문이다. 이에 따라 소셜 미디어 플랫폼들은 이용자 저변 확장 및 이용자 충성도를 높이기 위한 새롭고 다양한 서비스를 속속히 출시하고 있어 시장 내 경쟁 또한 매우 치열해진 상황이다.

특히 글로벌 마케팅 컨설팅 업체 We Are Social과 소셜 미디어 관리 플랫폼 Hootsuite가 발표한 "디지털 2021년 4월 글로벌 현황" 보고서에 따르면, 전 세계 인구의 절반가량(53.6%)에 해당하는 43억 3,000만 명이 오늘날 소셜 미디어를 이용 중이나. 이는 직선 조사(2021년 1월) 대비 3.1% 증가했으며 전년 동월과 비교하면 무려 13.6% 성장한 수치로, 코로나19를 기점으로 다시금 상승 추세로 돌아섰다. 한편, 전 세계 국가별 전체 인구 대비 소셜 미디어 활성 이용자 비율을 살펴보면, 우리나라가 전 세계 평균(53.6%) 대비 약 1.7배 높은 89.3%로, 아랍에미리트(99.0%)에 이어 전 세계 2위로 분석된다. 그 다음으로는 대만(88.1%), 네덜란드(88.0%), 말레이시아(86.0%), 홍콩(85.6%) 등의 순으로 나타났다.

그렇다면, 소셜 미디어를 과연 어떻게 정의할 수 있을까? 어원적으로 '소셜(social)'은 사회 속에서 사람이 다른 사람들과 관계를 맺으려는 본능적 욕구를 의미한다. 웹스터 사전에 따르면, 소셜은 라틴어의 'socialis'나 'socius companion, ally, associate'로부터 유래한 중세 영어 단어로 14세기부터 쓰였다. '소셜'이 담고 있는 개념적인 정의는 다음과 같다. ① 동맹이나 연합군을 포함하는 의미, ② 친구나 동료와의 기분 좋은 동료애를 지니거나 느낌이 있는(사교적인), ③ 인간 사회, 개인과 집단의 상호작용, 혹은 사회의 구성원으로서 인간의 복지, 혹은 이와 연관된 의미, ④ 협동적이며, 일정한 유형의 다른 사람들과의 상호 의존적인 관계를 형성하는 경향의, 무리의, 사교적인, 다소 조직된 커뮤니티 안에서 살고 번식하는, ⑤ 특정한 사회 안에서 계급과 지위에 기초한, ⑥ 사회적 상황에서의 그러한 것 등의 의미를 담고 있다.

'미디어(media)'의 단수형인 '미디엄(medium)'은 16세기 중반에 '중간 코스, 타협, 중재'라는 광범위한 의미로 쓰였다. 17세기에는 보다 협소한 의미에서 '원격 상으로 물체에 일정한 힘을 가하는 행위를 통하거나 그런 인상들이 감각으로 전달되는 것을 통해 중재하는 물질'로 사용되었다. 또 당시에 '미디엄'은 '중간적인 도구나 채널'을 묘사하는 것으로도 사용되었으며, 현대적 의미의 대중매체와 같은 미디어는 1923년에 그 용례를 찾아볼 수 있다. 미디어란 ① 계발, 양도, 표현의 매체, 특히 대중매체 구성 요소로서의 매개체, ② 구문상 단수 혹은 복수형 대부분이 매스커뮤니케이션 대리인(agency)들을 가리키며 매체의 복수형으로 사용된다.

소셜 미디어가 이와 같은 '소셜'과 '미디어'의 합성어라고 가정한다면, 소셜과 미디어의 다양한 의미와 용례를 근거로 소셜 미디어를 바라볼 때, 이것은 기존의

미디어같이 본질적으로 인간의 커뮤니케이션을 활발하게 하기 위한 모든 소통의
형식이자 도구적 양식이다. 따라서 광의의 소셜 미디어는 '인간 사회에서 개인과
집단의 상호작용을 가능하게 하거나 상호 의존적인 관계를 형성하는 표현 매체
또는 커뮤니케이션 매개체'로 규정지을 수 있다(설진아, 2011).

　　한편, 소셜 미디어는 측정 가능한 퍼블리싱기술(scalable publishing techniques)
을 이용해 창출된 사회적 상호작용을 통해 주장이나 의견을 쉽게 전파하도록 고
안된 미디어이다. 소셜 미디어는 사회적 상호작용에 대한 인간의 필요를 지원하
며, 인터넷과 웹기반의 기술을 이용해 방송매체의 모놀로그식 일대다(一對多)의
커뮤니케이션 형태를 다대다(多對多)의 커뮤니케이션 형태로 변형시킨다. 소셜 미
디어는 또한 커뮤니케이션 행위자를 콘텐츠 소비자에서 생산자로 변형시킴으로
써 지식과 정보의 민주화를 지원하기도 한다. 가장 인기 있는 소셜 미디어로는
블로그, 위키, 페이스북과 같은 SNS(Social Networking Sites(혹은 Service)), 그리고
마이크로블로깅을 들 수 있다(Stuart, 2009).

　　이렇듯 소셜 미디어에 대한 개념 정의가 다양하게 내려지는 이유는 사람들이
주관적으로 의미를 부여하고 다르게 해석하기 때문이다. 웹 2.0과 소셜 미디어를
동의어로 사용하거나, 소셜 미디어를 인터넷상의 블로그나 커뮤니티 활동, 혹은
페이스북(Facebook)과 같은 SNS를 지칭한다. 혹은 트위터(Twitter)와 같은 마이크
로블로깅 서비스로 소셜 미디어를 한정짓기도 한다. 따라서 소셜 미디어의 종류
를 보다 자세히 살펴보도록 하자.

2 소셜 미디어의 종류

1) 소셜 웹과 소셜 미디어

(1) 소셜 웹

과거의 웹은 하이퍼링크에 의한 단순 정보 교류에 그쳤으나 점차 웹이 역동적으로 변화하면서 양방향의 커뮤니케이션이 가능해지고 다양한 유무선인터넷 기반의 미디어가 탄생하게 되었다. 특히, 인터넷은 이용자가 적극적으로 참여하여 정보 지식을 만들고 공유하며 사회관계를 확장하는 '소셜 웹'으로 확장되고 있다. 이로 인해 미디어 측면에서는 과거 소수의 신문, 방송, 라디오, 잡지 등 전통적인 매스미디어에 의한 일방향 정보전달에서 벗어나 퍼스널 미디어와 사용자 생산 콘텐츠(User Created Contents, 이하 UCC)가 부상하며 양방향성이 극대화되고 집단 지성의 활성화가 진행되는 등 혁신이 일어났다. 또한 개인 미디어 혹은 1인 미디어로 불리는 '미니홈피'나 '블로그'는 자신의 관심사를 타인과 공유할 수 있는 장으로서의 역할과 함께 사이버 공간에서의 관계 확장과 유지의 중요한 도구로 이용되어왔다.

특히, 이용자의 참여가 중요시되는 새로운 플랫폼으로서 소셜 플랫폼이 열리게 되고 개방형 커뮤니케이션 공간으로서의 소셜 미디어가 등장하게 되었다. 사실 소셜 미디어를 이전의 인터넷 기반 개인미디어와 뚜렷하게 구별짓기는 쉽지 않다. 하지만 소셜 미디어는 게시글을 쓰고 그 글에 대한 덧글과 댓글을 다는 게시판 중심의 커뮤니티와는 분명히 구분된다. 1990년대 중반 게시판을 활용한 PC통신 기반의 커뮤니티는 기본적으로 덧글창이 존재하지 않고 게시글에 댓글을 다는 방식의 BBS(Bulletin Board System)를 갖고 있었다. BBS는 오프라인에서 사람들이 자주 다니는 곳에 공지나 포스터를 붙이는 전형적인 알림판 형태를 기초로 한다. 이러한 BBS 방식의 커뮤니티는 이후 html 포맷의 덧글 기능이 강화된 형태의 포털사이트 기반 '카페' 혹은 '클럽'의 형태로 널리 퍼져나갔다. 이어 퍼스널 미디어의 형태로 시작된 블로그(2000년), 싸이월드 미니홈피(2001년), 페이스북(2004년) 등은 소셜네트워킹 기능이 강화되었지만 이를 소셜 미디어라고 부르기는 어렵다. 소셜 미디어는 좀 더 보도 기능, 정보 확산을 목적으로 하는 게시 기능, 공적 커뮤니케이션의 성격이 강화된 것을 의미한다.

소셜 웹은 사회기술적 배치(agencements sociotechniques) 중에서도 가장 발전된 형태라 할 수 있는데 다음과 같이 다섯 가지 특징으로 정의된다(Latour, 1994).

첫째, 이용자들이 콘텐츠를 창조하고 리믹스하고 공유하는 능력 둘째, 해당 플랫폼의 개방성과 이용 편의성 셋째, 약한 협업의 힘 넷째, 이 약한 협업에 근거한 이용자의 콘텐츠가 창출하는 경제적 가치 다섯째, 실천과 기술 이용의 다양성이 그것이다(Aguiton and Cardon, 2007). 이러한 소셜 웹은 다음 〈표 1-1〉과 같이 여섯 가지 정도의 사이트로 구별될 수 있다.

〈표 1-1〉 소셜 웹의 여섯 가지 범주

비고	사례	비고
블로그	개인 홈페이지, 블로그, 온라인저널	웹블로그
소셜 미디어	Twitter	매스미디어와 달리 특정 네트워크 안에서 소식을 전하고 공유하는 사이트
사회연결망사이트	LinkedIn Viadeo, Myspace, Match	인맥 구축을 위한 사회연결망 사이트
파일공유사이트	Flikr, KaZaA, Picassa	음악파일, 비디오, 사진 공유 사이트
협업사이트	Wikipedia	협업 기반 글쓰기 사이트
쇼핑사이트	eBay, Amazon	추천과 코멘트 등을 달 수 있는 온라인 쇼핑몰

요컨대 '소셜'한 기능을 가진 많은 서비스를 총칭하여 SNS라고 부를 수 있지만 모든 SNS가 소셜 미디어는 아니다. SNS는 온라인 사회연결망 구축 서비스 일반을 의미하는 반면 소셜 미디어는 사람들이 자신의 생각과 의견, 경험, 관점 등

을 서로 공유하고 참여하기 위해 사용하는 개방화된 온라인 툴과 미디어 플랫폼을 의미한다.

(2) 소셜 미디어

소셜 미디어(social media)에 대한 개념 및 정의는 아직까지도 다양하게 논의되고 있다. Safko와 Brake(2009)는 소셜 미디어란 문자나 그림, 동영상, 음원 등을 전송하거나 제작할 수 있게 해주는 웹 기반의 응용 소프트웨어를 이용해 참여자들이 정보와 지식, 의견을 공유할 수 있게 해주는 대화형 미디어라고 정의하였다. 즉, 소셜 미디어를 통하여 사용자들은 콘텐츠를 생산하고, 서로 간 정보를 자유롭게 공유하고 참여한다는 것이다. 그러나 소셜 미디어의 개념은 이전의 인터넷 기반의 게시판이나 커뮤니티와는 분명히 구분되는데, 소셜 미디어에 대한 개념적 정의로 광범위하게 받아들여지는 Kaplan과 Haenlein(2010)의 연구를 살펴보면 소셜 미디어란 웹 2.0[1]과 사용자 주도의 콘텐츠 생산(User Generated Content: UGC)의 인터넷 기반 미디어나 서비스들로, 이는 이전의 인터넷 기반의 관계지향적인 미디어들과 확연히 다른 차이를 나타낸다고 강조한다. 소셜 미디어는 기존의 웹 2.0과 UGC를 기반으로 하지만, 새로운 환경적 요인에 의하여 이전과는 근본적으로 다른 특성을 가지고 있다는 것이다. 즉, 기존의 웹 2.0과 UGC 기반의 미디어들이 기술적인 요인(브로드밴드의 확대와 새로운 하드웨어 기술의 등장), 비용적인 요인(UGC 제작비용의 감소), 사회적인 요인(디지털 세대, 네트워크 세대의 등장)에 의하여 새로운 인터넷 기반의 애플리케이션으로 재탄생되었으며, 이러한 소셜 미디어는 웹 2.0이 표방하었던 사용사 중심의 이념을 기술직으로 구현하고, UGC의 생산과 교환에 혁명적인 새로운 트렌드를 구축하고 있다. 소셜 미디어에 관한

---

1) 웹 2.0(Web 2.0)이란 개방, 참여, 공유의 정신을 바탕으로 사용자가 직접 정보를 생산하여 쌍방향으로 소통하는 웹 기술을 말한다. 웹 1.0이 인터넷을 통해 일방적으로 정보를 보여주었다면, 웹 2.0은 사용자가 직접 콘텐츠를 생산하여 쌍방향으로 소통할 수 있다.

개념적 정의에 있어서 두드러지는 특징은 소셜 미디어는 관계지향적인 태생을 지닌다는 것이다. 정유진과 배국진(2007)은 소셜 미디어란 인터넷상에서 공통의 관심을 지닌 사용자들 간의 관계형성을 가능하게 하고, 이러한 관계를 바탕으로 인맥관리, 정보 및 콘텐츠 공유 등 다양한 활동을 하도록 지원하는 서비스라고 정의하였으며, 권상희(2011)는 소셜 미디어란 사람들이 의견, 생각, 경험, 관점 등을 서로 공유하기 위해 사용하는 온라인 툴과 플랫폼이라고 정의하였다. 또한 이와 같이 사용자와 사용자 간의 관계 및 정보 공유, 생산에 주목하여 Muntinga et al.(2011)는 소셜 미디어는 유튜브나 페이스북, 트위터 등과 같이 웹 2.0 기술에 기반하여 사용자와 사용자 간의 관계를 구축하고, 자유롭게 정보를 공유하며 콘텐츠를 생산하는 플랫폼으로 정의하였다. 그러나 소셜 미디어는 이와 같이 사용자 간의 정보공유와 생산을 위한 미디엄이기도 하지만 사회학적 관점에서 개인과 집단 또는 조직 간의 사회적 관계를 형성한다는 면에서 접근해야 한다는 주장도 제시되었다. 소셜 미디어는 새로운 미디엄이라는 관점에서뿐만 아니라 사회적 관계를 형성하는 커뮤니케이션 시스템으로 개념화될 수 있다는 것이다(Peters et al., 2013).

정리해 보면, 소셜 미디어의 개념 및 정의는 각 연구자에 따라 미디어나 서비스(Safko & Brake, 2009; Kaplan & Haelein, 2010), 플랫폼(Muntinga et al., 2011; 이호영 외, 2011), 커뮤니케이션 시스템(Peters et al., 2013) 등으로 규정되나 연구자들의 일관된 견해에 따르면, 소셜 미디어는 소비자 또는 집단이나 조직 간에 정보나 의견을 자유롭게 공유하고 생산함으로써 사회적 관계를 연결하고 확장한다. 또한, 소셜 미디어의 초기 단계에서 논의되던 미디어나 서비스의 개념은 최근에 이르러 더 광범위하게 다루어지고 있다는 점은 주목할 만한다. 즉, 단순히 온라인 툴이나 플랫폼의 개념이 아닌 커뮤니케이션 시스템(Peters et al., 2013), 소셜 미디어 패러다임(이정권·최영, 2015)과 같은 접근은 우리 사회 전반에 걸쳐 나타나는 소셜 미디어의 영향력을 입증한다 할 것이다.

　　이러한 정의를 토대로 소셜 미디어가 어떠한 요소들로 구성되어 있는지를 정리하면 크게 세 가지 요소로 구성되어 있음을 알 수 있다(설진아, 2009). 첫째는 콘셉트(concept)로 예술, 정보 혹은 밈(meme)과 같은 문화적 구성 요소를 의미한다. 밈이란 모방을 의미하는 그리스어 'mememem'에서 나온 말로 생물체의 유전자처럼 재현·모방을 되풀이하며 이어가는 사회 관습·문화 요소이다. 소셜 미디어의 내용적인 측면으로 개인들의 정보, 지식, 경험, 생각뿐만 아니라 관계 등 기존 미디어 환경에서는 소외되었던 내용들이 소셜 미디어를 통해 자유롭게 소통될 수 있음을 의미한다. 둘째, 물리적인 매체 또는 전자적이거나 언어적인 매개체를 의미하는 '미디어'이다. 외형적인 요소로 소셜 미디어는 웹에서 출발하여 점차 스마트폰이 대중화되면서 모바일 환경으로 그 범위를 확장하여 가고 있다. 셋째, 소셜 인터페이스(social interface)이다. 소셜 미디어는 친밀하고 직접적인 관계나 커뮤니티 관여, 사회적인 여과성, 방송이나 신디케이션(syndication)2) 혹은 신문과 같은 물리적 매체 등을 포함한다는 것이다. 소셜 미디어에서는 양방향적인 공유를 통해 텍스트, 이미지, 동영상, 오디오 등 다양한 데이터 포맷의 사용 가능함을 의미한다. 따라서 이러한 구성 요소를 토대로 새롭게 소셜 미디어의 정의를 내려보면, 양방향적인 공유를 통해(형식면), 개인들의 정보, 지식, 경험, 생각뿐만 아니라 관계 등을(내용면), 웹과 모바일 도구를 이용하여(도구적) 텍스트, 이미지, 동영상, 오디오 등 다양한 데이터 포맷으로 표현이 가능한 메타미디어라 할 수 있다.

　　소셜 미디어의 종류는 매우 다양하며 서로 제공하는 일부 기능들이 중복되는 경우도 많아서 이들의 유형을 명확하게 구분하는 것은 어려운 일이다. 그러나 몇 가지 대분류를 통하여 뚜렷한 경계는 아니지만 나름의 독자적 영역을 구분해 볼 수는 있다.

---

2) 웹사이트 또는 모바일 애플리케이션이 보유하고 있는 콘텐츠를 다른 웹사이트가 이용될 수 있는 방식.

① 콘텐츠 공유형 서비스 : 문자, 사진, 동영상을 통하여 콘텐츠를 게시하거나 공유하고 댓글 달기(posting)를 주된 목적으로 한다. 이에 포함되는 소셜 미디어에는 블로그(WordPress, Blogger, Tumblr, Tistory 등), 동영상 사이트(YouTube, Twitch, 아프리카TV, 틱톡 등), 사진 이미지나 음악 등의 공유 사이트(Instagram, Flicker, Picasa 등)들이 있다.

② 인적 네트워크 구축형 서비스 : 특정한 그룹이나 친구, 지인들 간에 개인 연락처나 프로필 등 사회적 교류 증진을 위하여 개발된 서비스들로서, 이런 목적 달성을 위하여 각 서비스별로 다양하고 특화된 기능들을 제공한다. 가장 잘 알려져 있고 다채로운 기능을 제공하는 서비스로는 카카오 스토리, Facebook, Google+ 등이 존재하지만, 단문 메시지 제공에 특화된 서비스(Twitter, 카카오톡 플러스), 특정 업무의 전문가 집단만을 위한 네트워크형 인맥 서비스(크몽, 리멤버), 특정한 관심주제의 전문적 콘텐츠 제공만을 위한 네트워크 서비스(Quora) 등이 존재한다.

③ 소셜 예약/주문형 서비스 : 타인이 추천한 예약 기반의 서비스 주소나 관련 사이트들을 공유하는 형태의 서비스로서 타인의 추천 사이트 공유(Delicious, 요기요), 공동 쇼핑(ThisNext) 등이 있다. 인공지능이나 머신 러닝에서 출발한 CF(collaborative filtering) 기법이 가미된 자동화된 추천, 혹은 타 사용자의 평점을 바탕으로 사용자에 최적화된 서비스를 쉽게 확인할 수 있도록 한다.

④ 소셜 뉴스 서비스 : 일반적인 온라인 신문이나 방송사의 뉴스 중 타인이 추천한 뉴스를 선별적으로 공유하며, 이용자들은 추천된 뉴스에 대한 평점을 매기는 경우도 있다. 대표적 사이트로는 Digg, Reddit 등이 있다.

⑤ 지역 기반 미팅 서비스 : GPS 등의 실제 위치 정보를 활용하여 온라인이 아닌 오프라인상의 실제 거주지나 관심지역을 중심으로 사용자들을 묶어주고, 가상세계가 아닌 현실세계에서의 만남을 주선하는 서비스이다. Foursquare, Meetup 등이 있으며, 특정한 취미나 관심사와 결합한 니치형 서비스로 발전하기도 하였다. 예로, 애견인만의 공동 산책 서비스 등이 증가 추세이며, 중국의 대표적 소셜 미디어 서비스인 위챗은 지역 기반 친구찾기 등의 부가적인 서비스를 제공한다.

최근에 등장한 SNS는 이와 노선을 달리하면서 좀 더 다양한 형태로 발전하고 있다. 예를 들면 기존에 친한 친구들끼리만 소통하던 SNS, 익명성을 기반으로 한 SNS, 일정 시간이 지나면 콘텐츠가 삭제되는 SNS, 특정 주제에 관심 있는 사람들만 모이는 SNS, 텍스트보다는 사진을 중심으로 하는 SNS 등으로 분화되고 있다. 또한, 이러한 특징 중 몇 가지가 결합된 SNS도 있다.

① 끼리끼리 뭉친다! 폐쇄형 SNS

트위터와 같은 개방형 SNS가 불특정 다수와 관계를 맺는 서비스라면, 폐쇄형 SNS는 특정 사람들만 접근할 수 있는 서비스이다. 폐쇄형 SNS는 불특정 다수와 대화를 하는 데 피로를 느끼거나, 마음이 잘 맞는 사람들끼리만 소통하는 공간을 원하는 사용자들을 위해서 나온 서비스다.

대표적인 것이 비트윈, 밴드, 카카오그룹, 클래스팅이다. 비트윈은 커플끼리만 이용하는 SNS다. 밴드와 카카오그룹은 가족, 동창, 동호회 등 친분 있는 사람들끼리 모이는 모임 SNS다. 클래스팅은 교사, 학부모, 학생들이 사용하는 교육 SNS인데, 우리 반 친구들만의 SNS 공간, 학급 공지, 과제 관리, 비밀 상담방 등의 기능을 제공한다.

② 내 정체를 묻지 마세요, 익명 SNS

페이스북처럼 이름, 성별, 나이, 직장정보 등을 입력하는 SNS와 달리, 철저한 익명성을 보장하며 개인정보를 받지 않는 SNS도 있다. 일반적인 SNS의 경우 타인의 이목 때문에 하고 싶은 말을 솔직하게 하지 못하거나, 지속적으로 사용하면 개인의 사생활이 노출될 수도 있다. 이에 부담감을 느낀 사용자들을 위해 익명의 서비스가 등장했다.

대표적인 것이 블라인드, 모씨, 어라운드 등이다. 블라인드는 직장인 익명 SNS로, 같은 회사 동료나 동종업계 사람들 간의 솔직한 소통을 돕는다. 모씨와 어라운드는 익명성을 바탕으로 평소에는 말 못 하는 고민을 털어놓고, 서로 위로를 주고받는 SNS이다. 이외에도, 위치 기반 익명 SNS인 '두리번'이 있다.

③ 시간이 지나면 '사라진다', 휘발성 SNS

일반 SNS는 이전의 콘텐츠를 고스란히 보관하지만, 일정 시간이 지나면 콘텐츠가 자동으로 삭제되도록 한 SNS도 있다. 대표적인 예가 스냅챗, 쨉이다.

스냅챗은 상대방에게 사진을 보내면서 제한시간을 설정하면, 제한시간 뒤 자동으로 사진이 삭제된다. 한국판 스냅챗은 쨉(Zap)인데, 쨉에 올린 사진이나 동영상은 24시간 뒤 사라진다. 이들 SNS는 기록을 남기기보다는 현재의 이슈를 공유하는 데 중점을 두고 있다.

④ 이것 좋아하는 사람 여기 붙어라! 관심사 SNS

트위터나 페이스북이 콘텐츠의 주제에 구애받지 않는 반면, 특정 관심사를 좋아하는 사람끼리 소통하는 관심형 SNS도 있다. 예를 들면 영화, 패션, 요리, 야구, 애완동물, 자동차 등을 좋아하는 사람들만 모여 해당 관심사에 대한 정보를 공유하고, 의견을 주고받는다. 비슷한 취향을 가진 사람들이 모이기 때문에 더욱 깊은 대화를 나눌 수 있다.

대표적인 것이 핀터레스트, 빙글, 스타일쉐어, 펫북 등이다. 핀터레스트와 빙글은 내가 원하는 관심 주제들을 고르면, 해당 주제들에 해당하는 내용만 볼 수 있는 SNS다. 스타일쉐어는 패션에 관심 있는 사람들만 모이는 SNS로, 패션과 코디 스타일 등에 대해 소통한다. 펫북은 반려동물을 키우는 사람들이 모이는 SNS로 사진과 기록을 올리고 반려동물을 위한 정보를 주고받으며, 병원진료 일정을 관리할 수 있다.

⑤ 찍고 올리고 감상한다, 사진/동영상 SNS

기존 SNS 역시 사진이나 동영상을 올리고 공유할 수는 있지만, 기본 중심은 텍스트에 있다. 이제는 공유하는 주요 콘텐츠가 사진이나 동영상인 서비스가 늘어나고 있고, 대표적인 것이 인스타그램, 바인, 쨉, 폴라다. 인스타그램은 사진을 공유하는 SNS이며, 바인(Vine)은 트위터가 만든 서비스로 6초짜리 동영상을 공유하는 SNS다. 쨉은 사진과 동영상을 바로 찍어 공유하는 SNS이며, 대화는 사진이나 동영상 내의 댓글로만 나눌 수 있다. 폴라는 네이버가 서비스하는 사진 기반 SNS다.

현재 이용되는 소셜 미디어 서비스들은 기능이나 내용은 서비스별로 다소 차이가 있으며 다양하다. 그러나 다수의 사회적 연결을 전제로 한다는 점에서 공통적인 부분도 상당히 많이 존재한다. 소셜 미디어들에서 자주 사용되는 몇 가지 공통적인 용어들을 살펴보면 다음과 같다.

- 해시태그(#) : 해시 기호(#)를 사용하여 게시물들을 묶는다(tag)는 의미이며, 2007년 트위터에서 처음 사용된 후에 인스타그램, 페이스북 등에서 보편적으로 사용되고 있다. 해시태그는 보통 띄어쓰기 없이 사용되며(예: #여름휴가, #호텔추천), 해시태그가 다수일 때는 쉼표(,)로 구분하여 사용한다. 소셜 미디어 사용자들은 이를 통하여 관심 있는 주제를 검색하거나 주제를 중심으로 팔로잉이 가능하다.
- 멘션태그(@) : 다른 계정, 즉 다른 사용자를 소환하거나 언급하는 기능이다. 댓글 작성이 @계정명을 입력하면 해당 계정의 사용자를 소환하여 댓글을 작성할 수 있고, 해당 사용자는 언급되었다는 알람을 받는다(예: @이원준).
- 팔로워(follower) : 나의 계정을 구독하는 계정 혹은 사용자를 의미한다. 팔로우(follow)는 내가 타인의 계정을 구독하는 행위를 의미하며, 이와 반대로 언팔로우(unfollow)는 구독을 해지하는 것을 말한다. 간혹 상대방이 맞팔, 선팔을 요청하는 경우도 있는데 이는 서로를 팔로우하자는 의미이다.
- 포스팅(posting) : 소셜 미디어에 게시글이나 사진, 동영상 등 콘텐츠를 업로드하는 행위이다.
- 리포스트(repost) : 타인의 포스팅을 공유하거나, 자신의 글을 다시 포스팅하는 것을 의미한다. 인스타그램에서는 리그램(re-gram)이라 표현하기도 한다. 일반적으로 타인의 글을 리포스팅하는 경우에는 항상 저작권 침해의 우려가 있기 때문에 메시지나 댓글을 활용하여 사전에 허락을 득한 후 감사의 글을 올리는 것이 기본적인 예의이다.

3 소셜 미디어의 특성

새로운 소통 형식으로서 소셜 미디어는 참여, 개방, 공유의 웹 2.0 패러다임을 토대로 기존 미디어와는 다른 독특한 특성을 가지고 있다. 참여, 개방, 대화, 커뮤니티, 연결 등 각각의 특성은 인터넷 공간에서 웹 2.0 패러다임이 확장되면서 새로운 유형의 소셜 미디어를 지속적으로 탄생, 진화시키는 토대를 이루고 있다(설진아, 2011).

　먼저 소셜 미디어의 참여적 특성은 관심 있는 네티즌들의 기여와 피드백을 촉진하며 미디어와 수용자의 경계를 불명확하게 함으로써 프로슈머(prosumer)[3]를 탄생시켰다. 둘째, 대부분의 소셜 미디어들은 참여나 피드백이 공개되어 있으며, 투표, 피드백, 코멘트, 정보공유를 촉진함으로써 콘텐츠 접근과 사용에 장벽이 거의 없다. 셋째, 전통적인 미디어가 수용자에게 일방적으로 메시지를 전달했다면, 소셜 미디어는 콘텐츠 제작자와 수용자가 양방향성으로 대화할 수 있다. 넷째, 소셜 미디어의 커뮤니티로 하여금 공통 관심사에 대해 이야기하게 한다. 마지막으로 대부분의 소셜 미디어는 다양한 미디어를 조합하거나 링크로 연결함으로써 콘텐츠 공유를 포함한 공유형 네트워크 성격을 강화시킨다. 결국, 소셜 미디어는 그 자체가 일종의 유기체처럼 성장하기 때문에 소비와 생산의 일반적인 메커니즘이 작동하지 않고 양방향성을 활용하여 사람들이 참여하고 정보를 공유하며 사용자들이 만들어 나가는 특징을 갖고 있다(전상권·신승중, 2011). 즉, 소셜 미디어는 접근이 매우 용이하고 확장 가능한 기법과 함께 사회적 상호작용을 통하여 배포될 수 있도록 설계되었으며, 소셜 미디어는 방송 미디어의 일방적 전달을 사회적 미디어의 대화로 변환시키는 개방형 웹 기반의 기술들을 이용한다. 이러한 소셜 미디어는 지식과 정보의 자유로운 민주성을 갖추며 사람들을 콘텐츠 소비자에서 콘텐츠 생산자로 변화시킨다. 이러한 특성을 정리하면 〈표 1-2〉와 같다.

〈표 1-2〉 소셜 미디어의 특징

구분	내용
참여 (Participation)	특정 주제에 관심 있는 사람들이 자발적으로 지식과 의견, 피드백을 공유하도록 촉진
개방 (Openness)	피드백과 참여에 매우 개방되어 있어 정보공유, 댓글, 투표 등을 촉진

---

3) 프로슈머(prosumer) 또는 생비자(生費者)는 생산자와 소비자의 역할을 동시에 하는 사람을 나타내는 말이다. 생산 소비자 또는 참여형 소비자라고도 한다.

대화 (Conversation)	쌍방향 대화와 커뮤니케이션 지향
커뮤니티 (Community)	소셜 미디어를 통해 빠르게 커뮤니티를 구성할 수 있고 커뮤니티로 하여금 공통의 관심사에 대해 이야기할 수 있는 공간 마련
연결 (Connectedness)	대부분의 소셜 미디어는 다양한 미디어의 조합이나 링크를 통한 연결상에서 번성

또 다른 소셜 미디어의 특성을 살펴보면, 첫째, 소셜 미디어는 기존의 전통적 커뮤니케이션 패러다임과는 다른 구조를 지닌다는 점이다. 소셜 미디어는 기존의 전통적 미디어 환경과는 다른 평등성을 지니고 있는데, 이는 더 이상 상업적 메시지가 전달되는 커뮤니케이션 환경 내에서 기업이 보유하였던 권위와 수직적 구조의 커뮤니케이션 패러다임은 유효하지 못하다는 것이다(Peter et al., 2013). 전통적인 커뮤니케이션 환경에서 기업이나 특정 전문가에 의해 제공되던 정보는 소비자들이 직접 콘텐츠를 생산하고 유통함으로써 커뮤니케이션 주체의 변화를 이끌고 있다. 소셜 미디어로 인하여 소비자들은 정보를 적극적으로 검색하고, 선택하고 발신과 수신할 수 있는 커뮤니케이션의 중심에 서게 된 것이다(최민재, 2009).

이로 인하여 소셜 미디어 내에서 모든 소비자들은 잠재적 미디어의 공중의 역할을 담당할 뿐 아니라, 이전에 기업이나 특정집단이 주도하던 정보의 생산과 배포의 역할도 동시에 수행하게 된 것이다(박노일 · 한정호 · 정지연, 2012). 전통적 미디어, 즉 TV나 라디오, 인쇄광고는 소비자를 절대적이고 맹목적인 수용자로 인식했는데, 그로 인하여 소비자와 기업 간의 접촉은 매우 단순했다(Taylor et al., 2011). 그러나 새로운 기술은 마케터와 소비자 간의 관계를 동료 대 동료로 변화시켰을 뿐 아니라, 기업과 소비자 간의 새로운 관계의 수립을 위한 기회를 제공하였다(Miller & Lammsa, 2010). 소비자들은 제품이나 브랜드에 관한 정보를 찾기 위해 온라인에 접속하지만 이제 마케터들이 제공하는 정보가 아니라 제품후기나 의견, 코멘터리를 다른 소비자로부터 얻는다. 전통적 미디어 환경하에서는 전문가나 기업이 제품에 대한 피드백이나 코멘트를 주도하였다면, 소셜 미디어 환경하에서는 소비자들이 코멘테이터(commentator), 리뷰어(reviewer), 발행자(publisher)가 되었다(Smith, 2010).

또한, 소셜 미디어는 사회적 네트워킹을 포함하는 것뿐만 아니라 상호작용을 통한 정보의 생산에 그 특징이 있다(Aula, 2010). 소셜 미디어 환경 내에서 소비자들은 정보를 수집하고 서로 정보를 공유하며 또 다른 새로운 정보를 생산해 낸다. 전통적인 커뮤니케이션 환경 내에서 하나의 콘텐츠가 단발적인 노출로 사라지는 것이 아니라 자동적으로 기록, 보관되고 전달받은 개인들에 의해 끊임없이 복제되고 확산될 수 있다. 이러한 정보는 매우 생동감을 가지고 감각적이며 즉각적으로 전달된다(이희정, 2013). 즉, 소셜 미디어를 통하여 전달되는 정보는 오프라인이나 기존의 온라인 커뮤니티에서 제공되는 정보보다 더 생동감이 중시되며, 이는 소비자와 기업 간의 상호작용에 긍정적인 영향을 미친다는 것이다. 이외에도 소셜 미디어는 커뮤니케이션의 방향성이 일방향이 아닌 멀티성을 지향하며, 커뮤니케이션의 차원에서도 다차원적인 특징을 지닌다(Petters et al., 2013; 권상희, 2011). 즉, 소셜 미디어 내에서의 커뮤니케이션은 다양한 네트워크와 상호작용에 의해서 커뮤니케이션의 방향성에 있어 일방향이 아닌 다양한 형태의 커뮤니케이션이 가능하게 하는 멀티미디어성 특징을 띤다. 이와 함께 소셜 미디어는 1인 미디어로서의 특징을 나타냄과 동시에 다른 사람들과 함께 폭넓게 네트워킹하는 환경을 조성함으로써 개인에게 자아의 정체성이나 자아를 표현하는 유리한 공간이 되고 있다(Kietzmann et al., 2011; 한혜주·이경미, 2014).

| 4 | 소셜 미디어의 장점과 단점 |

1) 장점

소셜 미디어가 다양하게 분화된 배경에는 마케팅 도구로서 소셜 미디이의 가치가 두드러지기 때문이다. 가장 큰 장점은 대부분의 ATL(above the line) 미디어[4]와 대규모 광고비의 집행 없이도 신속하게 캠페인 전개가 가능하다는 점이다. 일부 기업은 이 부분에 대하여 소셜 미디어는 투자 없이 집행 가능한 광고 미디어로 오해하기도 하지만, 소셜 미디어 육성에도 상당한 투자가 수반되며, 대부분의 소셜 미디어 광고는 별도의 광고비 집행이 필요하다. 페이스북 페이지나 인스타그램 등은 광고비 집행을 통하여 새로운 팔로워를 효과적으로 만날 수 있다. 다만 이런 광고 설정된 타깃 광고, 혹은 이보다 더 정교한 리마케팅(remarketing) 광고가 되기 때문에 비용 대비 효과성이 전통적 미디어와 비교 불가능할 정도로 탁월할 뿐이다. 디지털 마케팅 도구로서 소셜 미디어의 강점은 다음과 같다(이원준, 2020).

- 초기 유입에 유리하다. 관심 주제를 통하여 집결시킨 방대한 소셜 미디어 이용자 기반은 고객 퍼널의 상단인 TOFU(top of funnel)을 통하여 다량의 초기 방문객을 유입시키는 효과적 통로가 된다.
- 온라인 브랜드 자산의 기초가 된다. 소셜 미디어를 통하여 브랜드의 정체성이나 개성을 알리고 브랜드 팬과의 소통이 가능하며 이 과정을 통하여 브랜드 자산은 상화된다. 소셜 미디어는 일반적인 광고와 달리 쌍방향 의사소통

---

4) 4대 매체인 TV, 신문, 라디오, 잡지와 뉴미디어인 인터넷, 케이블 TV 등을 통한 직접 광고 활동을 일컫는 용어를 말한다. 추가적으로 BTL(below the line)은 이벤트, 전시, 스폰서십, PPL, CRM, DM, PRM 등의 활동을 하면서 미디어를 매개로 하지 않은 대면 커뮤니케이션 활동을 말한다. 간단히 ATL을 제외한 광고를 말한다.

이 가능하고 빈번하게 포스팅을 하게 되며 다이렉트 메시지나 멘션태그 등 고객을 직접 지원할 수 있는 장치들이 있어 소비자들에게 긍정적 만족감을 선사하는 데 유리하다.

- 장기적 고객 관계 구축을 촉진할 수 있다. 소셜 미디어는 대부분 장기간에 육성되기 때문에 이 과정에서 자연스럽게 많은 고객과의 소통이 이루어진다는 장점이 있다. 최근 인스타그램 등 일부 소셜 미디어늘은 선사상서래 영역까지 관심을 넓히고 있지만 소셜 미디어의 특성상 지나친 홍보성 글이나 판매 권유가 적합한지는 고민이 필요하다. 소셜 미디어는 고객 퍼널의 단계 중에서 특히 초기 단계(TOFU)에서의 유입에 적합함을 상기할 필요가 있다.

- 효과적인 시장 감지(market sensing) 도구가 된다. 대부분의 소셜 미디어들은 댓글이나 다이렉트 메시지를 허용하고 있으므로 사실상 24시간 열린 고객과의 소통창구이다. 이를 통하여 고객의 애로사항을 확인하고, 서비스 제공상의 문제점을 개선할 수 있다. 또한 이들이 자발적으로 올리는 경쟁 기업이나 제품에 대한 비교 사용기 등은 소중한 정보를 제공한다. 경쟁자 대부분이 소셜 미디어를 운영하고 있으므로 이들에 대한 정보를 얻는 통로로도 유용하다.

- 검색 엔진 내 존재감 부각에 도움이 된다. 네이버나 구글 등 대부분의 검색 엔진들은 소셜 미디어를 통한 방문자 유입을 별도로 관리하고 있으므로 단하나의 웹사이트를 가지고 있는 것보다는 추가로 다수의 소셜 미디어를 운영하는 것이 노출 측면에서 더 유리하다. 또한 소셜 미디어의 계정 소개 페이지에는 기업이나 브랜드 소개와 더불어 직접 연결이 가능한 URL 주소를 삽입할 수 있는 것이 보통이다. 그 결과 잘 관리된 소셜 미디어는 기업 브랜드의 검색 엔진 상위 노출 가능성을 높여준다.

- 판매 등 직접적 성과 창출에도 이바지한다. 최근 인스타그램이나 페이스북 등 다수의 소셜 미디어들이 부가적인 기능으로 상품 판매나 온라인 몰 운영이

가능하도록 기능을 확장하고 있고, 유튜브는 v-commerce(video commerce) 라는 새로운 유통 영역의 경로가 되고 있다. 유형의 상품 판매도 가능하지만, 콘서트 표, 교육 서비스 구독 등 배송이 간편한 무형의 서비스 상품 판매에 더욱 적합하다.

2) 단점

단점은 대부분의 소셜 미디어 서비스의 활용에는 상당한 시간과 노력, 그리고 마케터의 세심한 몰입이 요구된다는 점이다. 이런 구성은 소셜 미디어가 단기적 성과보다는 장기적 성과 창출에 적합한 도구다. 그러나 다수의 기업이 명확한 목적이나 목표 없이 유행처럼 소셜 미디어를 개설하고 그 후에는 내버려두는 경우도 흔하다. 또한, 방문자와의 상호작용이 영향을 미치기 때문에 기업의 의도한 바와 다른 방향으로 여론이 형성되는 때도 있으며, 미디어를 통제하기 어려운 것도 불확실성 요소이다.

읽을거리 ○

유행 타는 소셜 미디어… 미래는?

트위터가 전 세계에 퍼지고 페이스북이 자리 잡으면서 최근 10여 년 동안 소셜 미디어는 전성기를 구가하고 있다. 특히 인스타그램까지 서비스하며 소셜 미디어의 대표주자가 된 페이스북은 애플·구글·아마존·넷플릭스 등과 함께 글로벌 IT 공룡으로 성장했다. 지난해에는 매출 860억 달러(약 98조 8,000억 원), 영업이익 327억 달러(약 37조 5,700억 원)를 기록했다. 각각 전년 대비 32.6%, 36.3% 증가한 수치다.

페이스북처럼 꾸준히 고공비행을 유지하는 소셜 미디어도 있지만 이른바 '대세'는 시기마다 바뀌어왔다. 이런 현상은 해외보다 국내에서 더욱 두드러진다. 한국정보통신정책연구원(KISDI)의 2020년 한국미디어패널조사 결과에 따르면 카카오스토리 이용률은 2013년 무려 55.4%에 달했으나 이후 지속적으로 하락해 지난해에는 16.6%까지 떨어졌다. 반면 2014년 0.4%에 불과했던 인스타그램 이용률은 지난해 22.3%까지 올라가 페이스북(23.7%)을 턱밑까지 추격했다.

KISDI(정보통신정책연구원)의 조사에서 지난해 국내 소셜 미디어 이용률은 52.4%에 이른다. 시장 성장과정에서 각 서비스 이용률이 변화한 것에 대해 업계는 연령대에 따라 주 이용 서비스가 갈리는 현상이 심화된 결과로 풀이한다. 주로 젊은 층이 트렌드에 따라 소셜 미디어를 갈아탄 영향이다. 한발 앞서 모바일에 최적화된 인스타그램이나 숏폼(10분 이내 짧은 분량) 영상 플랫폼으로 주목받은 틱톡 등이 대표적이다. 이 서비스들은 새로운 수요를 파악·구현하면서 트렌드를 이끌었다.

자세하게는 2020년 국내 개인방송·채널 이용자 2천701명의 하루 평균 영상 시청 시간은 44.5분으로 조사됐다. 유튜브·틱톡·아프리카TV[067160] 등 1인 미디어 플랫폼을 가장 많이 이용하는 계층은 20대 남성이라는 조사 결과가 나왔다. 이 중 이용 시간이 하루 평균 65분 이상이라고 응답한 이용자(상위 20%)의 성별과 연령대를 살펴보면, 20대 남성이 16.9%로 1위를 차지했다. 다음은 10대 남성과 30대 남성이 각각 11.7%, 11.4%를 기록했고, 10대 여성이 10.9%로 뒤를 이었다.

이들 중 여성 이용자 비중이 남성보다 높은 연령층은 50대(여성 4.4%, 넘싱 3.4%)가 유일했다.

개인방송 시청자들의 하루 평균 TV 이용 시간은 137.1분으로 개인방송을 보지 않는 응답자들까지 포함한 결과(190.6분)에 비해 짧았다. 대신 컴퓨터, 스마트폰, 태블릿PC 등 다른 전자기기를 오래 이용하는 것으로 나타났는데, 특히 상위 20% 이용자의 경우 스마트폰 사용 시간이 266.5분으로 전체 평균(139.8분)보다 압도적으로 길었다. 이들은 또 음악 감상이나 SNS, 게임 등 다른 미디어 서비스 역시 더 활발하게 이용했다.

게임의 경우 전체 응답자(20분)보다 개인방송 이용 시간 상위 20% 이용자(50분)가 하루 평균 약 30분 더 이용하는 것으로 조사됐다.

이 조사는 유튜브·카카오TV·네이버TV 등 사용자생산콘텐츠(UGC) 기반 플랫폼과 틱톡 등 숏폼 콘텐츠, 아프리카TV·트위치를 비롯한 라이브 스트리밍 플랫폼 등이 개인방송으로 분류됐다.

또한 "연령대별 SNS 이용행태에 따른 잠재프로파일 유형에 관한 연구" 보고서에 따르면 40대가 SNS를 가장 많이 이용한 것으로 나타났다. 조사 대상의 48.4%가 SNS를 이용했다. 이 중 22.9%가 40대로 가장 많았고 다음은 20대(20.9%), 50대(19.4%) 등의 순이었다.

연령별로 가장 많이 이용하는 SNS는 달랐다. 10대는 절반 이상인 51.3%가 페이스북을 가장 많이 이용했다. 20대는 인스타그램(43.0%)을 선호했다. 30대도 인스타그램(41.5%)을 가장 많이 이용했다. 40대는 페이스북(29.8%), 50대는 카카오스토리(45.9%), 60대는 카카오스토리(45.9%)를 각각 가장 선호했다.

소셜 미디어 업체의 주요 수입원은 광고다. 페이스북은 올해 1분기를 기록한 전체 매출 261억 7,000만 달러(약 30조 700억 원) 중 254억 3,900만 달러(약 29조 2,300억 원)이 광고 매출이다. 비율로 따지면 97.2%에 달한다. 1분기 실적이 시장 전망치를 넘어선 것도 광고 단가가 전년 동기보다 30% 뛴 게 큰 영향을 미쳤다.

하지만 애플이 개인정보보호 정책을 강화하면서 광고 매출 상승세에 제동이 걸릴 전망이다. 지난 4월 애플은 iOS 14.5 업데이트로 '앱 추적 투명성'(ATT) 기능을 추가했다. 이 기능은 모바일 기기에 부여되는 고유 식별 값인 광고식별자(IDFA)가 기본적으로 비활성화되도록 하고 IDFA 공유 여부를 사용자가 선택할 수 있게 한다.

그동안 광고업계에서는 각 기기에 부여된 이 IDFA 기반으로 이용자 행동을 분석해 맞춤형 광고를 제공해 왔다. 페이스북의 경우 소셜 미디어 데이터와 앱 사용 패턴 등의 정보를 수집해 이를 바탕으로 맞춤형 광고를 다른 모바일 앱에 게재한 뒤 광고주로부터 돈을 받아왔다. 이에 페이스북은 ATT 도입 전부터 "맞춤형 광고로 도움을 받아온 중소사업자들의 수익에 악영향을 끼친다"고 애플을 비난하면서 미국 주요 일간지들에 전면 광고까지 내가며 반대 목소리를 높였다.

결국 애플이 ATT를 도입하면서 페이스북의 실적에 큰 변수가 생겼다. 게다가 구글도 크롬 웹브라우저 쿠키(사용자 정보가 담긴 임시 저장 파일) 수집을 중단하기로 했다. 광고업계가 준비할 시간을 가질 수 있도록 중단 시점을 2023년 말로 늦췄지만 소셜 미디어 서비스의 수익에 영향을 미칠 것이라는 점은 변함없다.

숏폼 영상 플랫폼으로 틱톡이 성공을 거둔 이후 경쟁사들이 유사한 서비스를 줄줄이 내놓았다. 최근에는 이런 현상이 오디오 서비스에서 나타나고 있다. 올해 초 잠깐 열풍을 일으켰던 '클럽하우스'의 영향이다. 이 음성 기반 소셜 미디어에서 세계적인 유명인사들과 대화를 나눌 수 있다는 사실이 알려지면서 출시 2개월 만에 전 세계 다운로드 수가 10배 증가하고 하루 만에 이용자가 200만 명 증가하는 등 각종 기록을 세웠다.

하지만 클럽하우스의 흥행은 오래가지 못했다. 지난 2월 960만 건에 달하던 글로벌 다운로드 수는 2개월 뒤인 4월에는 92만 건으로 급강하했다. 이에 대해 메조미디어는 유명인사가 떠나자 이용자도 떠난 것으로 분석한다. 이용자가 클럽하우스의 장점으로 꼽았던 폐쇄성과 휘발성도 '양날의 검'이 됐다.

하지만 클럽하우스가 남기고 간 게 없는 것은 아니다. 클럽하우스 열풍을 본 기존 소셜 미디어도 오디오 서비스에 주목하기 시작했다. 트위터는 지난 5월 실시간 음성 커뮤니티 기능 '스페이스'를 전 세계에 선보였다. 이어 이 음성 대화방을 개설한 호스트가 유료로 수익을 낼 수 있는 기능의 시범서비스를 진행하고 있다. 페이스북은 지난 6월 음성 전용 실시간 대화 서비스 '라이브 오디오룸'을 미국에 먼저 내놨다. 이 서비스에서는 한번에 최대 50명까지 발언 가능하며 청취자 수엔 제한이 없다.

앞으로 소셜 미디어 시장에 가장 큰 영향을 끼칠 기술로 VR·AR(가상·증강현실)을 빼놓을 수 없다. 세계적인 화제로 떠올랐던 게임 '로블록스' 등 메타버스 플랫폼이 새로운 소셜 미디어로 자리할 수 있다는 관측이다.

VR기기 분야를 선도하는 자회사 오큘러스를 보유한 페이스북은 이 분야도 미리 준비하는 모습이다. 오큘러스 기반 가상 사무실 '인피니티 오피스'나 VR 소셜 플랫폼 '호라이즌' 등의 시범서비스를 진행하고 있다. 앞으로 소셜 미디어 기반의 광고 매출이 하락할수록 페이스북의 이 같은 사업 다변화는 가속될 것으로 보인다.

출처 : 머니투데이(2021.07.21); 연합뉴스(2021.08.21); 한국경제

소셜 미디어와 마케팅

마케팅 관리

1 마케팅 관리의 개념

마케팅 관리의 사전적 의미는 기업이 생산, 판매하는 제품이 가장 적절한 경로를 통해 적절한 가격으로 소비자에게 판매될 수 있도록 제품, 가격, 광고, 판매촉진, 판매경로, 물적 유통 등의 활동을 계획, 조정, 통제하는 경영관리의 한 분야이다.

과거의 마케팅이 판매자 위주였다면, 오늘날의 마케팅은 구매자가 구매하는 것을 돕는 것에 초점을 맞추고 있다. 오늘날 마케팅의 주 역할은 기업의 제품과 서비스를 구매자들이 온라인에서 쉽게 찾고, 가장 좋은 가격을 찾아 구매를 결정할 수 있게 도와주는 것이다. 이를 위해서 오늘날의 기업들은 메타서치 엔진을 개발하고 고객들에게 더욱 편리한 서비스를 제공하는 데 끊임없는 투자를 한다.

마케팅 관리는 [그림 2-1]과 같이 기업의 목표를 결정하고 시장을 세분화, 목표시장 선정, 마케팅 믹스를 구성한 후 마케팅 활동을 조정하고 통제하는 과정이다.

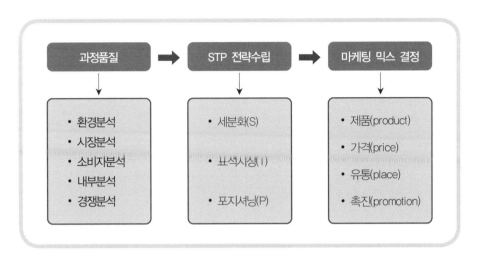

[그림 2-1] 마케팅 관리

　소비자 분석은 소비자 개개인의 개별적, 내면적 특성과 경향을 분석한다. 소비자 행동의 유형은 배분 행동(allocation behavior), 구매 행동(buying behavior), 사용 행동(use behavior)이다. 배분 행동은 전체 매출액과 제품 라인별 매출 규모를 예측한다. 구매 행동은 상품별, 시기별, 지역별로 차별적 전략을 수립한다. 사용 행동은 사후 관리 전략 및 시장 확대 전략을 수립한다.

　소비자들의 구매 행동에 영향을 미치는 요인 첫 번째는 상품의 질로 내구성, 신뢰성, 정확성, 작동 편의성, 수선 용의성, 상표의 신뢰성, 가격 등과 같은 여러 가지 제품 속성의 결합으로 결정된다. 이것은 상품 디자인, 원자재와 부품, 제조 기술, 품질 측정 도구, 경영철학 등 많은 요인에 의해 영향을 받는다. 두 번째는 상품의 특성으로 타 상품과 구별되는 기본적인 기능이며, 상품의 포지셔닝을 결정한다. 세 번째는 상품 스타일로 상품의 색, 크기, 모양, 성분, 무게, 만들어진 방법, 상품의 경향, 유행 등을 총칭한다. 소비자들이 구매하는 상품의 스타일로 제공한다. 그리고 네 번째는 브랜드명이다. 브랜드명은 상품의 특성, 표적 소비자에게 제공해야 할 효익, 마케팅 전략 등을 함께 고려해서 결정한다.

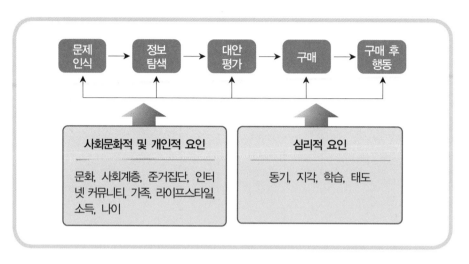

[그림 2-2] 구매 의사결정과정에 미치는 요인

마케팅 전략으로는 시장 세분화(Segmentation), 표적시장 선정(Targeting), 그리고 포지셔닝(Positioning)이 필요하다.

1단계 시장 세분화는 마케팅 대상이 될 정도의 규모를 형성하는 다양한 소그룹을 찾는다. 고객행동 변수는 브랜드 선호도, 구매 빈도이고, 상품속성 변수는 품질, 가격, 디자인이다.

시장 세분화(market segmentation)는 비슷한 선호와 취향을 가진 소비자를 묶어서 이 중 특정 집단을 골라 기업의 마케팅 자원과 노력을 집중하는 것을 말하는 것으로 기업의 한정된 자원을 효율적으로 집행하는 데 필요한 전략이다. 마케팅에서 종종 사용하는 시장 세분화 방법 중 하나는 코호트 분석(cohort anlysis)으로 코호트는 특정한 경험을 공유하는 소비자 세대를 말한다. 연령대별 분류가 약간씩 다르지만, 1950~1960년대에 태어난 '베이비부머', 1970~1980년대에 태어난 'X세대', 1990~2000년대에 태어난 'Y세대 또는 밀레니얼세대', 2000년 이후에 태어난 'Z세대' 등이 있다. 이외에 많이 쓰이는 시장 세분화 기법으로는 지역적, 인구통계학적, 심리적 세분화가 있다.

- 지역적 세분화(geographic segmentation) : 지역에 따라 시장을 나누는 것으로 서울, 경기도, 충청도, 경상도, 전라도, 강원도 등으로 시장을 구분
- 인구통계학적 세분화(demographic segmentation) : 나이, 수입, 교육 수준을 중심으로 시장을 구분
- 심리적 세분화(psychographic segmentation): 라이프스타일, 가치관, 태도, 관심 분야를 중심으로 시장을 구분

2단계 표적시장 선정은 시장의 매력도와 기업 제품의 적합도를 비교하여 가장 높은 연관성을 지닌 시장을 선정한다. 시장의 매력도는 시장규모, 성장성, 경쟁 정도, 시장 반응 정도 등이다. 기업 제품의 적합도는 기술의 적합성, 마케팅의 적합성, 원가의 적합성 등이다.

3단계 포지셔닝은 기업과 제품의 위상을 확보하는 작업이다. 잠재고객 인식 속에 기업 브랜드로 기업의 차별적 위상을 알려주는 작업이다.

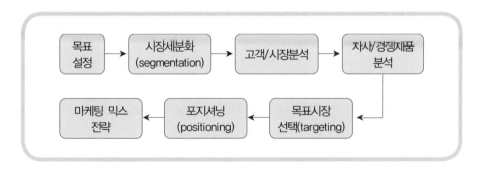

[그림 2-3] **마케팅 전략의 수립과정**

마케팅 믹스는 목표시장에서 마케팅 목표를 달성하기 위해 사용하는 수단으로 보통 4P라고도 일컫는다. 마케팅 믹스는 제품, 가격, 유통경로, 촉진의 4가지로 구성되어 있는데 이를 어떻게 잘 조합하느냐가 결국 마케팅 전략의 최종단계이며 마케팅 관리의 핵심이라고 할 수 있다. 제품(Product)은 고객의 필요와 욕구를 만

족시키는 재화, 서비스 혹은 아이디어, 가격(Price)은 제품을 얻기 위해 지불하는 것이고, 프로모션(Promotion)은 기업과 소비자 간의 커뮤니케이션 수단이며, 유통(Place)은 소비자가 제품을 구매하는 장소이다.

현대에 와서 여러 학자들이 전통적인 4P로만 마케팅을 하는 것이 다원화된 현대 사회에 알맞지 않다며 과정(Process), 물리적 근거(Physical evidence), 사람(People)의 3가지 요소를 더한 7P 전략을 제안해 널리 받아들여지고 있다. 7P로 확장된 마케팅 믹스로 물리적 제품이 아닌 서비스 제품의 마케팅 전략을 좀 더 세밀하게 수립할 수 있게 되었다.

먼저, 인적 자원의 경우에는 고객을 우선시하고 강하게 동기부여가 된 종업원을 선정 및 투입하고 마케팅 목적을 효율적으로 달성할 수 있는 능력과 준비를 갖춘 인력을 확보하는 것이다. 이러한 측면에서 'Service and Emotion' 기업들은 다른 기업들에 비해서 감정 노동자(emotional labor)로서의 직원들을 많이 확보하고 있다는 특징이 있다. 감정 노동자는 서비스라는 무형적 제품을 실어 나르는 그릇과도 같다. 따라서 음식이 아무리 맛있고 푸짐하다고 하더라도 그릇이 불결하거나 깨져 있다면 그 음식을 주문한 사람은 음식 내용에 대해서 만족할 수 없을 것이다.

또한, 프로세스라는 도구는 서비스의 복잡성과 다양성으로 결정할 수 있는데 멀티플렉스 영화관에 커플 좌석으로 영화를 보러 간 고객들은 단순히 최종 결과물인 '영화의 관람'에만 관심을 두는 것이 아니라, 영화관에 도착하여 자리에 앉고 넓고 안락한 소파 같은 의자에 앉아서 음악과 분위기를 즐기며, 간단한 주문을 하고 음료수를 마시고 영화를 관람하는 전 과정(process)과 거기서 얻어지는 경험(experience)이 훨씬 더 중요한 것이다.

물리적 환경은 서비스스케이프(servicescape)라고 표현하기도 하며 인간이 창조한 환경을 의미한다. 즉 물리적 환경이란 '서비스가 창출되는 환경으로 기업과 소비자 사이에 상호작용이 발생하는 환경'을 지칭하는 말이다. 이는 서비스의 수

행과 의사소통을 용이하게 해주는 유형적인 것으로 고객이 경험하게 되는 자원이다. 서비스는 무형적이고 보통 구매 전에 사용이 불가능하므로 소비자는 서비스 구매 시 자신이 받을 서비스가 무엇인지에 대해 알 수 있는 유형적 단서를 찾게 되는데 이 중 소비자가 자신이 받을 서비스 수준에 대해 그 내용을 추론함에 있어 아주 중요한 역할을 수행하는 것이 바로 물리적 환경이다. 따라서 서비스 유형의 목적에 따라 인테리어 색깔과 색감, 음악, 벽에 걸린 그림, 실내에서 나는 향기, 화초 등에 세심하게 신경을 쓰는 것이 중요하다.

2 마케팅의 발전

필립 코틀러(Philip Kotler)는 제품중심시장을 1.0시장, 소비자지향시장을 2.0시장, 가치주도시장을 3.0시장, 그리고 첨단기술시장을 4.0시장이라고 정의했다.

1.0시장에서 마케팅이 단순히 제품판매에 집중했다면, 2.0시장에서는 소비자가 한 번 방문했던 매장에 다시 돌아와 더 많이 구매하도록 만드는 판매에 집중했다. 3.0시장에서의 마케팅은 프로슈머(prosumer)와 함께하는 참여지향적 마케팅으로 소비자와의 소통에 중심을 두었다. 인터넷의 발달로 수많은 소셜 미디어를 통해 소비자들은 상품을 평가하면서 상품을 추천할 수도, 비난할 수도 있게 되었다. 4.0시장은 이제 더 이상 판매자, 시장 중심이 아닌 철저히 소비자 중심시장으로 개별 소비자의 구매를 도움으로써 판매자가 존립할 수 있는 시대가 되고 있다.

1) 제품 중심 시장

자본주의 국가뿐만 아니라 사회주의 국가에도 시장은 존재한다. 역사 속을 거슬러 올라가보면 사람들은 필요한 물건을 직접 만들어 사용하다가 이후 자신이 잘 만들 수 있는 것을 만들고, 필요한 것은 자신이 만든 것이나 돈으로 교환을 했다. 예전에는 생산이 수요에 미치지 못했기 때문에 과거에는 3일, 5일, 10일장 같은 시장에서 줄을 서서 물건을 구입하곤 했다.

1769년 와트(Watt)의 증기기관 발명으로 1차 산업혁명이 이루어졌고, 가내수공업 형태에서 인류는 기계화와 산업화 시대로 접어들었다. 그러나 1900년대 초반까지 생산능력은 제한되어 있었고, 제품에 대한 수요가 생산능력을 초과하였다. 따라서, 대부분의 제품은 시장에 나오는 대로 판매되었기 때문에 생산능력이 가장 중요했다. 결국 당시의 기업경영 철학은, 시장은 무한하므로 생산을 많이 할수록 좋다는 것이었고, 경영목표도 생산에 초점이 맞추어졌다. 즉 '만드는 대로 팔리는 시대'였다.

2) 소비자 지향 시장

1879년 에디슨(Edison)의 전구 발명으로 2차 산업혁명을 거치면서 전기를 활용한 컨베이어 벨트에 의한 대량생산 시대로 접어들자 만들어도 팔리지 않는 시대가 도래하였고 기업들이 서로 경쟁하기 시작하였다. 대부분의 기업들은 소비자들이 재고품을 구입하도록 하기 위해 판매와 광고에 노력을 기울였다. 생산을 강조하던 시대에서 판매를 강조하는 시대로 전환된 것이다.

1945년 제2차 세계대전 후 전쟁에 나갔던 군인들이 돌아오고, 경제가 안정되면서 소비자들의 소득은 증가했고, 전쟁 전후시대의 베이비붐으로 인구가 늘어나면서 수요가 급진적으로 늘어났으며, 소비자들의 요구가 다변화되면서 기업들 간의 경쟁은 치열해졌다. 비로소 제품의 질과 상품의 가격에 대한 고려가 시작되었고, 고객의 필요와 요구를 파악하고, 이를 생산에 반영해야 하는 고객 중심의 마케팅 시대, 마케팅 2.0 시대가 도래했다. 이는 1950년대 마케팅 콘셉트(marketing concept)로 나타났다. 이러한 과정은 1960년대부터 1980년대까지 지속적으로 강화되었고, 기업들은 보다 더 공격적으로 마케팅 콘셉트를 적용해 갔다.

- 고객지향성 : 소비자들이 원하는 것이 무엇인지 찾아서 제공하는 것
- 서비스 지향성 : 고객만족을 위한 조직적 노력
- 이윤지향성 : 소비자의 욕구와 필요를 만족시킬 수 있는 제품과 서비스 제공

3) 고객관계관리/가치주도 시장

3차 산업혁명은 1990년대 인터넷 정보화시대로 넘어가면서 시작되었다. 소비자들은 수많은 상품과 기업들을 경험하면서 자신이 가지고 있는 구매력이 일종의 투표권이라는 사실을 알게 되었다. 이뿐 아니라 인터넷을 통해 고객들은 상품에 대해 평가를 하고 이를 다른 소비자들과 공유하고, 네이버 톡, 카톡상담 등을 통해 판매자와 실시간으로 교류할 수 있게 되었다. 소비자의 힘이 커지면서 그 역작용으로 불량고객(backlisted consumer) 혹은 진상고객이 등장하게 된 시기이기도 하다.

1990년대와 2000년대의 경영자들은 고객관계관리의 개념을 적용하면서 마케팅 콘셉트를 확장했다. 고객관계관리(CRM: Customer Relationship Management)는 고객에 대한 정보를 바탕으로 제품과 서비스를 통해 고객의 기대에 부응할 뿐 아니라 기대를 초과하여 고객을 만족시키는 것을 말한다. 이같이 오늘날의 기업들은 마케팅 3.0 시대에서 SNS(Social Network Service), 온라인 커뮤니티, 카카오톡, 트위디, 블로그 등의 다양한 활동을 통해 고객과의 관계를 구축하고, 마일리지제도를 통해 회원에 대한 혜택 등을 줌으로써 장기적인 고객충성도를 구축하기 위한 노력을 하고 있다.

(1) CRM 마케팅

고객관계관리(customer relationship management, CRM)는 고객에 대한 정보를 수집하여 분석한 후 고객을 적극적으로 관리하고 유지하려는 활동이다. 기업들은 마케팅 조사를 통하여 데이터를 수집하고 수집된 데이터를 보관하고 분석하여 고객의 요구를 즉시 파악하고 대응한다. CRM의 특징은 시장 점유율보다 고객 점유율에 비중을 두고, 고객획득보다 고객유지에 중점을 둔다.

고객관리는 일반적으로 고객확보, 고객유지, 전략적인 고객관리 등의 3단계로 발전한다. 고객확보 단계에서 기업들은 고객 유치 및 확보에 관심을 기울일 뿐 고객을 어떻게 지켜나갈지 별 관심이 없다. 백화점이 고객 유치하기 위해 카드를 대량으로 발행하는 경우이다. 고객유지 단계는 고객확보에서 한 걸음 나아가 고객과의 관계형성 그리고 고객을 어떻게 대하고 고객들과 어떻게 비즈니스를 할 것인지에 관심을 기울인다. 백화점이 이용실적 많은 카드회원을 대상으로 한 음악회를 개최한다. 그리고 전략적 고객관리는 고객을 자산으로 보고 전략을 수립하여 시행한다. 고객을 세분화시키고 그에 맞는 차별화된 상품과 서비스를 제공한다.

CRM 마케팅은 제품 및 브랜드 관리, 웹 마케팅, 원투원 마케팅, 텔레마케팅, 마케팅 분석, 마케팅 관리 등을 진행한다. 고객의 유치(attraction)는 관계마케팅을 수행하는 기업에게 구전효과에 의한 신규고객의 유치가 용이하고 장기고객이 될 가능성이 높다. 고객의 유지(retention)는 일단 기업과 관계를 맺으면 고객들은 기본적으로 정직한 제품이나 서비스, 가치를 제공하는 기업과 관계를 유지하려 한다. 관계의 고양(enhancement)으로 충성고객이 보다 많은 제품이나 서비스를 구매하는 바람직한 고객이다. 이러한 충성고객은 기업에게 사업의 확고한 토대가 될 뿐만 아니라 향후 성장의 잠재력을 나타내준다.

CRM 시스템에서 목표그룹 생성은 고객 데이터를 통해 제품 특성별 프로파일을 생성한다. 세그먼트 빌더(Segment Builder)툴을 이용하여 조건에 맞는 샘플 비즈니스 파트너(Sample Business Partner)를 추출한다. 트랜잭션 데이터(Transaction Data)는 분석 CRM에 축적되고 통합된다.

CRM 영업은 모바일 세일즈, 영업 관리, 인터넷 세일즈, 주요 고객관리, 영업 지원 등으로 구성된다. 영업계획 수립은 경쟁사에 대한 정보, 주된 판매 제품, 추진 팀의 설정, 파트너 및 접촉 고객 등에 대한 전반적인 계획을 수립한다. 고객정보관리는 고객과 관련된 데이터를 관리한다.

영업조직의 자동화(Sales Force Automation)는 기존고객 및 잠재고객의 요청사항, 구매정보, 취향 등의 고객에 관한 정보 및 대고객 영업전략 등을 전사적으로 관리한다. 영업조직은 매일 자세한 영업 정보를 입력하고, 이들 정보를 종합해서 현재 영업상태를 파악한다. 달력(calender)기능을 사용하여 영업활동을 계획한다. 영업 사원의 성과급 측정에 대한 근거를 제공한다. 영업활동 모니터링을 통해 향후 계획 수립 시에 참고 가능하다.

그리고 콜센터에 고객의 문의가 오면 고객의 발신 전화번호를 추적하여 회사의 데이터 베이스에서 고객에 관한 각종 정보가 추출된다. 상담원은 컴퓨터 화면에 표시되어 있는 정보를 이용하여 신속하게 대응할 수 있다. CRM 콜센터는 Contact center의 효율성 증대, 대리인 교육에 대한 요구사항의 숙소, 이식률 삼소로 관리비용 절감, 고객에 대한 일관된 서비스 대응체계 수립 및 매출 증대 등에 활용한다. 또한 CTI(Computer Telephony Integration)는 컴퓨터와 전화를 통합하여 전화업무와 컴퓨터 업무를 하나로 처리한다. 최근 CTI는 수백 회선의 전화를 한꺼번에 받거나 자동으로 고객에게 전화하는 것이 가능하다.

보상 서비스는 여러 가지 서비스에 의한 특전을 제공하여 구매 활동을 유도하는 방법이다. 구매에 동반된 특전에는 무형의 점검이나 무료 배달이라는 서비스도 포함된다. 제품이 성숙기에 들면서 차별성이 사라졌으므로 서비스에 대한 다양한 특전을 제공해야 한다. 그리고 공급 과잉의 성숙기에는 제품 간 품질의 차이가 발생하지 않기 때문에 서비스에 의한 차별화가 중요하다.

통합적 고객관리는 포인트 적립제를 통합하여 분산되었던 고객 데이터를 일괄적으로 관리하고 분석할 수 있다. 통합 데이터베이스 관리로 개별 고객의 인구통계학적 정보, 거래 기록 및 다양한 소비형태와 선호도를 파악할 수 있다. 이를 바탕으로 다각적인 기준에서 우량 고객들을 선별하고 관리할 수 있다.

우량 고객 세분화는 우량 고객들이 기업성과에 미치는 영향이 크기 때문에 거래의 지속성을 유지해야 한다. 이를 위하여 고객을 세분화하고, 세분화된 그룹별로 차별화된 고객충성 전략을 구사한다. 기업이 상대하는 모든 고객들을 대상으로 고객충성의 수준을 평가할 수 있는 지표를 구축하여 고객이 원하는 바를 파악할 수 있다. 우량 고객을 정확히 선별하면서 다른 고객과의 형평성을 깨뜨리지 않도록 해야 한다⟨표 2-1⟩ 참고).

⟨표 2-1⟩ **우량 고객 세분화**

세분집단	특성	대응방안
이방인 그룹	수익에 미치는 영향도 미미하고 가끔 거래하는 비우량고객	고객관리의 대상에서 제외
나비 그룹	거래 규모가 커서 수익에 기여하지만 일시적으로 거래하는 비우량고객	거래 규모에 현혹되지 말아야 함
진정한 친구 그룹	수익 창출에 크게 기여하며 잦은 거래실적의 우량 고객	지속적인 관계 유지
옹고집 그룹	거래 금액이 작아서 수익에 기여하지 않는 잦은 거래 고객	구매력이 작은 경우와 구매 빈도가 적은 경우를 차별적으로 관리

다양한 보상서비스가 고객관계관리의 관점에서 실행되고 있다. 우선 서비스 보증은 고객충성의 강화, 시장점유율의 확대, 서비스품질 개선의 측면에서 이루어진다. 소비자는 서비스 보증을 통하여 구매 비용에 대한 부담을 극복시켜서 서비스 구매에 따르는 위험을 감소시킨다.

둘째, 스탬프 제도는 일정 구입 금액에 상당하는 스탬프를 모아서 규정된 종이에 부착하여 제시하거나 송부하면 준비된 경품을 받을 수 있다. 즉, 스탬프 카드를 이용하여 구매액에 따라 보너스 점수를 매겨 재방문 수요를 창출하는 방법으로 충성도가 높은 우수고객인 단골 손님의 증가를 지향하는 충성도 프로그램이다.

셋째, 회원제도는 상품구입자를 대상으로 여러 가지 특전을 얻을 수 있는 회원조직 및 제도에 가입시켜서 고객의 고정화를 촉진한다. 치열한 시장 세분화 시대에서 실적이 우수한 고객을 확보하여 자사의 고객으로 유지 및 관리할 수 있는 전략이다.

넷째, 포인트적립은 이용실적에 일정률을 적용하여 적립하는 방법이다. 이 방법은 모든 가맹점에서 동일한 비율로 적립되기 때문에 고객이 쉽게 계산할 수 있다. 이와 동시에 가맹점 업종에 따라 포인트 적립률을 달리하는 방법도 등장하였다.

(2) 소셜 미디어를 활용한 CRM

① 데이터를 활용한 CRM

소셜 네트워크 서비스와 통신이 고객관리에 전체적으로 충분히 제대로 돌아가게 되면, 시스템 내에 데이터가 빠르게 축적된다. 전통적인 마케팅에서의 CRM은 고객의 데이터를 수집하기 위한 전략을 수립하지만, 소셜 미디어를 이용한다면, 그러한 과정이 생략될 수 있다는 장점이 있다.

② CRM을 활용한 수익률 높이기

새로운 고객을 유치하는 것보다 기존 고객이 지속해서 마케팅 활동에 참여할 수 있게 하는 것이 기업의 이윤 창출을 위해 효과적인 방법일 것이다. 결국, 충성심이 가장 높은 고객들을 많이 확보하는 것이 마케팅의 성패를 결정하는 요소가 될 것이다. 그 점 하나만으로도 고객들 사이에서 평판을 파악하고 명성을 올려야 하는 이유가 되기 충분하다. 수익성과 고객 유지에 미치는 영향은 궁극적으로 투자 수익률에 도움이 될 수 있다.

③ 유튜브에서 고객관리 마케팅

고객관리 마케팅이라면 이메일이나 문자 메시지, 푸시 알림 등으로 고객을 지속해서 관리하는 타기팅을 말한다. 그러면 유튜브 광고에서는 어떤 식으로 우리 브랜드의 잠재고객을 확보하고, 그들에게 지속해서 메시지를 노출할 수 있을까? 방법은 바로 '리마케팅'이다. 브랜드 인지도 증대부터 나아가 퍼포먼스 성과까지 낼 수 있는 핵심 타기팅인 리마케팅에 대해서 알아보자.

④ 리(Re)마케팅

인터넷을 이용하다 보면 이전에 한 번 클릭했던 광고가 계속 나를 따라다니는 경험을 한 적이 있을 것이다. 이렇게 내 브랜드와 상호작용을 했던 사용자를 다시 타기팅하는 기법을 리타기팅 또는 리마케팅이라고 한다. 유튜브 광고에서 리마케팅이란 내 유튜브 영상/채널과 상호작용한 사용자에게 다시 광고를 노출하는 타기팅 기법을 말한다.

4) 첨단기술시장

2016년 세계경제포럼(WEF: World Economic Forum)에서 향후 세계가 직면할 화두로 4차 산업혁명을 강조하면서 세계는 첨단기술시장으로 진입하였고, 마케팅 역시 마케팅 4.0 시대로 넘어가게 된다. 특히나 오늘날은 모바일 시대로 일컬어진다.

스마트폰 알람으로 아침에 눈을 떠서 출근길 버스나 지하철에서 스마트폰으로 신문을 보거나, 동영상을 보거나, SNS, 이메일을 확인한다. 스마트폰으로 은행 업무부터 쇼핑까지 안 되는 게 없다. 배달앱으로 음식을 편리하게 시켜 먹을 수 있고, 숙박앱을 통해 즉흥적으로 여행을 떠나는 즉행족이 된다. 스마트폰으로도 영화예매, 식당예약 등 모든 것을 할 수 있는 세상이 되었다.

오늘날의 기업들은 기존의 고객관계관리에 더하여 디지털 첨단기술 세계 속에서 생활하는 소비자들의 구매를 돕는 역할을 해야 한다. 이를 위하여 제품과 서비스의 편리한 구매뿐 아니라 온라인, 오프라인 매장에서 고객들이 더욱 편하게 결제할 수 있는 시스템을 구축하고 있다. 계속 변화하고 발전하는 세상에서 소비자들의 필요와 요구도 변화하고 진화된다. 경쟁력을 갖추고 유지하기 위해서 기업들은 새로운 환경에 맞추어 소비자들을 재정의하고, 그들을 만족시키기 위해 끊임없이 노력해야 할 것이다.

> ### 읽을거리 ○━
>
> **꽂히면 무조건 산다! MZ세대의 디깅 소비**
>
> 이른 아침부터 신발 매장이 오픈도 하기 전에 줄을 길게 선 사람들, 매장이 열림과 동시에 뛰어 들어가는 모습이 뉴스의 한 장면으로 보도되었다. 샤넬 등 명품 매장도 마찬가지의 일들이 벌어진다. 한정 판매로 나왔다는 상품들은 오픈과 동시에 날개 돋친 듯 팔려 동난다. 아이돌 팬들은 수십 수백 장의 앨범을 구입하고 굿즈 또한 활발하게 거래한다. 앨범을 많이 샀을 경우, 아이돌을 직접 만나는 팬 미팅, 영통팬싸(영상 통화를 통한 팬 사인회) 등에 참여할 수 있는 확률이 높아진다.
>
> 최근 MZ세대의 소비 트렌드인 '디깅(Digging) 소비'가 시장에 활력을 더하고 있다. 디깅 소비란, 앞선 예처럼 취미나 덕질 등 자신이 좋아하는 영역을 깊게 파고들며 관련된 제품을 구매하는 새로운 소비문화를 일컫는다. 디깅은 원래 채굴하다는 뜻이 있는데, 처음에는 좋은 음원을 찾아 아티스트와 관련된 음악들을 들어보며 깊이 파고드는 행동을 뜻하는 말이었다. 이제는 소비의 전 영역으로 확대되어 여러 방면에서 '디깅 소비'라는 표현이 쓰이고 있다.
>
> 한국섬유산업연합회에 따르면, 국내 신발 시장은 2020년 코로나19로 인한 재택근무 증가로 수요가 감소하여 전체 실적이 6조 1,873억 원으로 0.9% 감소하는 등 어려움을 겪었으나, 2021년에는 돌연 성장세로 돌아섰다. 연합회는 신발 시장이 2022년에도 2021년에 이어 7.5% 성장한 7조 1천305억 원의 규모를 예상한다. 2021년 국내 패션 시장의 규모가 2.0% 하락한 것을 염두에 둔다면, 신발 시

장의 성장은 독보적이라 할 수 있다. 소위 '잘 팔리는' 신발들이 존재하는데, 사회적 거리 두기와 함께 해외여행도 힘들어진 상황에서 많은 사람이 타인과 거리를 두고 하는 야외 스포츠, 취미에 몰두하게 되면서 등산화가 잘 팔리는 신발 리스트에 등극하였다. 또한 SNS 셀럽들과 연예인들의 착용으로 유명세를 얻은 테니스화들, 한정판 스니커즈, 콜라보 운동화 등 제품이 표현하는 이미지들도 중요한 가치로 꼽힌다.

사회적 거리 두기라는 상황은 캠핑, 차박 등 장비를 갖춰야만 시작할 수 있는 취미용품에도 디깅 소비 열풍을 불러왔다. 이 분야에서는 중고거래 시장에서 장비를 구입하여 취미에 입문한 후, 새로운 용품들을 더 사들이는 방식으로 소비가 이루어지는 것이 특징이다. 중고거래 앱인 '번개장터'에서 확인된 소비 동향을 살펴보면, 취미, 덕질 카테고리의 거래량이 91% 증가한 것으로 나타났는데, 캠핑, 낚시 레저용품 등 아웃도어 제품들이 그 목록을 채우고 있다. 캠핑의 경우 129% 증가한 거래량을 나타낼 정도로 성장했다.

이제는 디깅 소비 덕분에 산업 자체가 코로나19 상황에서 버티고 있다고 해도 과언이 아니다. 디깅 소비는 2022년 유통과 소비 트렌드 MADE UP 중 하나로 꼽히기도 한다. M은 올해도 계속될 비대면 상황에서 이루어질 메타버스(Metaverse) 등의 가상세계에서의 소비 활동, A는 외부활동의 제한으로 인한 혼자(Alone)만의 시공간을 위한 소비활동, D는 디깅 소비를, 시대적 요구에 따른 친환경(Eco-friendly) 소비, 억눌렸던 욕구를 표출할 개성(Personality) 있는 패션 소비 수요를 말한다.

디깅 소비가 MZ세대에게 대세로 자리 잡은 이유는 무엇일까. 디깅 소비에 너무 몰두해 자기 전시를 통한 '관종'이 되기도 하고 디깅 문화의 틈새에서 리셀러로서 등장해 시장 상황을 교란시키기도 하지만, 이들은 디깅을 통해 적극적으로 새로운 문화를 만들어나가고 있다.

먼저 눈에 많이 띈다고 사거나 세일이라 사지 않고 자신만의 취향, 매력, 느낌에 잘 부합하는 제품을 선호하고 이를 위해서는 정보를 얻기 위해 '검색력'을 총동원한다. 제품 정보를 찾는 과정에서 자신의 취향을 큐레이팅하고 완성해 나가는데, 원하는 자료를 찾아내는 것을 일종의 놀이처럼 즐기기도 한다. 이 과정에서 비슷한 취향을 가진 사람들끼리 댓글로 소통을 하기도 하는 등 온라인상에서 새로운 관계를 적극적으로 맺기도 한다.

이러한 과정에서 소비자는 진화한다. 주로 크라우드 펀딩 플랫폼을 통해 이루어지고 있는 '덕투'가 그 진화된 모습 중 한 가지이다. '덕투일치'는 덕질과 투자가 일치한다는 뜻으로, 관심 있는 분야에 대한 소비에서 그치지 않고 투자로 이어지는 것을 말한다. 보상은 금전적 수익뿐만 아니라 제품에 대한 만족감, 서비스 등 무형적 경험이 함께한다. 덕분에 해당 브랜드는 소비자와 함께 커나갈 수 있다.

또 다른 진화형인 참여형 소비자, '프로슈머(Prosumer)'는 생산자와 소비자의 합성어로, 취향에 맞는 물건을 스스로 창조해 내는 능동적 소비자를 뜻한다. 이들은 자신들이 관심 있는 분야에 대해 생산자처럼 전문적인 지식을 갖고 있고, 제품의 개발과 기획단계에서부터 참여하기를 원한다. 일례로 소니에서는 프로슈머와의 기획을 통해 저가형 제품보다는 높은 품질과 고급 기능을 제공하지만, 전문적인 장치의 모든 기능은 갖고 있지 않은 Sony A6600형을 출시하기도 했다.

디깅 소비자들은 환경을 생각하는 준활동가로 진화하기도 한다. 국내외 케이팝 팬들이 모여 기후 행동 플랫폼인 '케이팝포플래닛(지구를 위한 케이팝)'을 만들었다. 이들은 '덕질'을 하며 쌓여 있는 앨범과 굿즈를 보며 기후 위기를 고민할 수밖에 없었다고 고백하며, 지속가능한 덕질을 위해 행동하고 있다. 엔터테인먼트사에 앨범과 굿즈 플라스틱 포장을 최소화하고 실물 앨범 대신 디지털 앨범을 발매하는 등 친환경 선택지를 제공하라고 직접 요구한다. 또한 앨범을 많이 사야만 하는 기형적 소비 구조의 변화 또한 종용한다. 소비자의 노력만으로는 해결할 수 없기에 기업이 나서기를 요구하는 것이다. 엔터테인먼트사들은 이러한 적극적인 소비자의 요구를 묵살할 수 없고, 조만간 환경문제 개선을 위해 응답해야 하는 상황이다.

이전과는 다른 입체적 소비자의 등장은 새로운 '문화'를 만들어 나가길 바라는 욕구와도 연관되어 있다. 기업은 이 트렌드를 제대로 읽고 MZ세대 소비자들과 함께 문화를 만들어가야 할 역할을 맡았다. 그저 단순한 합리적인 소비를 넘어서 취향을 쌓고 좋은 경험을 하면서 시대의 가치에 부합하는 문화로서의 소비사회 진화를 위해, 기업도 소비자들만큼 적극적으로 호응할 것을 기대한다.

출처 : 테크42(2022.02.07)

소셜 미디어와 마케팅

마케팅 믹스

CHAPTER

3

---

1 마케팅 믹스의 개념

마케팅 믹스(marketing mix)란 마케팅 목표의 효과적 달성을 위하여 마케팅 활동들을 전체적으로 균형이 잡히도록 조정·구성하는 일이다.

〈표 3-1〉 마케팅 믹스의 구성요인

4P	분석요소
Product(제품)	제품특성, 수명주기, 제품계열, 상표
Price(가격)	가격설정, 가격조정·변경
Place(유통)	유통형태, 유통경로, 물류관리
Promotion(촉진)	광고, PR, 인적 판매, 판매촉진

소비자의 입장에서는 제품도 좋고, 가격도 저렴하고 유통조건도 편리한 상품을 충분한 구매동기를 통해 구입한다면 당연히 완벽한 구매가 될 것이다. 마케터들은 흔히 경쟁제품과의 차별화 강박증에 시달린다. 제품, 가격, 유통, 촉진 모든 부분에 차별화해야 경쟁제품을 밀어낼 수 있을 것이라 생각하고, 경영자 또한 그것을 요구하기도 한다. 그러다 보니 이도 저도 아닌 마케팅 믹스가 나오고, 오히려 어정쩡한 전략을 구사하는 경우가 생긴다. 그러나 모든 부분에서의 시도보다

는 파괴력 있는 하나의 장점을 살리는 것이 시장공략에는 유리하다.

그러나 정보화 사회에 들어서면서 산업사회 마케팅의 4P는 현대에서 마케팅의 4C로 변화하고 있다. 4C는 고객(customer), 고객 비용(cost to customer), 편리성(convenience), 그리고 소통(communication)을 말한다.

- 고객(Customer): 고객의 필요(needs), 요구(wants), 그리고 이에 따른 수요(demands)를 의미한다. 고객들의 필요(아, 배고파)가 요구로 구체화되고(짜장면이 먹고 싶네⋯), 이를 실현할 능력(5천 원 정도야 한끼 값으로 저렴하지!)을 가지고 있는지를 분석해야 한다.

- 고객 비용(Cost to customer): 고객이 상품 및 서비스를 구입하는 데 지불해야 하는 유·무형의 총비용으로 하나의 브랜드에서 다른 브랜드로 바꿀 때 발생하는 전환비용(switching cost)도 해당한다. 소비자는 전환비용이 낮을수록 새로운 브랜드가 제공하는 상품이나 서비스의 구매 혹은 정체성의 동조가 쉽게 일어나며, 전환비용이 높을수록 현재 사용 중인 브랜드를 계속 사용할 확률이 높아진다.

- 편리성(Convenience): 유통과는 조금 다른 범주로 가치교환의 편의성을 의미한다. 예를 들면 고가의 상품구매 시 무이자 할부 서비스가 제공되어 구매시의 장벽을 낮추어준다던지, 상품 사용설명서를 유튜브 동영상으로 제공하여 사용의 편의성을 높여줌으로써 가장 효율적으로 소비자의 비용을 낮춰주는 전략이다.

- 소통(Communication): 마케팅에서 의사소통은 초기 기업의 일방적 의사전달(예: 광고, 행사)에서 점차 양방향 의사교환(예: 소비자 피드백, 온라인 투표)으로 발전했고, 지금은 상호작용(interactive)이 중심이 되는 의사소통단계에 와 있다.

결국 4C의 핵심은 고객 위주로 돌아간다는 것이다. 이는 예전과 달리 주도권이 공급자에서 소비자로 넘어간 현실을 보여준다.

2 제품과 제품 믹스

1) 제품의 개념

마케팅이 이루어지는 시장은 사업자로서의 판매자와 고객으로서의 구매자 간에 전통적인 시장(marketplace)과 디지털 기술에 의한 사이버 공간에서의 시장(marketspace)에서 교환(exchange)이 이루어지는 곳을 의미한다. 일반적으로 사람들은 교환의 제공물(offerings) 즉, 거래의 대상을 유형적인 제품(product)으로 여긴다. 그러나 제품은 욕구와 필요성을 충족시키기 위해 시장에 제공할 수 있는 물리적 재화(goods)는 물론 서비스, 이벤트, 사람, 장소, 소유권, 조직체, 정보, 그리고 아이디어 등을 포함하는 유형, 무형의 복합적인 형태이다.

2) 제품의 수준(product level)

시장에 제공할 제품을 기획할 때 마케팅 요원은 구매자인 고객의 가치 관점에서 다섯 가지 수준으로 접근할 필요가 있다([그림 3-1] 참고). 각 수준은 고객의 가치를 더해가는 것으로 다섯 가지의 구성을 고객가치계층(customer-value hierarchy)이라고 한다.

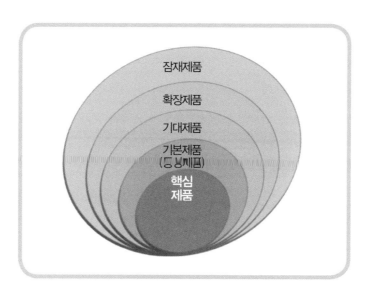

[그림 3-1] **제품의 다섯 가지 수준**

① 핵심제품(core benefit)

기초적인 수준으로서 구매 고객이 실제로 구매하는 서비스나 혜택을 의미한다. 예를 들어 호텔 투숙객이라면 휴식과 수면을 구매하는 것이고, 드릴(drill)을 구매하는 고객은 구멍을 뚫기 위해 구매하는 것이다. 따라서 마케팅 요원은 고객에게 혜택을 제공하는 이가 되어야 한다.

② 기본제품(basic product)

두 번째 수준으로서 마케팅 요원은 핵심 혜택을 기본제품으로 전환시켜야 한다. 예를 들어 호텔의 객실은 침대, 욕실, 타월, 데스크, 화장대 그리고 벽장을 구비할 필요가 있다.

③ 기대제품(expected product)

세 번째 수준으로서 마케팅 요원은 기대제품, 즉 구매자인 고객들이 제품을 구매할 때 정상적으로 기대하는 일련의 속성들과 조건들을 구비해야 한다. 예를 들어 호텔 투숙객은 청결한 침대, 신선한 타월, 잘 작동되는 전구들, 그리고 조용한 객실을 기대한다.

④ 확장제품(augmented product)

네 번째 수준으로서 마케팅 요원은 구매자인 고객들이 기대하는 정도를 뛰어넘는 확상제품을 순비해야 한다. 선진국 시장에서는 브랜드 포지셔닝과 경쟁이 이 수준에서 이루어지고, 개발도상국 또는 신흥시장에서는 대부분 기대제품 수준에서 이루어진다.

⑤ 잠재제품(potential product)

다섯 번째 수준은 미래에 가능한 확장이나 기술적 전환이 마련되어 제품에 부가될 수 있는 것들을 모두 포함하는 것이다. 기업들이 고객들을 만족시킬 새로운 방법을 모색하게 되고 그들의 시장 제공물(offerings)인 제품의 특징을 결정짓는다.

3) 소비자에 따른 제품의 구분

(1) 소비재(개별 구매자 또는 소비자용 상품)

다양한 소비자들의 쇼핑 습관을 바탕으로 소비자용 상품을 구분한다면 편의품, 쇼핑상품, 전문품 그리고 미탐색품이 있다.

① 편의품(convenience goods)

소비자가 보편적으로 자주, 즉각적으로, 그리고 최소한의 노력으로 구매하는 비교적 저렴한 가격대의 상품이다. 편의품은 일상생활 용품이나 식품처럼 규칙적으로 구매하는 필수품(staple goods), 사전 구매 의사 없이 충동적으로 매장에서 커피나 청량음료 등을 구매하는 충동품(impulsive goods), 그리고 비가 오거나 정전되었을 때 우산이나 손전등처럼 유사시에 즉각적으로 구매해야 하는 응급품 (emergency goods) 등으로 나누어진다.

② 선매품(shopping goods)

소비자가 제품의 물리적 특성, 서비스 특성, 가격, 품질, 스타일, 구매 장소 등에 대한 정보를 수집하고 비교하여 구매하는 과정에 많은 시간이 소요되는 상품이다.

편의품에 비해 비교적 고가 제품이고 구매 빈도는 낮은 편이며, 매장의 이름이나 입소문은 소비자의 구매에 영향을 크게 미치는 편이다.

③ 전문품(specialty goods)

많은 구매자가 특정 제품이 가진 독특성 또는 브랜드 정체성 때문에 제품 구매에 특별한 노력을 기울이는 제품으로서 제품의 높은 차별성, 특정 브랜드에 대한 강한 로열티와 높은 소비자 관여도의 특징을 가지고 있다. 예를 들면 명품 핸드백이나 의류, 수입 브랜드의 스포츠카나 골프 세트 등이 해당되고, 일반적으로 고가제품이고 대체품을 찾지 않는 편이나.

④ 미탐색품(unsought goods)

소비자가 연기 감지기와 같은 상품을 잘 모르고 있거나 평소에 상조 보험상품에 가입하려고 생각은 하지만 잘 찾지 않는 것들이 여기에 해당한다.

(2) 산업재(조직적 구매자용 상품)

산업재는 조직적 구매자가 구매하거나 비즈니스 활동을 위해 구매하는 상품으로서 산업재 시장에서 다양한 제품과 서비스의 거래가 이루어지고 있다. 산업재는 조직적 구매자가 구매한 제품을 제조과정이나 운영과정에 어떻게 이용하는가에 따라 원자재와 부품, 자본재, 소모성 물품 및 비즈니스 서비스 등으로 분류한다. 산업재의 매출은 소비재의 매출에 따라 영향을 많이 받는 파생 수요의 특성이 있다.

① 자재(materials)와 부품(parts)

제조업자가 완제품을 제조하기 위해 제품의 한 부분으로 투입하는 것들이다. 대부분의 원자재와 부품은 조직적 구매자들에 의해 구매되고, 브랜드나 광고보다는 공급업자의 가격과 서비스 조건이 더욱 중요한 마케팅의 요소가 된다.

• 자재

가공 정도에 따라 원자재(raw materials)와 구성 자재(component materials)로 구분한다. 원자재는 농산품과 천연 재료로 가공 처리를 하지 않은 것이다. 구성 자재는 추가적인 가공과정에서 그 형태가 변화한 것이며, 완제품 공정에서 사용되는 자재로 철광석에서 가공한 강철, 누에에서 추출한 실 등이 해당된다.

• 부품

완제품을 만들기 위해 완성 공정 단계에 있는 제품에 추가적으로 투입되는 것으로서 완제품의 외형이 바뀌지 않는 특성이 있다. 진공청소기 완제품의 부품으로는 소형 모터와 타이어 등이 해당된다.

② 자본재(capital items)

완제품 개발이나 운영에 필요한 영속적인 상품으로서 설치 제품과 장비의 두 가지 그룹으로 구분할 수 있다.

• 설치 제품(installation)

공장과 사무실이 위치한 건축물, 드릴 프레스(drill presses), 발전기, 엘리베이터 등과 같은 중장비이다. 이들 중장비는 제조업자로부터 직접 구매하고, 중장비의 사양과 구매 후 서비스를 제조업자가 설계하기도 한다.

- 장비(equipment)

지게차나 수공구와 같은 이동용 공장 장비, 개인용 컴퓨터나 책상과 같은 사무용 장비이다. 내구 연수가 설치 제품보다 짧고 사무용 장비보다는 길다. 일부 장비는 제조업자로부터 직접 구매하지만 대부분의 장비는 중간 유통업자들로부터 구매한다. 품질, 성능, 가격, 그리고 서비스가 구매의 주요 고려 요소이다.

③ 소모성 물품 및 비즈니스 서비스

완제품 개발이나 운영에 단기적 상품과 단기적 서비스 상품을 필요로 한다.

- 소모성 물품(supplies)

완제품 생산에 투입되지 않고 공장이나 기업의 운영에 사용되는 소모성 물품으로서 산업재의 편의품이라고 한다. 예를 들면 장비 유지 보수용 오일, 프린터 잉크나 출력 용지 등과 같은 운영용 소모품과 볼드, 니드, 페인트 등과 수선용 소모성 물품 등이 있다.

- 비즈니스 서비스

비즈니스 서비스는 유지 보수와 수리 서비스(유리창 청소, 복사기 수리 등)와 비즈니스 자문 서비스(법률, 경영 컨설팅, 광고 활동 등)를 포함한다. 유지 보수와 수리 서비스는 통상 소규모 생산업자와의 계약하에 제공되거나 납품 장비 제조업체로부터 제공된다. 비즈니스 자문 서비스는 통상 공급업체의 평판과 스태프(staff)의 됨됨이에 바탕을 두고 구매가 이루어진다.

4) 제품 믹스

(1) 제품의 계층(product hierarchy)

제품의 계층은 기본적인 필요로부터 특정 품목에 이르는 여섯 가지 수준으로 식별할 수 있다. 생명보험의 예를 들어 살펴본다.

① 필요 패밀리(need family)

제품 패밀리의 존재 근거가 되는 핵심적 필요성을 말한다(예: 보장성).

② 제품 패밀리(product family)

합리적인 효과로서 핵심적 필요성을 충족시킬 수 있는 제품의 모든 등급을 말한다(예: 저축과 수입).

③ 제품 종류(product class)

제품의 범주라고도 한다. 어떠한 기능적 일관성을 갖추고 있는 것으로 인지된 제품패밀리 안에서의 일단의 제품들을 말한다(예: 금융상품).

④ 제품 라인(product line) 또는 제품 계열

제품 종류 안에서의 일단의 제품들이 비슷한 기능을 수행하기 때문에 밀접하게 관련되는 것이다. 동일한 고객 그룹들에게 팔리고, 비슷한 아웃렛(outlets)이나 유통경로를 통해 마케팅이 이루어지고, 매겨지는 가격 범위에 들어가는 제품들을 말한다. 제품 라인은 상이한 브랜드, 또는 단일 패밀리 브랜드, 또는 확장된 라인의 개별 브랜드로 구성되기도 한다(예: 생명보험).

⑤ 제품 유형(product type)

제품의 여러 형태 중 한 가지를 공유하는 제품 라인 안에서 일단의 품목들을 말한다(예: 단기 생명보험).

⑥ 품목(item) 또는 재고 유지 단위(stock keeping unit) 또는 제품
변형(product variant)

한 가지 브랜드 안에서 특정 단위 또는 사이즈, 가격, 외양, 또는 다른 일부
속성에 의해 구분이 가능한 제품 라인을 말한다(예: P사의 갱신형 단기 생명보험).

(2) 제품 시스템과 믹스(product systems and mixes)

제품 시스템은 광범위하지만 호환되는 기능으로 관련되는 품목들의 그룹을 의
미한다. 예를 들면 A사의 MP3 제품의 시스템은 헤드폰, 헤드셋, 케이블 그리고
도크(docks), 완장(armbands), 케이스, 전원과 차량 액세서리, 그리고 스피커 등을
포함한다. 기업이 취급하는 제품 구성은 제품 믹스와 제품 라인을 통하여 분석할
수 있는데, 제품 믹스는 다양한 제품 라인들로 구성된다. 제품 믹스 또는 제품 구
색은 특정 판매업자가 판매할 제품들과 품목들의 조합(set)이다. 기업의 제품 믹
스는 제품 믹스의 폭(width), 길이(length), 깊이(depth), 그리고 일관성(consistency)을
가지고 있다.

〈표 3-2〉 가상 소비재 기업의 제품 믹스 폭과 제품 라인 길이

| | 제품 믹스 폭 | | | | |
	세탁 및 주방 세제	치약	비누	일회용 기저귀	화장지
제품라인길이	A	TT1	SS1	DD1	PP1
	B	TT2	SS2	DD2	PP2
	C		SS3		PP3
	D		SS4		
	E		SS5		
	F				
	G				
	H				

- 제품 믹스의 폭은 기업이 얼마나 상이한 제품 라인을 많이 취급하고 있는지를 나타낸다. 〈표 3-2〉에서 다섯 가지 라인의 제품 믹스 폭을 볼 수 있다.
- 제품 믹스의 길이는 믹스 품목의 전체 숫자를 나타낸다. 〈표 3-2〉에서 20임을 알 수 있다. 또 제품 라인의 평균 길이를 살펴볼 수 있는데, 〈표 3-2〉에서 전체 길이 20을 제품 라인 5로 나누면 제품 라인의 평균 길이가 4임을 알 수 있다.
- 제품 믹스의 깊이는 제품 라인에 있는 개별 제품이 얼마나 많이 변형되어 있는지를 살펴보는 것이다. B라는 세제가 세 가지 용량과 세 가지 세탁 용도로 되어 있으면, B세제의 깊이는 9가 된다.

제품 믹스의 일관성은 다양한 제품 라인들이 최종 소비자의 용도, 원자재, 제조공정, 유통경로 등에서 서로 얼마나 밀접하게 관련되어 있는지를 나타낸다. P사의 제품 라인들은 동일한 유통경로를 통해 공급되는 소비재들이라는 것에서 일관성 있고, 제품 라인들이 구매자별로 수행되는 기능들에서는 일관성이 줄어든다. 이들 네 가지 제품 믹스의 차원들은 기업이 네 가지 방법으로 자사의 사업을 확장하도록 해준다. 자사 제품의 믹스 폭을 넓히려고 새로운 제품 라인들을 추가할 수 있고, 각 제품 라인의 길이를 늘여갈 수 있고, 개별 제품에 제품의 변형을 더할 수 있고, 제품 믹스의 깊이를 더할 수도 있는 것이다. 궁극적으로 기업이 더 많은 제품 라인의 일관성을 추구할 수 있다. 이들 제품과 브랜드의 의사 결정을 하려면 제품 라인의 분석을 수행하는 것이 유용하다.

(3) 제품 라인 분석(product line analysis)

기업이 제품 라인을 제시할 때 일반적으로 상이한 고객들의 요구 사항들과 저비용의 제조 원가를 맞추기 위해 기본적인 플랫폼과 모듈들을 개발하여 운영한다. 자동차 제조업자들은 기본 플랫폼에 따라 사동차를 만들고, 주택업자들은 구매자들이 부가적인 기능을 추가할 수 있는 모델 하우스를 보여준다.

제품 라인 관리자들이 어떤 품목을 만들고(build), 유지하고(maintain), 수확하고(harvest), 또는 버릴 것인지(divest)를 결정하기 위해서는 각 품목들의 판매와 수익을 파악할 필요가 있고, 각 제품 라인의 시장 프로필(market profile)을 이해할 필요가 있다.

① 판매와 수익(sales & profit)

기업의 제품 포트폴리오에는 상이한 마진들(margins)이 있다. 슈퍼마켓은 빵과 우유의 마진이 거의 없고, 통조림과 냉동식품에서 합리적인 마진이 있고, 화초, 특별한 식품류, 그리고 신선하거나 갓 구운 상품에는 더 많은 마진을 붙인다.

기업들은 자사 품목들의 매출, 마진, 또는 두 가지 모두를 증가시키려는 방법으로 가격을 높게 매기거나 광고를 더 많이 실시하기도 한다.

② 시장 프로필(market profile)

제품 라인 관리자는 자사의 제품 라인이 경쟁사의 제품 라인들에 비해 제품의 속성 측면에서 어떻게 포지션되어 있는지를 검토해야 한다. 예를 들어 제품의 속성 두 가지 중에서 A 경쟁사가 한 가지 속성에서 두 가지 품목을 판매하고, B 경쟁사가 다른 한 가지 속성에서 세 가지 품목을 판매한다. 자사는 두 가지 속성에서 다양하게 세 가지 품목을 판매한다.

제품 맵(product map)은 어느 경쟁사들의 품목들이 자사의 품목들과 어느 속성을 놓고 경쟁하고 있는지를 보여주고, 새로운 품목으로 경쟁할 수 있는 위치를 알려준다. 이러한 제품 맵을 통하여 경쟁 가능한 품목을 해당되는 제품 라인에 추가하는 방안을 고려할 수 있다. 또 다른 이점은 세분 시장을 식별하는 것이다. 제품 라인 분석(product line analysis)은 제품 라인 길이(product line length)와 제품 믹스 가격(product mix pricing)과 같은 주요 의사 결정에 필요한 정보를 제공한다.

(4) 제품 라인 길이

기업의 사업 목적은 자사 제품 라인의 길이에 영향을 주는 것과 같다.

첫째, 자사의 매출을 늘리기 위해 제품 라인을 창출한다.
둘째, 교차 판매(cross-selling)를 촉진할 제품 라인을 창출한다.
셋째, 경제 상황의 호조와 난조에 대응하여 자사를 보호할 제품 라인을 창출한다.

높은 시장 점유율과 고성장을 추구하는 기업들은 일반적으로 보다 긴 제품 라인들을 보유하고, 고수익을 강조하는 기업들은 세심하게 선택한 품목들로만 구성되는 보다 짧은 제품 라인을 취급한다.

① 제품 라인 확장하기(line stretching)

기업마다 제품 라인은 전체 시장에서 자사가 가능한 범위의 특정 위치를 차지한다. 독일의 고급 브랜드 자동차들은 동급 경쟁 브랜드 차량들에 비해 상위의 가격대에 위치한다. 제품 라인 확장은 기업이 현재 진출한 범위를 뛰어넘는 제품 라인의 길이로 [그림 3-2]와 같이 상향 시장, 하향 시장, 또는 양방향 시장으로 연장하는 것이다.

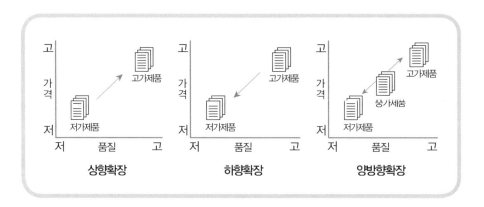

[그림 3-2] 제품 라인 확장하기

- 상향 시장 확장(up-market stretch)

고가 제품 시장의 성장률이 높고, 수익 마진이 양호하여 기업이 현행 품목들보다 더 높은 가격대와 고품질의 제품 품목들을 기존 제품 라인에 추가한다. 그러나 상향 시장 확장에는 다음과 같은 위험이 수반될 수 있다.

✔ 고가 제품 시장의 기존 경쟁사들과 경쟁해야 하는 어려움이 따르고 경쟁사가 자사의 저가 제품 시장에 공격적으로 진입해 올 수 있다.
✔ 시장의 중간상들과 소비자들이 자사의 고가 제품에 대한 개발, 제조 역량을 불신할 수 있다.
✔ 자사의 중간상들과 판매 요원들이 고가 제품을 다룰 준비가 안 되어 있을 수도 있다.

- 하향 시장 확장(down-market stretch)

고가 제품 위주의 사업 구조에서 저가격 및 저품질의 제품 품목을 기존 제품 라인에 추가하는 것이다. 자사가 하향 시장 확장을 고려할 수 있는 경우는 아래와 같다.

✔ 고가 제품 시장에서 자사가 경쟁사의 공격을 받아 대체 방안으로 저가 제품 시장에 진출한다.
✔ 고가 제품 시장의 성장률이 둔화 추세로 나타나서 대체 방안을 마련한다.
✔ 저가 제품 시장을 장악하여 경쟁사의 진입을 억제한다.
✔ 고가 제품 시장에서의 평판을 바탕으로 저가 제품 시장에 진출한다.

- 양방향 확장(two-way stretch)

중가 제품 시장에서 활동하는 기업들이 자사의 제품 라인을 양방향으로 확장시키는 것이다. 유명한 애견 사료업체 P사는 자사의 제품 라인을 애견에게 줄 혜택, 다양성의 폭, 성분, 가격별로 차별화시킨 제품 라인을 창출하여 상향 및 하향 시장을 확장하고 있다.

② 제품 라인 보강(line filling)

기업은 현행 제품 라인에서 몇 개의 품목들을 추가하여 자사 제품 라인의 길이를 연장한다. 라인의 보상은 기존 라인에서 빠진 품목들로 인해 판매를 실기하는 딜러들의 불만을 만족시킬 수익 상품을 갖추도록 한다. 여기에는 과잉 생산 능력을 채우도록 하고 관련 상품들을 모두 갖추는 선도 업체가 되려고 하며, 경쟁사들을 배척하려는 의도 등을 담고 있다.

(5) 제품 라인업(product line-up) 전략의 유형

앞에서 다룬 내용을 제품 라인의 전략적 관점에서 정리하면 다음의 〈표 3-3〉과 같다.

〈표 3-3〉 제품 라인업 전략

전략 유형		주요 내용
제품 라인 수의 확인	상향 확장	기존 제품 라인보다 고가 및 고품질의 제품 라인을 추가
	하향 확장	기존 제품 라인보다 저가 및 저품질의 제품 라인을 추가
	양방향 확장	상향 및 하향 확장을 동시에 전개함
제품 라인 품목 구성 변경	제품 라인 현대화	제품 라인 안에서 기술적 진보로 쇠퇴기 품목은 제거
	제품 라인 특성화	제품 라인 안에서 공통점을 가지는 품목들로 구성
	제품 라인 확충	동일 제품 라인 안에 제품 변종(product variant)을 추가
기타	제품 리더	특정 제품의 판매 증가로 보완 제품의 판매 증가 유도
	묶음(bundle)	개별 제품 구매보다 저가의 패키지(package)형으로 판매
	시스템	시스템의 구성 대상 제품들 간에 호환성을 개발하여 판매

5) 제품 수명주기

(1) 제품 수명주기(product life cycle)의 개념과 특징

기업의 포지셔닝(positioning)과 차별화(differentiation) 전략은 제품 수명주기 (PLC)상에서 제품, 시장, 경쟁사들이 변화할 때 반드시 바꾸어야 한다. 제품 수명 주기의 의미로 다음의 네 가지 사실을 들 수 있다.

- 제품은 한정된 생명을 가진다.
- 제품 판매는 독특한 단계들을 거치는데, 각 단계에서 판매자에게 도전 과제 들, 기회요인들, 그리고 각종 문제들에 직면한다.
- 제품 수명주기의 서로 다른 단계에서 수익이 상승하거나 하락한다.
- 수명주기의 각 단계에서 상이한 마케팅, 재무, 제조, 구매, 그리고 인적 자원 전략들을 필요로 한다.

대부분의 제품 수명주기 곡선(curves)은 [그림 3-3]과 같이 종(bell)의 모양이 고, 대표적으로 다음과 같이 네 가지 단계로 나뉘어진다.

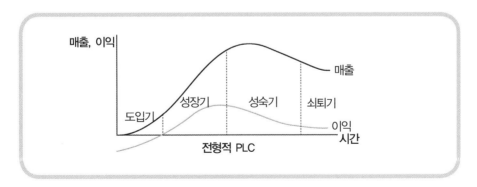

[그림 3-3] 제품 수명주기 곡선

- 도입기(Introduction Stage)

신제품이 시장에 출시되어 매출이 급성장하기 직전까지의 기간이다. 시장에 제품이 처음 등장했기 때문에 제품설계의 불완전성이 내포되어 있을 수도 있다.

소비자들의 신제품에 대한 인지도가 낮고 기존 제품을 구매해 오던 소비 습관의 저항이 크다. 매출은 완만한 증가 추세를 보이며 그 기간이 상당히 오래 소요될 수 있다.

- 성장기(Growth Stage)

매출이 빠르게 성장하는 시점에서부터 성장률이 둔화되기 시작하는 시점까지의 기간이다. 성장기에는 시장 수요가 급증하고, 대량 생산과 규모의 경제로 가격이 하락하게 되어 고객들은 비교적 낮은 가격으로 제품을 구매할 수 있다. 시장에 매력을 느낀 경쟁사들이 시장에 진입하기 시작하며, 매출이 늘면서 서서히 이윤이 발생하기 시작한다.

- 성숙기(Maturity Stage)

매출의 성장률이 둔화되기 시작하는 시점으로부터 매출이 최고점에 이를 때까지의 기간이다. 시장은 포화상태가 되며 점차 수요가 하락한다. 많은 제품을 생산해 왔기 때문에 일반적으로 제품의 단위당 원가가 낮고 생산성도 높은 기간이다.

- 쇠퇴기(Decline Stage)

매출이 최고점에 이른 후, 실제로 감소하는 때부터 제품이 시장에서 완전히 사라지는 때까지이다. 매출이 감소하는 이유에는 시장 수요의 포화, 신기술의 출현, 사회적 가치의 변화, 고객 욕구의 변화 등이 있다.

(2) 제품 수용 주기

시간이 흐름에 따라 제품이 시장에서 소비자들에게 수용되어 확산되는 모델은 [그림 3-4]와 같이 제시하였는데, 종(bell) 모양의 정규 분포를 이루고 있고 다섯 가지 소비자 계층으로 구분한다.

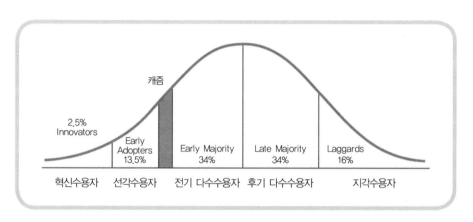

[그림 3-4] 제품 수용 주기

- 혁신수용자(Innovators)

가장 먼저 첨단기술을 받아들이는 약 2.5%의 소비자층이다. 이들은 첨단기술에 대한 이해가 빠르며 분석하기를 좋아해 신기술이나 제품 발굴에 적극 참여하기도 한다. 제품의 실제 효용보다는 기술 자체에 대한 관심이 높아 아직 검증되지 않은 신제품을 적극적으로 구매한다.

- 선각수용자(Early Adopters)

혁신수용자 다음으로 첨단기술을 빨리 받아들이는 선각수용자는 혁신수용자처럼 분석하기를 좋아한다. 제품을 구매할 때 주변의 평가에 의존하기보다는 자신의 직관과 분석에 의존한다. 일반대중보다 첨단기술을 빨리 접하고 혁신수용자와 달리 입소문 내기를 좋아하기 때문에 마케팅 시 주요 공략대상이 된다.

• 전기 다수수용자(Early Majority)

전기 다수수용자는 얼리어답터의 행동을 보고 첨단기술이나 제품의 실용적인 활용방법을 모색하는 집단이다. 전체 소비자층의 약 1/3에 해당하는 이 소비자층은 어느 정도 기술과 신제품에 대해 관심이 있지만, 혁신수용자나 선각수용자보다 실용성에 더 무게를 둔다.

• 후기 다수수용자(Late Majority)

후기 다수수용자는 신기술 제품이 시장의 표준으로 자리 잡을 때까지 기다린 후 제품을 구매하는 층이다. 첨단기술을 소화하는 데 있어 전기 다수수용자들만큼 자신의 능력을 확신하지 않는다. 후기 다수수용자는 제품 구매 후에도 많은 지원을 기대해 큰 회사의 상품을 구매하고 AS가 확실한 회사의 제품을 선택하는 경향이 있다.

> 전기 다수수용자와 후기 다수수용자를 묶어 주류시장이라고 한다. 전체 시장의 약 70%를 차지하는 이 주류시장은 기업들이 궁극적으로 노리는 시장이 된다.

• 지각수용자(Laggards)

지각수용자는 좀처럼 신기술을 받아들이지 않는 사람이다. 그 이유는 개인적 성향일 수도 있고 경제적 이유일 수도 있다. 이들이 첨단기술을 구매하는 경우가 있다 하더라도 제품의 기술성과 필요성은 모를 확률이 높다.

학계에서는 이 소비자들을 캐즘의 전과 후로 초기시장, 주류시장로 나누기도 하고 더 세분하게는 후기소비자를 다시 2개로 나누어 주류시장, 후기시장으로 나누기도 한다. 이 경우 혁신수용자와 선각수용자가 초기시장에, 전기 및 후기 다수수용자가 주류시장에, 지각수용자가 후기시장에 포함된다. 전기시장은 기술의 실용성에, 주류시장은 보수성에 초점이 맞춰져 있다.

• 캐즘(chasm)

본래 '캐즘(chasm)'이란 지질학 용어로서 지질 변동과 같은 원인으로 지층 사이에 큰 틈이 생겨 서로 단절된 것을 지칭하는 용어이다.

캐즘은 초기시장과 주류시장의 사이 즉, 선각수용자와 전기 다수수용자의 사이에서 발생한다. 캐즘이 발생하는 이유는 '혁신의 불연속성' 때문이다. 5개의 소비자층은 매끄럽게 연결돼 있는 게 아니라 가뭄에 쩍쩍 갈라진 땅처럼 단절돼 있다. 그리고 초기에 새로운 기술에 대해 열린 자세로 수용하는 혁신수용자와 선각수용자, 그리고 실용주의자인 다수수용자들의 사이에는 특히나 큰 갭, '캐즘'이 존재한다. 초기시장과 달리 주류시장의 소비자들은 급격한 변화를 무조건적으로 수용하지 않고 처음에는 저항하는 태도를 보이기 때문이다. 특히나 첨단기술을 다루는 업계에서 이 캐즘은 더 두드러지게 보이는데 더 진보적인 기술일수록 다수시장으로의 진입이 힘들기 때문이다. 그 이유로는 새롭고 뛰어난 기술을 소비자가 이해 못 할 수도 있고 시장에 적용할 시기가 적절하지 않아 사양될 수도 있기 때문이다.

(3) 제품 수명주기 단계에 따른 제품 믹스 전략 실행계획 수립

① 도입기 제품 믹스

도입기에는 시장이 제한되어 있어서 제품 수요가 한정된다. 소비자의 선호가 변화하지 않는다면 제품 폐기를 고려해야 하며 대부분의 경우에는 제품의 수정과 변경을 통해 소비자의 선호에 맞춘다. 따라서 도입기의 제품 믹스는 기본적인 제품 위주로 소비자의 선호에 따른 제품 변경계획을 수립하여야 한다.

② 성장기 제품 믹스

성장기는 다수의 소비자에게 급속히 판매되는 시기로 수요 증대, 매출 증가, 이익 증가가 실현된다. 기본 속성에 의한 기본 제품에 부가적인 기능을 덧붙이거나 시장 세분화를 충족하는 제품 품목이 늘어난다. 경쟁사와 구별되는 제품을 출시한다. 따라서 제품 믹스 전략은 제품 계열의 확대, 제품 품목 수의 증가, 그리고 용량 다변화 등의 시장 세분화 수요 충족을 위한 단품 확대 전략이 실행되는 계획 수립에 초점을 맞춘다.

③ 성숙기 제품 믹스

성숙기는 시장이 포화되어 매출에 변화가 없고 제품이 표준화되어 마케팅 활동이나 제품 사용자의 사용량 및 사용 빈도를 증대시키는 활동이 중요하다. 따라서 성숙기의 제품 믹스 전략은 다양한 모델을 개발하는 제품 믹스에 깊이를 더하여 사용 대상을 확대하고 제품 품목과 단품도 확대하여야 한다. 장수 제품의 경우 용량의 변경이나 디자인 변화로 매출을 유지해 나가는 제품 전략을 사용한다.

④ 쇠퇴기 제품 믹스

쇠퇴기는 매출이 감소하는 단계로 제품 믹스를 축소해야 한다. 제품 계열을 묶거나 폐기하면서 기본 품목을 제외하고 품목 수를 줄이면서 단품의 종류도 대폭 축소한다. 따라서 쇠퇴기의 제품 믹스 전략의 실행계획은 제품 믹스를 축소하는 실행계획을 작성하는 것이다.

〈표 3-4〉 제품 수명주기별 제품 믹스 전략의 실행계획

	제품 계열	제품 품목	실행계획
도입기	단일 계열	소수의 기본적인 품목 위주	제품 변경 및 폐기
성장기	제품 계열의 추가	품목 수의 확대	제품 확충과 추가
성숙기	제품 계열의 유지	품목 수의 확대와 모델 다양화	제품 다양화와 수정, 단품 수 증대
쇠퇴기	제품 계열의 축소	기본 품목 위주로 제품 믹스 개편	기본 품목만 유지, 단품도 표준만 유지

캐즘을 넘을 솔루션, 캐즘마케팅

시장에서 진정한 성공을 거두기 위해서는 혁신을 대다수인 주류시장에 전달할 수 있어야 한다. 그러기 위해서는 얼리어답터들에게 퍼진 제품의 인식을 짧은 시간 안에 일반 대중에게 전달하는 게 중요하다. 이렇게 캐즘을 극복하는 마케팅이 바로 캐즘마케팅이다. 캐즘마케팅의 몇 가지 방법을 소개해 보자.

캐즘마케팅의 핵심은 각 소비 단계에 맞는 고객을 이해하고 거기에 맞는 '표적 마케팅'을 하는 것이다.

① 경쟁 상대에 대한 완전한 이해

초기시장이 형성되는 경우의 경쟁은 타사의 제품이 아니라 신제품이 대체할 기존의 상품과의 경쟁이다. 즉, 신기술을 지지하는 선구자와 기존의 기술을 고수하는 실용주의자 간의 경쟁인 것이다. 또한 경쟁의 대상이 특정 상품이기보다는 새로운 기술에 대한 두려움, 현상을 유지하려는 관성과 싸워야 하는 경우가 많다.

반면에 주류시장은 실용주의자들의 영역으로 경쟁의 대상이 완전 다르다. 그래서 주류시장에서의 경쟁은 같은 범주에 있는 타 제품이다. 실용주의자는 타사의 제품과 비교해 보고 실용성을 따져 구매를 결정하기 때문이다.

② 제품뿐만 아니라 인프라와 보완재를 구축한다

새로운 첨단기술인 만큼 관련 인프라와 보완재가 구축돼 있지 않은 경우가 많다. 그래서 소비자들의 사용을 이끌기 위해 이 인프라를 구축하는 것이 중요하다. 인프라 구축을 참 잘한 첨단기술이 바로 MP3다. MP3는 디바이스뿐만 아니라 손쉽게 음원을 다운받아 MP3에 넣어 들을 수 있는 인프라를 구축하며 다수시장으로의 진입을 앞당겼다.

③ 볼링핀 전략

볼링을 생각해 보자. 10개의 핀을 넘어뜨리기 위해서 10개의 핀 모두를 공이 맞출 필요는 없다. 가장 앞에 나와 있는 핀 하나만 정확히 넘어뜨리면 뒤에 있는 나머지 9개의 핀은 알아서 넘어진다. 볼링처럼 소비자를 세분화한 후 공격지점을 선정해 한 고객층을 표적하는 것이다. 이렇게 먼저 표적으로 삼은 곳을 더 광범위한 소비자층을 노릴 거점으로 삼고 캐즘을 뛰어넘을 발판으로 삼을 수도 있다.

④ 절대무적, 완전완비제품을 내놓는다

완전완비제품이나 최종소비자의 구매와 사용을 유도할 수 있을 정도로 모든 가치를 만족하는 제품이다. 즉, 모든 소비자가 사고 싶어하는 완벽한 제품을 만들어내라는 것이다. 징밀이지 무직인 완진한 솔루션이 아닐 수 없다.

출처 : besuccess.com(2015.01.15)

3 가격과 가격믹스

1) 가격의 영향요인 분석

가격(price)은 제품이나 서비스를 소유 또는 사용하는 대가로 지불해야 하는 금전적 가치이다. 가격은 제품의 품질에 대한 정보를 제공하며, 수익을 결정하는 유일한 변수이며 쉽게 변경할 수 있어 경쟁 전략적 도구로 사용하기 쉽다는 특징이 있다.

판매자인 기업이 제시하는 가격이 개별 구매 고객인 소비자가 부여하는 가치보다 높으면 제품을 구매하지 않고, 그보다 낮으면 제품을 구매하게 된다. 소비자가 지불하려는 가격을 상한선으로 하고 제품의 원가를 하한선으로 산정한다. 이 가격 범위 안에 영향을 미치는 대표적 요인으로 통제 가능한 내부 환경요인에는 자사의 마케팅 전략, 자사의 원가, 자사가 진출한 유통경로, 그리고 자사 제품의 품질 등이 있고, 비교적 통제 불가능한 외부 환경요인에는 고객의 가치, 경쟁환경(경쟁자의 가격, 원가, 마케팅 전략 등), 그리고 법적 규제 등이 있다. 가격에 미치는 대표적 영향요인들은 [그림 3 5]와 같다.

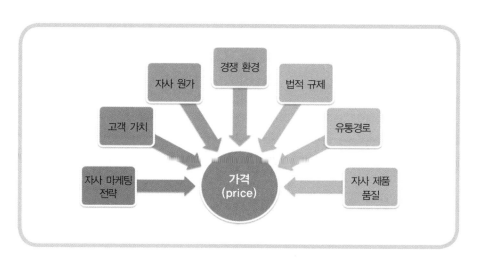

[그림 3-5] **가격의 영향요인**

(1) 자사 원가

제품 가격에 영향을 미치는 자사 제품 원가의 요인으로는 마케팅 비용, 제품 규모의 경제, 경험적 효과 등이 포함된다. 제품이나 서비스의 판매 가격이 시장에서 결정되더라도 가격관리와 전략적 의사 결정에 자사 원가가 미치는 역할을 이해한다는 것은 중요하나. 내부분의 기업 내 회계 부서는 징기직으로 제품 원가 내용을 마케팅과 영업 부서에 제공하여 제품 가격 결정에 도움을 주기도 한다.

• 마케팅 비용 : 판매자인 기업이 목표로 하는 시장에서 추구할 마케팅의 목적으로, 예를 들어, 이익 극대화하기, 시장 점유율 확대하기, 브랜드 가치 높이기 등과 같이 설정하였다면, 어떤 목적을 달성할 것인지에 따라 적절한 제품 라인업과 제품 라인별 또는 품목별 가격 결정에 그 제품을 유통시킬 유통경로의 개발과 유지, 인석 판매 수단인 영입 조직과 인력 권리, 핑고, 핀매 촉진, PR과 같은 대표적인 촉진 수단에 비용이 발생하여 원가에 영향을 미치게 된다. 또 이전 학습과 같이 취급하는 제품들의 수명주기가 어느 단계에 위치하는지에 따라 판매 가격 결정에 영향을 미친다.

- 제품 규모의 경제 : 생산자이자 판매자로서의 기업이 제품의 생산 규모를 증가시킴에 따라 생산 원가도 추가로 증가하게 된다. 이는 제품의 생산에 필요한 평균 원가(= 총생산 원가 / 총생산량)가 증가한다는 의미이다. 그러나 일부 제품의 생산에서는 생산 규모를 증가시킬수록 평균 원가는 하락하게 되는데, 이를 규모의 경제(economy of scale)라고 한다. 규모의 경제가 나타나는 가장 큰 이유는 거대한 공장 부지 확보와 설비 투자와 같은 비용이 초기에 필요하기 때문이다.

- 경험적 효과 : 먼저 우리나라에도 진입해서 운영 중인 미국계 할인 창고형 유통업체 C사의 사례를 통해 경쟁사 대비 낮은 가격의 판가 운영이 가능한지에 대한 독특한 비용 구조를 살펴본다. C사가 낮은 가격에 팔아도 수익을 많이 낼 수 있는 것은 바로 연회비를 내고 C사의 매장을 이용하는 소상공인 대상의 비즈니스 멤버십과 소비자 대상의 멤버십 정책에 기인한다. 일반적으로 중간 유통업체의 가격 결정은 매입가에 판매 관리비와 상품별로 부가하는 마진이라는 영업 이익을 더한 것이다. 세계적인 할인 유통업체 W사와 비교해 보면 동일한 판가의 상품을 판매하는 바용을 C사는 W사에 비해 절반 이하의 수준이고, 매입가가 동일한 상품에 부가하는 마진을 C사는 연회비를 감안하여 W사에 비해 역시 절반 이하의 수준이다. 실제로 C사의 점포에서 구매하는 고객이 지불하는 가격은 W사보다 저가이고, C사의 취급 상품 판매량이 많을수록 수익은 더 커지는 것이다. 이처럼 C사의 수익 기반은 상품을 팔아서 생기는 매출보다 매장을 이용하는 회원들의 연회비에 있으면서 경쟁사 대비 저비용의 독특한 비즈니스 모델에서 볼 수 있는 경험적 효과를 통하여 자사의 가격 결정에 비용 구조가 영향을 미치는 사례이다.

(2) 유통경로

제조업자와 소비자 사이에서 도소매상의 역할을 하는 중간 유통 업자들이 전통적인 오프라인 경로는 물론 온라인 경로에서도 관련 시장에 대한 지배력이 커지면서 제조업자들에게 제조업자의 브랜드나 중간 유통 업자가 부착하는 브랜드 모두가 공급가 인하의 압력을 행사하는 추세이다. 유통경로에 따라서는 선적/운송/보관 비용과 부대 보험료, 제조업자 단독 또는 중간 유통 업자와 공동으로 수행하는 마케팅 커뮤니케이션의 비용 부담들이 발생하여 제품 가격에 반영될 수 있다.

제조업자들은 전속점이나 중간 유통 업자를 통한 유통경로상에서 가격 할인을 하고, 일부 유통업체들은 제조업체와의 거래계약조건에 따라 재고를 반품할 수 있고, 신제품의 출시에 따른 기존 제품 재고의 처분 손실, 가격 조정에 따른 손실 보상 등의 비용이 제품 가격에 반영될 수 있다.

(3) 고객 가치

고객 가치(customer value)는 제품이나 서비스에 고객이 얼마만큼 지불할 것인지의 측정치이고, 경제학자들은 이를 유보 가격(reservation price)이라고 한다. 일반적으로 사람들은 가격 정보를 입수하고 나서 가격이 좋고 나쁘다는 평가를 하고, 구매 이후에 나타날 가치 인식(perceived value) 또는 편익과 관련되어 비교를 한다. 고객 가치는 소비자에게만 볼 수 있는 것이고, 특정 시장이나 목표 시장(target market)에 대한 평균 가치나 대표 가치로 고려하고, 가치 인식은 추가적으로 항상 상대적이다. 자사 제품에 대한 고객의 가치 인식이 절대적으로 중요하지만, 가격을 설정하기 위한 개념으로 사용하려면 고객들의 가치산출 대안들이 어떠한지를 알아내는 것이 중요하다.

(4) 경쟁 환경

자사의 가격 결정에 중요한 영향을 미치는 외부 환경요인에는 경쟁사의 브랜드 파워, 원가, 가격 등이 있다. 자사의 브랜드 파워가 상대적으로 높으면 가격 결정이 용이하고 높은 수익성을 확보할 수 있으며, 자사의 원가가 경쟁사들보다 낮으면 저가를 제시할 수도 있다. 그러나 높은 비용 구조를 가지고 있거나 제품, 디자인, 품질, 제품 지원 서비스 등에서 차별화를 통하여 소비자의 구매 행동에서 심리적 특성을 자극하여 시장의 평균 가격 이상으로 매겨도 구매 고객층이 형성된다.

비슷한 수준의 제품과 서비스가 가격 경쟁을 하는 경우에 어느 한 회사가 낮은 가격을 제시하면 대부분의 경쟁사들도 가격 인하로 대응하게 되어 손익 구조가 나빠지는 악순환을 초래한다.

(5) 법적 규제

정부는 주요 생필품이나 원자재 등의 수급과 가격 안정을 위한 통제를 위해 가격 동결, 최저가 설정, 세금 부과와 독과점 품목에 대한 규제, 그리고 관세율이나 금리 결정 등을 통해 일정 수준의 가격을 유지하려는 규제를 통하여 기업의 가격 결정에 영향을 미친다.

또 정부는 기업 간 또는 기업과 소비자 간 공정 거래를 유도하기 위해 관련 법규의 제정과 시행으로 특정 품목의 제조업체 간 가격 담합, 중간 유통업체 간 또는 일부 제조업체와 중간 유통업체 간 가격 담합을 규제한다.

2) 가격 시뮬레이션

시뮬레이션(simulation)은 실제로 실행하기 어려운 실험을 간단히 행하는 모의 실험을 의미하고, 컴퓨터를 이용하는 경우에는 컴퓨터 시뮬레이션이라고 한다.

(1) 고객 가치와 수익성의 시뮬레이션

기업은 가격 경쟁 상황인 자사 상품에 대하여 구매 고객의 주관적 가치인 지불 의사액(WTP: willingness to pay)을 적절한 조사 분석 도구를 활용하여 조사 분석한다. 그 결과 가격과 판매량의 관계를 나타내는 '가격 반응 함수'가 만들어지고, 이 함수를 바탕으로 매출과 수익을 극대화시키는 최저 가격을 시뮬레이션할 수 있으며 자사의 실판매 가격과 최적 가격과의 차이를 파악한다. 가격대별 상품의 판매량을 측정하는 방법으로 자사 판가와 판매량 변화의 과거 데이터를 분석하거나 구매 고객에게 질문하여 답변한 결과를 분석하여 가격을 책정하는 방법 등을 기업에서 활용한다.

(2) 원가 기반 가격과 가치 기반 가격의 시뮬레이션

미국에서 가격 결정에 대한 조사 결과 60%의 기업이 원가를 기반으로 한 가격 운영을 하고, 100여 개국에서도 조사한 결과 원가 기반의 가격 운영을 한다고 한다.

제품의 제조 비용과 목표 수익 마진이 원가 기반 가격 결정의 두 가지 결정 요소이고, 여기에 중간상들의 마진을 더하여 고객이 지불하는 가격이 된다. 그러나 이 방법은 첫째, 많은 고객들이 높은 수준의 제품 성과(product performance)를 필요로 하고 지불할 의향이 있다는 것과 둘째, 고객의 욕구와 가격 감당성(price affordability)에 비교해서 경쟁사들의 가격을 간과하는 문제점을 안고 있다.

가치 기반 가격은 고객, 경쟁 상황과 자사의 영향요인을 고려하여 소매상의 마진을 포함한 소매가를 정한다. 가치 기반의 가격 운영은 고객, 경쟁 상황 그리고 자사의 포지셔닝에서 접근한다. 고객의 욕구, 가격 민감성, 그리고 경쟁 제품들을 바탕으로 해서 기업이 경쟁하는 제품들이 제시하는 것보다 큰 가치를 창출하기 위해 제품의 상대적인 강점을 놓고 가격 결정을 한다.

3) 가격 조정과 변화

(1) 심리적 가격 조정

- 단수 가격 : 단수 가격은 제품의 가격을 현재의 화폐 단위보다 조금 낮춤으로써 소비자가 심리상으로 가격 차이를 크게 느끼는 데 착안한 가격 조정이다. 가격의 끝자리를 약간 낮추어 가격을 결정하는 것이다. 2만 원의 남성용 와이셔츠를 19,900원으로 가격표를 붙이는 것이다.
- 준거 가격 : 준거 가격은 제품의 가치를 평가할 때 사용하는 가격으로 권장 소비자 가격과 같은 것이다. 제품의 가격표가 권장 소비자 가격 옆에 제시되어 있어서 소비자의 심리를 자극하여 구매를 촉진시킬 의도의 가격 책정이다.

(2) 촉진적 가격 조정

촉진적 가격 조정은 사전에 정한 기본 가격을 소비자의 구매 심리를 자극하여 판매를 촉진할 목적으로 가격을 조정하는 가격 결정 방식이다.

- 할인(discount) : 기본 가격을 낮춤
- 행사 가격(special event pricing) : 특정 기간 동안 해당 제품의 가격을 낮추어 판매
- 유인 가격(loss leader pricing) : 원가와 무관한 가격으로 특정 제품을 판매하여 다른 제품의 구매를 유도
- 교환 판매(made in allowances) : 중고품을 반환하고 신제품을 구입하는 소비자에게 가격을 낮춰주는 것
- 장기 저리 할부 판매(low interest financing) : 고가 자동차에서 사용

(3) 가격변화

- 가격 인하 : 가격 인하는 시장 점유율 확대, 공급 과잉 해소, 과잉 재고 소진 등이 목적인 가격 결정이다. 글로벌 컨설팅 회사인 맥킨지는 S&P 500대 기업의 경우, 가격을 1% 내리면 수익이 8% 감소하고 가격을 5% 인하하면 이노 인인 긴실을 배우기 위에서는 판매량이 10.7% 증가해야 한다고 한다.
- 가격 인상 : 원가 인상, 초과 수요, 경쟁사의 가격 인상 등으로 제품 가격을 올릴 수 있다. 그러나 수요의 가격 탄력성이 높은 제품은 소비자의 구매 의욕을 낮추어 시장 자체가 줄어들 수 있는 위험이 있다.

주어진 가격에 대한 소비자들의 인지와 가격은 민감도에 따라 달라지는 구매 결정 영향의 아홉 가지 법칙이 있다(Nagle & Müller, 2017).

① 준거 가격 효과(reference price effect)

준거 가격은 제조업체의 권장 소비자 가격과 같이 제품 가치 평가의 기준이 되는 가격이다. 소비자 가격은 주어진 상품의 가격 민감도에 따라 결정한다. 취급 제품의 가격 탄력도에 따라 판매 증대의 폭이 달라지므로 준거 가격에 따른 제품 가격의 결정 효과 정도가 나타난다.

② 비교의 어려움

소비자들은 이미 가격을 알고 있고 잠재적인 대안 상품에 대한 비교가 어려워 덜 알려진 상품일 경우에도 가격에 민감하지 않다.

③ 전환 비용 효과(switching costs effect)

소비자들은 자신의 소비를 위해 품질이 높고 가격이 저렴한 상품으로 구매 상품을 전환할 때 대체재들 사이에서 더 낮은 가격에 대해 민감하게 반응한다.

④ 가격 품질 효과(price-quality effect)

소비자들은 더 높은 가격이 더 좋은 품질의 제품이라고 믿기 때문에 좋은 품질의 제품 가격에 대해 덜 민감한 반응을 보인다. 이러한 효과를 반영하는 상품들은 이미지 상품(image products), 독점적 상품(exclusive products), 소위 명품으로 불리는 상품이다.

⑤ 지출 효과(expenditure effect)

소비자들은 자신의 예산상 많은 부분을 지출하게 될 때 가격에 대해 민감하게 반응한다.

⑥ 수요의 추론(end-benefit effect)

가격에 민감한 소비자들은 지출과 구매의 전체 이익의 관계를 추론한다.

⑦ 공유-비용 효과(shared-cost effect)

소비자들은 자신의 소비 중 극히 일부를 차지하여 지불해야 하는 금액이 적어야 가격에 민감하지 않다.

⑧ 공평성 효과(fairness effect)

소비자들은 구매 상황이 '공정' 또는 '합리적'이라고 인식될 때 가격에 대해 더 민감하게 반응한다.

⑨ 프레임 효과(framing effect)

소비자들은 예측된 이득보다 손해가 클 때 민감하게 가격에 반응하고, 묶음 상품보다 개별 상품의 가격에 대해 더 민감하게 반응한다.

4) 가격 전략 수립

(1) 원가 가산 가격을 결정한다

고객의 관점은 무시하고 경쟁자와 이익에 대한 고려가 적다는 비판을 받기는 하지만 단기간에 시장 점유율을 확대해야 하는 경우에 사용된다. 원가 중심은 다시 원가에 일정 이윤을 더해서 판매 가격을 결정하는 방법과 기업이 설정한 목표 이익을 달성할 수 있는 수준에서 가격을 결정하는 방법, 미리 결정된 목표 이익에 총비용을 더해서 결정하는 방법이 있다. 그러나 원가 기반의 가격 결정은 경쟁사에서 가격을 내릴 경우 이익 증가 없이 매출만 늘어나게 되고, 출혈 경쟁으로 모두에게 손실을 입히는 결과를 낳기도 한다.

(2) 투자 수익률 기준 가격을 결정한다

투자 수익률(ROI: return on investment)의 목표치를 달성하도록 가격을 결정하는 것이다.

공익사업에서 종종 사용하는 것으로서 공정한 ROI가 필요한 경우이다.

(3) 가격 선도제(price leadership: 가격 리더십)에 따른 가격을 결정한다

대기업 또는 시장 점유율이 가장 큰 가격 선도 기업(price leader)이 가격을 발표하면 과점시장에서 대다수의 추종 기업(price follower)들은 그 가격으로 결정할 수밖에 없다. 과점시장에서 한 기업의 비중은 매우 높고 다른 기업들의 비중은 미미한 수준이라면, 비중이 높은 기업의 시장 점유율은 매우 크지만 나머지 다른 소기업들의 시장 점유율은 매우 작다. 이 경우 시장을 과점하는 기업이 가격을 결정하면 다른 소기업들은 그 가격을 받아들여 생산량을 결정한다. 과점 기업은 다른 소기업들을 가격 경쟁에 의해 제거할 수도 있지만, 독점 금지법을 위반하게 되므로 과점 기업이 소기업들과 공존하면서 자사의 이익을 극대화하는 방법을 모색한다.

(4) 고객 가치 관점의 가격을 결정한다

고객 가치 관점의 가격 결정은 구매 고객이 느끼거나 필요한 시간대에 따른 상품의 가치를 중심으로 가격을 결정하는 것이다.

고객 가치 기반 가격 결정은 원가 가산 가격 결정과 달리 목표 고객들이 자사 제품과 서비스에 어느 정도의 가치를 부여하고 있는지를 사전에 조사하여 분석한 결과를 기반으로 가격을 결정한다. 고객 가치 관점의 가격 결정은 경쟁 환경 및 원가를 고려하는 관점은 물론 고객 중심으로 가격을 결정한다는 점에서 많은 기업들이 도입하고 있는 방식이다.

고객 가치 관점에서 가격을 결정하기 위해서는 경쟁사의 유사 제품과 서비스와 비교하여 차별화 포인트가 있어야 한다. 이를 위해서는 제품과 서비스에 대한 고객 관점의 가치를 파악해야 하는데 조사 비용이 많이 소요되고, 일반적으로 고객들이 진정성 있는 의견을 분명하게 제시하지 않는 경향이 있기 때문에 유의해야 한다.

고객 가치 관점의 가격 전략을 수립하기 위해서는 개별 고객들의 특징과 환경적 요인을 파악하여 고객 가치를 분석할 수 있다. 고객이 어떠한 상황에서 구매의사 결정을 하고 그 과정에서 누가 영향을 미치는지, 구매 경로, 경쟁 상품의 속성과 품질 인식에 대한 다양한 정보를 수집하고 분석해야 한다.

고객들은 자신이 원하는 것을 솔직하게 말하지 않는 경우가 많아서 고객 가치를 측정하기가 쉽지 않다. 예를 들어 나로서는 상품이 매우 싸더라도 구매하지 않을 것을 주변 지인들이 비싸게 구입하는 경우가 있다. 이는 그 사람들이 필요할 상황에서 구매하기도 하지만, 일반적으로 충동적인 구매를 한다. 이는 가격이 비싸더라도 고객 자신이 가치를 느끼면 적정 가격이라 여기고 구매한다. 기업이 처한 환경에 따라 원가 가산, 경쟁 환경, 고객가치 관점의 가격 전략을 결정하지만, 바람직한 가격 전략은 자사의 수익성과 성장성을 도모하기 위해 고객의 가치를 제대로 포착하는 것이다.

(5) 전략 관점의 가격을 결정한다

① 시장 스키밍(skimming) 가격

신제품의 가격을 도입 초기에 높게 결정하여 고소득층부터 시작해서 점진적으로 가격을 낮추어 저소득층까지 시장을 확대할 목적으로 가져가는 전략이다. 이 전략은 해당되는 제품의 품질과 브랜드 이미지가 높은 가격에 어울리는 경우, 소량 생산으로 인하여 원가는 높지만 높은 가격으로 수익성을 유지할 수 있는 경우, 수요의 가격 탄력성이 낮은 경우, 규모의 경제 효과로 인한 원가 절감이 크지 않은 경우 등에 사용한다.

② 시장 침투(penetration) 전략

신제품의 가격을 도입 초기에 낮게 결정하여 단기간에 시장을 확대하고 시장 점유율을 확보한 이후에 점진적으로 가격을 높게 가져가는 전략이다. 이 전략은 대량 생산과 유통에서 오는 규모의 경제 효과로 원가 절감이 큰 경우, 시장 수요가 큰 생활필수품의 경우, 수요의 가격 탄력성이 큰 경우, 고객의 취향이 동질적인 경우에 사용한다.

③ 포지셔닝 전략

판매자로서 기업은 품질에 비해 높은 가격을 받고 싶지만, 구매자인 고객은 품질에 비해 낮은 가격에 사려고 하고, 가격을 내리는 것은 쉽지만 다시 올리는 것은 여러 가지 위험 상황을 안게 된다. 가격을 결정할 때 먼저 고려해야 하는 영향요인은 제품이 제공하는 편익의 수준이다. 편익은 제품의 품질, 브랜드 인지도, 구매의 용이성 등 종합적인 관점에서 판단하지만, 가격 결정에 편익의 수준만 바탕에 둘 필요는 없다. 왜냐하면 기업이 시장에서 직면한 상황, 비즈니스 전략, 시장의 특성 등에 따라 가격과 편익이 서로 다른 관계를 가져갈 수 있기 때문이다.

낮은 수준의 편익에 비해 가격을 높게 가져가는 것은 시장의 특성(예를 들면 고급 브랜드 제품, 신제품, 독점 등)을 바탕으로 수익성을 확보하려 할 때 주로 사용한다. 그러나 편익이 높은 수준이거나 동일한 경우에 낮은 가격을 가져가는 것은 원가 우위의 경쟁력 기반인 장기적 가격 포지셔닝 전략이거나 극도의 경쟁 상황에서 기업이 생존하려는 목적을 위해 결정한다.

(6) 경쟁 중심의 가격을 결정한다

가격 결정에서 경쟁자를 가장 중요하게 바라보는 것이 경쟁 중심 가격 결정이다. 제품이나 서비스가 유사한 통신 산업과 같은 성숙기 산업에서 주로 사용된다. 통신사들은 서로 간의 차별성을 강조하고 있지만 소비자들은 제품이나 서비스가 비슷하다고 생각한다. 결국 제품의 차별적 요인보다는 가격이 가장 중요한 요인이 되는 것이다.

경쟁 중심 가격 결정은 다시 시장 가격 중심의 가격 결정과 경쟁 입찰에 의한 가격 결정으로 구분할 수 있다. 시장 가격 중심의 가격 결정은 시장의 경쟁 상황이나 제품의 특성에 따라 경쟁 제품의 가격을 토대로 가격을 결정하는 것이다. 경쟁 입찰에 의한 가격 결정은 정부 기관에서 사용하는 경쟁 입찰이나 소비자들이 모여서 판매자들 간의 경쟁으로 가격을 낮추는 역경매 방식이 대표적이다.

(7) 차별화 가격을 결정한다

제품이나 서비스의 가격 차별화는 원가 기반 차이가 아니라 구매 고객, 제품, 장소별 차이에 따라 두 가지 이상의 가격으로 판매한다. 차별화 가격의 첫 번째 는 판매자가 구매 고객의 수요 수준을 고려하여 별도로 가격을 매긴다. 두 번째 는 다량을 구입하는 고객에서 일인안 가격을 매긴니. 세 번째는 상이한 고객 게 층별로 상이한 가격을 매긴다.

4 유통과 유통믹스

1) 유통경로

대부분의 생산자들은 자사 상품을 최종 사용자들에게 직접 판매하지 않고 그 들 사이에는 다양한 기능을 수행하는 일단의 중간상들(intermediaries)이 있다. 이 들 중간상은 유통경로(거래경로)로 구성된다. 마케팅 경로는 공식적으로 사용 또 는 소비가 가능할 제품이나 서비스를 만드는 과정에 참여하는 상호 의존적 조직 체들로 이루어진 것이다. 유통경로는 최종 사용자에 의해 구매와 소비가 이루어 지도록 제품이나 서비스를 생산한 이후에 수반되는 통로이다. 모든 유형의 경로 들은 기업의 성공에 중요한 역할을 하고 다른 모든 마케팅 의사 결정에 영향을 미친다. 마케팅 요원은 자사 제품이 생산되고, 유통되고, 판매되고, 서비스하는 모든 프로세스의 상황 속에서 판단해야 한다.

(1) 경로의 중요성

마케팅 믹스에서 유통경로가 차지하는 중요성은 간단하다. 고객들이 구매할 수 있는 자사 제품이나 서비스에 접근하도록 해야 한다. 유통경로 시스템의 목적은 고객이 자사 제품을 획득할 수 있도록 효과적인 수단을 제공하는 것이다. 모든 기업들은 자사 영업 요원을 활용하여 최종고객에게 직접 판매하거나 다양한 많은 실체(entity)들로 이루어진 다단계 시스템을 활용한다. 미국의 경우 경로 구성원들은 전체적으로 최종판가의 30~50%에 달하는 마진을 가져감에 비해 광고 비용은 최종 판가의 5~7% 이하 수준이다. 마케팅 경로는 실질적인 기회 원가를 나타내기도 한다. 주된 역할의 하나는 잠재 구매자들을 수익성 있는 고객들로 전환하는 것이다. 마케팅 경로가 시장을 그냥 제공(serve)하는 것이 아니라 시장을 또 만들어내는 것이다. 기업의 가격 결정은 온라인 할인을 사용하는지 또는 고품질의 전문 기관(boutique)을 이용하는지에 따르고, 영업 부서와 광고 의사 결정은 얼마나 많이 훈련시키고 딜러 욕구를 자극하는지에 따른다. 중간상을 관리함에 있어서 기업은 반드시 밀어내기(push)와 끌어내기(pull)[1] 마케팅에 얼마나 기여하는지를 결정해야 한다. 밀어내기 전략은 제조업체의 영업 부서, 거래 촉진 자금, 중간상들로 하여금 최종 사용자들에게 자사 제품을 취급, 촉진, 그리고 판매하도록 유도하기 위한 수단들을 활용한다. 끌어내기 전략은 소비자들이 중간상들로부터 자사 제품을 구매하고, 중간상들이 그 제품을 자사에 주문하도록 제조업체가 광고, 촉진, 그리고 다른 형태의 커뮤니케이션 수단들을 사용한다.

(2) 하이브리드 경로(hybrid channel)와 복수 경로 마케팅

오늘날 성공하는 기업들은 시장의 지역마다 "장 보러 가기(go-to-market)"의 숫자를 증가시키기 위하여 하이브리드 경로와 복수 경로 마케팅을 채택하고 있다. 하이브리드 경로 또는 복수 경로 마케팅은 한 기업이 두 가지 또는 그 이상의 마

---

1) 풀(pull) 전략은 광고나 기타 마케팅 수단을 통해 브랜드 이미지를 높인다거나 제품의 가치를 매력적으로 만들어 소비자의 구매를 유도하는 것이다. 반면 푸시(push) 전략은 유통업체의 마진을 올리거나 판매원에게 인센티브를 높게 책성함으로써 유통업체가 소비자에게 적극적으로 판매를 하도록 독려하는 것이다.

케팅 경로를 세분 고객 시장에 도달하기 위해 활용하고, 하이브리드 경로는 '옴니(omni) 채널' 또는 'O2O 마케팅'이라고도 한다.

복수 경로 마케팅에서 각 경로는 상이한 세분 구매자들 또는 한 구매자의 상이한 욕구들을 겨냥하고, 최소의 비용으로 적절한 방법으로 적절한 장소에 적합한 제품들을 배달한다. 하이브리드 경로를 운영하는 기업들은 반드시 자사 경로들의 공동 협력이 이루어지는가에 대하여 확신해야 하고 겨냥하는 고객들마다 선호하는 비즈니스와 어울려야 한다.

(3) 가치 네트워크

유통경로는 부가 가치 사슬과도 같다. 다음 [그림 3-6]과 같이 그 사슬의 시작은 원자재, 인력, 기술 또는 생산의 다른 요소들을 제공하는 공급업체들로 이루어지고, 기업은 고객들이 제품이나 서비스에 접근할 수 있도록 경로들 또는 중간상들을 활용한다. 이들 중간상은 그 시스템에 가치를 부가하고 부가 가치에 대하여 보상이 있으면 활용된다.

[그림 3-6]에서이 마지마은 고개을 대하는 경로 구성원들이 기업의 연장이지 대행이 아니라는 점으로서, 비록 기업의 잘못이 없더라도 경로 구성원들과의 문제는 기업과 관계가 있다.

[그림 3-6] **유통경로의 부가 가치 사슬**

2) 유통경로의 역할

(1) 경로의 기능과 흐름

마케팅 경로는 제조업체에서 소비자에게 상품을 옮기는 역할을 수행하는데, 제품이나 서비스를 필요로 하고 원하는 이들로부터 제품과 서비스를 분리시키는 시간, 장소, 소유의 차이를 극복하게 해준다.

경로의 구성원들은 여러 가지 주요 기능들을 수행한다. 저장과 이동, 소유권, 그리고 마케팅 커뮤니케이션과 같은 일부 기능들은 자사에서 고객까지 활동의 전방 흐름을 구성하고 주문하기와 대금 지불과 같은 다른 기능들은 고객들에서 자사까지 후방 흐름을 구성한다. 정보, 협상, 금융, 그리고 위험 관리와 같은 기능들은 양방향에서 수행한다. 물리적 제품과 서비스를 판매하는 제조업체는 반드시 세 가지 경로, 즉 판매 경로, 배달 경로, 그리고 서비스 경로를 구비해야 한다. 마케팅 관리자가 가지게 되는 질문은 다양한 경로 기능들을 수행할 필요가 있는지가 아니고 차라리 누가 수행하는지에 있다. 모든 경로 기능들에는 공통적으로 세 가지가 있다.

- 부족한 자원을 소진한다.
- 전문화를 통해 더 잘 수행될 수 있다.
- 경로 구성원들 사이에서 이전될 수 있다.

중간상들에게 일부 기능들을 이전하면 제조업체로서는 원가아 가격을 낮추게 되지만, 중간상들은 그러한 일의 대가를 부과한다. 중간상이 제조업체보다 더 효과적이라면 소비자 가격은 낮아져야 할 것이고, 소비자들이 일부 기능을 스스로 수행한다면 더 낮아진 가격의 이점을 가진다.

(2) 경로의 수준

제조업체와 최종고객은 경로마다 구성 요소의 부분이 되고 중간상 수준의 수를 경로 길이로 사용한다. 다이렉트 마케팅 경로라고 하는 0 티어(tier)의 경로는 제조업체가 최종고객에게 직접 판매하는 것이고, 대표적인 예로는 방문 판매, 홈파티, 우편 주문, 텔레마케팅, TV 방송 판매, 인터넷 판매, 그리고 제조업체 지영 등이 있다. 1 티어의 경로는 제조업체와 최종고객 사이에 소매상과 같은 하나의 중간 판매상이 있다. 2 티어의 경로는 소비재 시장에서 도매상과 소매상의 두 가지 중간상이 있고, 3 티어의 경로는 도매상과 소매상 사이에 중매인(jobber)이 있고, 정육 업계처럼 도매상이 중매인에게 판매하고 본질적으로 소형 도매상인 중매인이 소규모 소매상에게 판매한다.

산업재 마케팅 경로는 B to B 마케팅에서 사용하는 것이다. 산업재 제조업체는 0 티어, 1 티어 및 2 티어의 경로들처럼 자사 영업 요원을 활용하여 산업재 고객들에게 직접 판매하거나 산업재 고객들에게 판매하는 산업재 대리점을 통해 판매할 수 있다. 또 제조업체의 대리인이나 자사 영업 지점을 통하여 산업재 고객들에게 직접 판매할 수 있거나 산업재 대리점을 통하여 간접적으로 판매할 수 있다.

(3) 서비스 영역의 경로

인터넷과 다른 기술들이 진보할수록 금융, 보험, 여행, 증권 매매와 같은 서비스 산업은 새로운 경로를 통하여 운영한다. 마케팅 경로는 피어슨 마케팅(Pearson marketing)을 계속해서 바꾼다. 게다가 생방송 또는 프로그램 방송의 오락, 연예인, 음악가, 그리고 다른 아티스트들은 다양한 경로, 즉 그들 자신의 웹 사이트, 페이스북, 트위터 및 제3자 웹 사이트와 같은 소셜 커뮤니티 사이트들을 통하여 가망 팬들과 단골 팬들을 만날 수 있다.

3) 유통경로의 대안평가

(1) 경제성

경제성은 유통경로 대안을 경제적 기준으로 평가하는 것을 말한다. 서로 다른 유통경로로부터 예상되는 매출액, 비용, 이익을 비교하는 것을 말한다. 자사의 영업 사원을 이용하는 직접 유통경로와 중간상을 활용하는 간접 유통경로 중 어느 유통경로가 비용 대비 수익이 많은지에 대한 평가이다.

일반적으로 직접 유통경로의 이용이 더 많은 매출을 올릴 것으로 믿는다. 왜냐하면 기업의 영업 사원은 자사 제품만을 판매하며 판매 방법에 대해 충분한 교육을 받는다. 그러나 간접 유통경로가 더 많은 매출을 올릴 수도 있다. 중간상들은 능력 있는 많은 판매 사원을 보유할 수 있으며, 제공되는 마진에 따라 직접 경로보다 더 적극적인 판매 노력을 기울일 수 있기 때문이다.

(2) 통제성

통제성은 제조업자가 유통경로 참여자인 유통업자에 대한 통제력의 정도를 말하며 거래조건상에서 누구의 의견이 더 반영되는지로 나타난다. 일반적으로 간접 유통경로는 직접 유통경로보다 통제하기 어렵다. 왜냐하면 중간상은 자사에 이익을 많이 가져다주는 제품을 파는 데 더 노력하기 때문이다. 기업이 유통경로에 대한 통제 수준을 높이기 위해서는 유통경로를 직접 통제하는 수직적 통합을 강화한다. 자동차 회사가 영업 판매장을 직접 운영하는 데서 알 수 있다.

그러나 산업재와 같이 일정한 기술 또는 엔지니어링 지식이 필요한 경우에는 중간상이 기술적인 세부 사항을 잘 모르는 경우가 많다. 구매자 역시 생산 과정 또는 서비스 과정에서 사용할 목적으로 구입하기 때문에 제조업체가 중간상에 대해 강한 통제력을 가지고 있다.

(3) 환경 적응성

한 번 구축된 유통경로는 변경하기 어렵다. 왜냐하면 유통경로 구축에 많은 비용이 투입되었음은 물론, 대체 경로를 확보, 구축하는 데 시간이 많이 소요되기 때문이다. 따라서 유통 환경에 적응할 수 있도록 유통경로를 구축해 나가야 한다. 보통 경로 구성원들이 유통 환경 변화에 능동으로 내처하는 노력이 중요하며, 최근 온라인 거래의 급성장은 기존의 오프라인 유통경로를 축소시키고 있다. 기존 유통경로 참여자들과 함께 판매 촉진을 해 나가면서 온라인 시장에 유통경로를 구축하는 것이 환경 적응성을 높이는 것이다.

4) 유통경로 파워

(1) 유통경로 파워의 개념

유통경로 파워는 유통경로상에서 다른 경로 구성원의 행동에 변화를 줄 수 있는 능력이다. 파워는 경로 구성원이 가지고 있는 힘인 영향력과 특정한 경로 구성원에 대한 의존성의 정도에 따라 그 크기가 달라진다. 경로 구성원이 강한 힘의 원천을 보유할수록 경로 파워는 커지게 된다.

(2) 유통경로 파워 원천

① 보상적 파워

보상적 파워는 다른 경로 구성원에게 보상을 해줄 수 있는 능력을 갖추고 있을 때의 파워이다. 이 파워는 판매 독점권 부여, 촉진 공제 확대와 같은 수단을 통해 행사된다.

② 강압적 파워

강압적 파워는 중간상인 경로 구성원이 요구하는 대로 행동하지 않을 경우 처벌할 수 있는 능력을 말한다. 이 파워는 중간상에 대한 대금 결제 기일의 단축 요구와 지연으로부터 시작하여 지원 철회, 거래 단절로 행사된다.

③ 합법석 파워

합법적 파워는 중간상에게 제시하는 요구가 합법적인 정당성을 가질 때 생기는 파워이다. 프랜차이즈 본부가 가맹점에 대해 계약에 의거하여 힘을 행사하는 경우와 제조업체가 대리점에 대해 계약에 의해 힘을 행사는 경우가 대표적인 사례이다.

④ 준거적 파워

준거적 파워는 브랜드, 명성 등에 의해 가지게 되는 파워이다. 중간상이 제조업체의 브랜드, 명성에 대해 일체감을 가지기를 바라면 이로 인해 발생하는 파워이다. 예를 들어 소위 명품들은 유통업체에 준거적 파워를 갖고 있다.

⑤ 전문적 파워

제조업자가 중간상에게 없는 특정 기술이나 노하우를 가지고 있기 때문에 발생하는 파워이다. 전문적 파워는 소비재보다는 산업재에서 나타난다.

5) 유통경로 설계

(1) 유통경로 설계 과정을 확인한다

① 기업의 입장에서 제품이나 서비스를 유통시킬 유통경로를 설계하기 위해서는 먼저 고객이 원하는 서비스 수준을 파악해야 한다.

② 그 다음은 유통경로의 목표를 설정하고 나서 유통경로 대안을 마련하고, 대안 평가를 한다.

③ 최적의 경로가 선정된 후, 경로 구성원을 선정한다.

(2) 유통경로 목표를 설정한다

① 유통경로 목표를 설정한다

유통경로 목표는 고객이 원하는 서비스 수준과 함께 기업의 장기 목표(매출액, 성장률, 투자 수익률)를 고려하여 설정한다.

② 유통경로 목표에 영향을 미치는 특성을 파악한다

파악해야 할 특성은 제조업자, 제품, 경쟁자, 유통업자, 환경 등이다. 예를 들면 첨단 제품은 직접 유통경로를 택하는 반면에, 표준화된 제품은 간접 유통경로를 택한다.

(3) 유통경로 대안을 확인한다

① 유통경로 커버리지를 결정한다

유통경로에 참여하는 중간상의 수에 제한을 두는지의 여부에 따라 유통경로 커버리지를 결정한다. 커버리지 유형은 제한이 없는 개방형, 참여가 한정된 선택형, 그리고 제한된 수만 참여를 허용하는 전속형으로 구분된다.

유통경로 커버리지를 결정할 때에는 고객의 구매 행동, 지역 내 점포의 포화 정도, 그리고 경로 구성원이 수행할 마케팅에 대한 제조업자의 통제 정도를 고려해야 한다.

② 유통경로의 길이를 결정한다

유통경로에 참여하는 중간상의 단계로 경로 길이를 결정한다. 유통경로 길이

결정 요소는 시장 요인, 제품 요인, 제조업자 요인, 유통경로 구성원 요인, 통제 요인 등으로 다양하다.

③ 유통경로 형태를 결정한다

어떤 중간상을 참여시킬 것인가에 따라 유통경로 형태가 달라진다. 기본적으로 긴 유동경로와 짧은 유통성로에 따라 참여 중간상 형태는 달라진다.

(4) 유통경로 참여자를 선정한다

① 유통경로 참여자인 유통업체를 조사한다.
② 유통업체를 평가한다.
③ 적격 유통업체를 선정한다.

6) 유통경로 운영 계획

(1) 유통경로의 파워 원천을 조사한다

① 유통경로의 파워를 정의한다

유통경로 내에서 가지는 파워는 자사의 유통경로에 대해 다른 경로 구성원의 행동에 변화를 이끌어낼 수 있는 영향력과 능력이다.

② 파워의 원천을 확인한다

유통경로의 파워는 보상적, 강압적, 합법적, 준거적, 전문적 그리고 정보적 파워로 나누어진다. 특허권이나 프랜차이즈 협약은 합법적인 파워이고 신용 조건 우대, 영업 활동 지원은 보상적 파워이며 대리점 보증금 인상, 대금 결제 기일의 단축은 강압적 파워이다.

③ 자사가 보유한 원천을 평가한다.

(2) 중간상 역량을 강화시키는 프로그램을 작성한다

① 중간상 교육훈련 니즈를 조사한다.
② 중간상 교육훈련 프로그램을 계획한다.

(3) 중간상 판매 촉진 계획을 수립한다

① 중간상 판매 촉진 유형을 조사한다.
② 자사의 중간상 판매 촉진 프로그램과 예산을 조사한다.
③ 중간상 판매 촉진 실행에 따른 중간상 성과를 평가한다.

5 촉진과 촉진믹스

1) 촉진과 판매촉진

촉진은 제품 서비스를 판매하기 위하여 잠재고객을 설득하는 일체의 활동으로 4P 믹스 전략, 즉 제품(product), 가격(price), 유통(place), 촉진(promotion)의 한 부분이다. 장기적 이미지 개선 수단인 광고와 PR, 단기 매출 증대 수단인 판매촉진, 직접판매 수단인 인적 판매 등을 모두 포함하는 넓은 의미의 개념이다.

- 광고(advertising)는 기업의 아이디어, 제품 또는 서비스에 대한 메시지를 비인적 매체를 통해 소비자에게 제시하는 모든 활동이다. 효과적인 메시지는 주의를 끌어서 흥미를 유발하고, 욕구를 자극하여 구매행동을 이끌어낼 수

있어야 한다. 메시지 전략은 메시지의 결론을 제시할 것인가 아니면 그냥 청중에게 맡기는가에 대한 선택을 해야 한다. 도달률(reach)은 일정기간 동안 광고에 노출된 표적소비자의 비율이다. 그리고 도달빈도는 표적시장의 소비자들이 광고에 평균적으로 몇 회 노출되었는가이다.

총노출점수(gross rating points) = 도달률 × 도달빈도

- 인적 판매(personal selling)는 판매원이 예상 고객과 직접 접촉하여 서로 대화를 나누면서 판매를 일으키는 활동이다. 보상 및 동기부여가 필요한데 판매원은 안정적인 수입, 노력에 대한 인정, 경험과 근속 연수에 따른 공정한 보상을 요구한다. 기업은 감독과 통제, 비용 절감 등을 이룰 수 있다. 그렇지만 고정급이나 성과급은 판매원과 회사의 이해 관계가 충돌할 수 있으므로 혼합형이 유리하다.
- PR(Public Relation)은 기업이나 특정 단체가 언론 등 매체와의 커뮤니케이션 활동으로 기업의 아이디어나 계획, 활동, 업적 등을 널리 알리는 활동이다. 기업이 실행하는 대언론 활동, 사내외 커뮤니케이션, 국회의원들에 대한 입법활동이나 정부관료들의 규제에 대한 합법적 설득활동, 경영층에게 사회적 이슈나 기업이미지의 조언 등을 포함한다. 주로 광고주가 대금을 지급하지 않으면서도 라디오, TV, 신문 등과 같은 대중매체를 통하여 제품이나 서비스 또는 기업체에 관해 뉴스 또는 기사로 보도하여 수요를 자극한다. 홍보는 PR의 한 수단으로 자사의 비용을 들이지 않고 기업이나 제품을 매체의 기사나 뉴스로 소비자에게 알리는 것이다.
- 판매촉진은 광고, 인적 판매, 홍보활동 들을 제외한 촉진활동이다. 소비자의 판매와 자사제품을 취급하는 상품전시나 진열 또는 전략회 등과 같은 활동

이다. 보다 구체화된 개념으로서 단기간 집중적 구매자극을 통해 매출을 증대시키기 위한 활동을 뜻하며 소비자 촉진, 유통업자 촉진, 판매원 촉진으로 구분한다.

판매촉진의 유형과 특징을 분석한다. 판매촉진은 그 대상을 누구로 하느냐에 따니 어니 가시노 나눈다. 판매촉신의 송뉴늘 분류하고 각각의 특징과 차이점을 파악한다.

(1) 소비자 촉진(consumer promotion)

최종 소비자를 상대로 견본품, 사은품, 쿠폰, 마일리지, 추첨 등의 촉진수단을 활용해 제품에 대한 관심과 이해도를 높임으로써 사용을 유도하고, 구매 시점 단계에서 단기 매출 증대를 추구하는 방법을 말한다. 특히 점포생산성 제고를 목적으로 직접 접촉을 통해 점포 내 고객의 구매결정을 계획적으로 유도하는 활동을 점내 판매촉진(in-store promotion)이라 한다.

(2) 유통업자 촉진(trade promotion)

경영활동 지원, 판매활동 지원, 협동광고, 진열보조금, 판매장려금 지원 등을 통하여 거래 중인 유통업자를 지원함으로써 매출을 증대시키는 방법을 말한다.

(3) 판매원 촉진(sales force promotion)

판매원에 대한 제품시연 방법이나 판매기법 교육, 상여금 지급, 판매경진대회 등을 통하여 판매원의 동기부여를 유도함으로써 매출증대를 추구하는 방법을 말한다.

2) 촉진 수단

(1) 비가격 촉진 수단

① 보너스 팩(bonus pack)

묶음포장, 번들 형태로 정상가격에 제품을 추가 제공하는 방식으로서 경쟁제품의 출시에 대응하거나 판매량을 늘리고자 할 때 적합한 수단이다. 예를 들어 1+1행사('하나 사면 하나 더'), 더블 보너스 찬스!(○○○ 보너스 팩) 등이 있다.

② 시용 팩(trial pack)

유료 샘플링 개념으로서 별도로 만든 소량의 패키지를 할인된 가격에 제공하는 형태이며 무료 시용과는 다르다. 최초구매의 위험을 낮추어 신규고객을 확보하는 데 유효한 수단이다. 일단 구매한 소비자는 재구매 비율이 높으므로 신규고객의 관심을 끌 수 있도록 판촉을 진행해야 한다. 예를 들어 다이어트 제품으로 체중감량을 홍보하며 "3일분 먼저 사용해 보세요(3 day trial)"라고 소량의 패키지를 선보이는 경우를 들 수 있다.

③ 샘플링(sampling)

정상제품을 소량 견본품으로 제작하여 무료 배포하는 방식을 말한다. 제품 사용경험이 없는 소비자를 대상으로 시용 기회를 제공함으로써 제품 이미지를 구축하거나 구매위험을 낮춰 최초구매를 유도하는 데 효과적이다.

- **점포 내 샘플링** · 취급점에서 견본을 제공하는 방식으로, 현장에서 즉시 구매연결이 가능하다.
- **패키지 샘플링** : 이미 자사의 다른 제품을 사용 중인 소비자를 대상으로 사용제품에 추가하여 견본을 제공하는 방식으로, 기존소비자를 공략할 때 용이하다.

- **모집 샘플링** : 매체를 통해 응모한 사람들에게 견본을 발송하는 방식으로, 매체사용 및 광고물 제작비용이 증가하는 단점이 있으나 신규고객 정보 확보에 효과적이다.
- **쿠폰 교환 샘플링** : 샘플 교환 쿠폰을 소지한 소비자에게 견본을 제공하는 방식으로, 소비자의 참여를 유도해 제품인지도를 높이는 데 효과적이다.
- **공개배포 샘플링** : 잠재고객의 왕래가 잦은 매장이나 장소에서 견본을 배포하는 방법으로, 신규고객을 확보하기 위한 수단이라 할 수 있다.

④ 콘테스트(contest)와 추첨(sweepstakes)

콘테스트는 사은품 및 상금을 획득하기 위해 퀴즈, 현상공모 등에 소비자가 참여하는 경진대회 형태의 촉진수단을 말한다. 퀴즈 형식으로 제품이나 브랜드 특성을 반복적으로 인지시키는 것이 목적이지만, 소비자의 관심이 경품에만 집중된다면 일회성 행사로 그칠 수 있다. 추첨은 소비자 참여를 확대할 목적으로 시행되며, 모든 참가자를 대상으로 실시한다.

⑤ 공개시연(demonstration)

실제 제품을 전시하고 시연을 통해 사용법과 기능의 특장점을 홍보하는 방법을 말한다. 이벤트, 전시회, 제품발표회 형식을 통해 보다 많은 소비자의 행사 참여를 유도하고 접촉하여 구매의도를 자극하는 데 목적이 있다.

⑥ 모니터링(monitoring)

제품사용 후기를 모집하거나 앙케이트 설문조사를 통해 제품 및 브랜드 인지도를 반복적으로 지각시키는 방법을 말한다.

⑦ 끼워 팔기

제품을 구매하면 현재 판매 중인 보완재나 대체재와 같은 연관재(related goods)를 함께 제공하는 방법을 말한다. 사용과정에서 관련이 있는 연관재를 함께 제공함으로써 구매욕구 자극과 더불어 연관재의 매출증대도 동시에 추구하는 수단이다. 동일 제품을 묶음으로 제공하는 보너스 팩이나 별도로 제작한 비매품을 선물로 제공하는 프리미엄과는 다른 개념이다. 예를 들어 '우유 + 요구르트'로 우유를 사면 요구르트를 끼워 판매하는 방식이다.

⑧ 멤버십(membership)

회원에 대하여 우대 특전을 제공하는 로열티 프로그램 방식을 말한다. 형식적으로 제품 사용에 대한 보답의 형식을 띠고 있으나 지속적 사용을 유도하는 수단이라 할 수 있다. 예를 들어 항공사 마일리지, 통신사 멤버십, 할인점 포인트, 신용카드 포인트, 커피쿠폰 등이 있다.

⑨ 프리미엄(premium)

제품을 구매하면 별도로 제작한 비매품을 선물로 제공하는 방식을 말한다.

- **분리형 프리미엄** : 프리미엄 선물을 별도로 제공하는 방법으로 햄버거 세트 구매 시 어린이 장난감을 제공하는 경우이다.
- **내장형 프리미엄** : 프리미엄 선물을 제품 포장 내에 첨가하는 방법으로 스낵 봉지에 첨가된 어린이 장난감을 예로 들 수 있다.
- **외장형 프리미엄** : 프리미엄 선물을 포장 바깥에 묶어서 제공하는 방법으로 맥주에 증정용 견과류 등을 부착한 경우이다.
- **재활용 용기형 프리미엄** : 제품 사용 후 재사용할 수 있는 용기에 제품을 담아서 제공하는 방법으로 재활용 박스에 넣어서 판매하는 어린이 레고장난감을 예로 들 수 있다.

⑩ POP 홍보물

쇼윈도 디스플레이, 장식물, 포스터, 행거, 스탠드 등 제품안내 홍보물을 효과적으로 구성하여 점두에서 구매로 직접 연결시키는 방법을 말한다. 상품의 특징·용도·사용법 고지, 신상품 안내, 쇼핑 분위기 개선, 직접 점내 구매자극 등의 기능을 수행한다. 계산대, 화장실 위치 등을 고지하는 안내 POP, 상품판매 코너를 고지하는 표식 POP, 상품특징이나 할인가격 등을 고지하는 설명 POP로 나눌 수 있다.

⑪ 엔드(END)

점내 구매유도를 목적으로 설치하는 매대 모서리 끝의 진열대를 말한다. 유행상품, 행사상품, 제철상품, 인지도 높은 상품 등을 1주일 단위로 3~5개 품목 정도를 유인책으로 진열한다. 계산대로 향하는 고객의 관심을 회유하여 쇼핑 시간을 연장시키는 엔드 캡, 계산시점에 최종구매를 유도하는 계산대 엔드, 주통로에서 부통로로 유도하는 일반 엔드로 나눌 수 있다.

(2) 가격 촉진수단

① 쿠폰

인쇄 형태의 가격할인권을 제공하는 방식으로 매우 전통적이고 효과적인 판촉수단이다. 가두 배포 및 점두 배포 쿠폰, 신문잡지 쿠폰, 웹사이트 쿠폰, 다른 제품과 함께 포장되는 쿠폰, 우편 제공쿠폰 등이 있다.

② 할인 세일(특매)

한정수량을 일시적으로 특별 할인판매(특매)하는 방식으로, 가격할인을 부각시켜 즉각적으로 현장구매를 유도하는 수단이다. 가격할인을 남용하면 소비자가 할인제품을 다수 구매하여 축적하므로 필요 시점에만 실시하여야 한다. 중저가 품목일 때 점내 촉진효과가 크다. 할인 세일의 예로 "지금 ◯◯◯마트에서 제품을 구매하시면 할인가격에 추가 5%를 더 할인해 드립니다", "선착순 100명, 가전제품 50% 할인!" 등의 광고문구를 들 수 있다.

③ 전단가격

구매빈도가 낮고 고가격 품목 중에서 특매효과가 예측되는 상품을 할인가격으로 전단 배포하여 점포방문을 유도하는 수단이다. 감성에 호소하는 전단문구의 개발이 요구되며, 매대 모서리 진열대인 엔드와 연계하여 고객의 관심을 끌 수 있어야 한다. 전단가격의 예로 "◯◯◯ 마감정리!", "피자를 주문하면 ◯◯◯가 공짜!", "통 크게 단돈 만원! 6개월을 준비한 감사상품!" 등을 들 수 있다.

④ 캐시백과 리베이트

브랜드 충성도와 지속적 사용을 유도하기 위하여 제품구매액의 일부를 상환 또는 환불해 주는 수단으로 캐시백과 리베이트가 있다.

- 캐시백(cashback) : 리펀드(refund)라고도 하며, 구매 시점 단계에서 대금의 일부를 현금으로 상환하는 방식이다.
- 리베이트(rebate) : 적립금을 말하며, 제품구매 후 구매확인이 되면 구매액의 일부를 적립금의 형태로 반환하는 방식이다.

촉진믹스는 촉진목표 및 마케팅목표 달성에 효과적일 수 있도록 촉진방법들 간의 적절한 믹스를 구성해야 한다. (좀 더 자세한 내용으로 촉진과 촉진믹스를 학습하기 원한다면, 서여주(2021), 『소비와 프로모션』 2판을 참고하기 바란다.)

소셜 미디어와 마케팅

브랜드 자산과 커뮤니티

CHAPTER
4

1 브랜드 자산의 정의와 구성 요소

1) 브랜드 자산(brand equity) 정의

브랜드[1]는 '자사의 제품이나 서비스를 경쟁사와 구별하기 위해 이름을 포함한 여러 가지 형태의 조합'이고, 브랜드 자산은 '마케팅 활동을 동일하게 전개하더라도 브랜드 파워가 있는 제품이나 서비스의 수익성과 브랜드 파워가 없는 제품이나 서비스의 수익성의 차이'라고 할 수 있다.

브랜드 자산은 제품과 서비스에 부여된 부가 가치이다. 이는 브랜드가 차지하는 가격, 시장 점유, 수익성과 마찬가지로 소비자가 브랜드에 관하여 생각하고, 느끼고, 행동하는 방식으로 나타나기도 한다.

다시 말해, 소비자 입장에서 본 브랜드 자산이란 소비자가 기억 속에 형성한 브랜드 지식을 토대로 하여 그 브랜드의 마케팅 활동에 대해 경쟁 브랜드와 차별적으로 반응하게 되는 경우를 말한다. 특정의 브랜드가 부착된 제품의 마케팅 활동에 대해 소비자가 보다 호의적으로 반응한다면, 그 브랜드는 긍정적인 브랜드

---

1) 추가적으로, 브랜딩(branding)이라는 단어의 의미도 알아보자. 브랜딩이란? 무언가를 만들고, 마케팅하고, 그것을 팔기 위해 노력하는 모든 행위를 말한다. 심지어 나를 표현하고 알리는 것 역시 '퍼스널(personnel) 브랜딩'이라고 하니, 우리 모두는 브랜딩이라는 우주 속에서 살고 있는 것이다.

자산을 갖게 되는 것이다.

브랜드 지식의 구조를 이해하는 데 가장 유용한 기억 모형으로 연상적 네트워크 기억모형(associative network memory model)을 들 수 있다. 이 모형에 따르면 특정 브랜드에 대한 지식구조는 그 브랜드와 관련된 지식 혹은 정보(node)들이 연결고리(link)에 의해 서로 그물처럼 연결되어 있는 네트워크 조직을 갖는다. 연상적 네트워크 기억모형에 의하면 특정 지식(정보)의 회상(인출)은 활성화의 획신(spreading activation)이라는 메커니즘에 의해 이루어진다. 즉 기억 속에 저장되어 있는 하나의 지식이 먼저 활성화되면 그와 연결된 다른 지식들도 연속적으로 활성화된다는 것이다(안광호 외, 2020).

2) 브랜드 자산의 구성 요소

브랜드 자산은 소비자의 기억 속에 바람직한 브랜드 지식이 저장되어 있을 때 발생된다. 브랜드 지식은 브랜드 인지도와 브랜드 이미지로 구성된다.

(1) 브랜드 인지도(brand awareness)

브랜드 인지도는 [그림 4-1]과 같이 브랜드 재인(brand recognition)과 브랜드 회상(band recall)의 성과로 구성되고, 소비자가 브랜드 네임, 상징, 캐릭터 등과 같은 브랜드와 관련된 구성 요소들을 알아내거나 기억하는 것이다. '무인지'에서 '브랜드 재인', 이어서 '브랜드 회상', 그리고 '최초 회상 또는 최초 상기(top of mind)'에 이르는 단계미디 브랜드 인지도의 치시는 분명히 나타나는데, 경쟁하는 브랜드들 중에서 가장 먼저 기억해 낼 수 있는 '최초 회상'에 속하는 브랜드가 되어야 소비자의 구매 가능성이 커진다.

① 브랜드 재인(band recognition)

이는 브랜드를 단서로 주었을 때 소비자들이 브랜드 노출에 앞서 확인할 수 있는 능력과 관련된다. 바꾸어 말하자면 브랜드 재인은 소비자들이 사전에 보았거나 들은 적이 있는 브랜드로서 정확하게 식별할 수 있다는 것이 요구된다. 예를 들면 소비자가 매장에 갔을 때, 이전에 노출된 적이 있는 브랜드를 알아보는 것이다.

② 브랜드 회상(brand recall)

제품의 범주, 그 범주에 의해 충족된 욕구, 또는 구매 또는 사용 상황을 단서로 주었을 때 소비자들이 기억 속에서 브랜드를 상기할 수 있는 능력과 관련된다.

바꾸어 말하자면 브랜드 회상은 적절한 단서를 주었을 때 소비자들이 기억으로부터 브랜드를 정확하게 생성해 내는 것이 요구된다. 예를 들면 K사 제품 옥수수 플레이크(corn flake)의 회상은 소비자들이 구매하러 매장에 갔거나 소비 선택을 하려고 집에 있는지에 관계없이, 시리얼 범주 또는 아침 식사로 먹을 것 또는 스낵으로 먹을 것에 대해 생각할 때 그 브랜드를 상기할 수 있는 능력에 달려 있는 것이다.

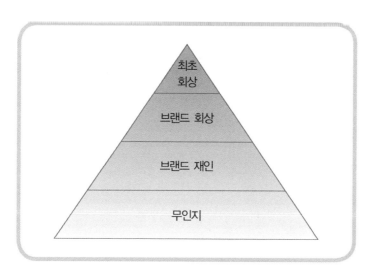

[그림 4-1] 브랜드 피라미드

(2) 브랜드 이미지(brand image)

브랜드 이미지는 소비자가 특정 브랜드에 대하여 가지게 되는 전체적인 인상으로서 브랜드 요소와 관련된 것들이 결합되어 형성되기도 한다.

연상(association)은 한 브랜드와 관련하여 소비자가 갖는 생각들을 말한다. 브랜드 연상의 유형은 [그림 4 2]와 같이, 제품 속성과 직접 관련된 연상, 제품 속성과는 직접 관련되지 않은 연상, 그리고 기업과 관련된 연상 등으로 구분할 수 있다. 또한 브랜드 연상은 ① 연상의 유형, ② 연상의 호의성, ③ 연상의 강도, ④ 연상의 독특성이라는 4가지 측면에서 살펴볼 수 있다.

① 제품 속성과 직접적으로 관련되는 연상

기업이 취급하는 제품의 카테고리(범주), 제품의 속성, 품질과 가격 등을 브랜드 아이덴티티(brand identity) 창출에 활용하여 브랜드 자산 형성에 기여하는 것이다. 우선 특정브랜드와 제품 범주 간의 연관관계가 강하다는 것은 소비자에게 제품 범주가 주어질 때 그 브랜드가 즉각적으로 회상됨을 의미한다. 시장 지배력이 강한 브랜드들은 제품 범주와 브랜드 간의 연결고리가 워낙 강하여 제품 범주에서 오로지 그 브랜드만이 회상된다. 둘째, 제품속성이란 소비자가 바라는 제품 기능을 수행하는 데 필요한 제품의 구성요소들이다. 제품속성에 대한 연상을 토대로 한 포지셔닝전략이 성공하기 위해서는 중요한 속성이면서 경쟁브랜드들에 의해 무시되었거나 소홀하게 대했던 제품 속성을 발견하는 것이 특히 중요하다. 셋째, 소비자들이 브랜드에 대하여 지각하고 있는 품질은 브랜드 연상에서 있어서 가장 중요한 자원 중 하나로 지각된 품질은 고객들이 브랜드의 전반적인 성능에 대해 가지고 있는 생각이다. 기업은 품질과 관련된 브랜드 연상을 개발할 때 최고급, 고급, 경제적인 제품 중 어느 것을 자사브랜드의 포지션으로 할 것인지를 결정함과 함께 선택된 품질수준에 맞는 제품가격도 고려해야 한다. 즉 제품의 카테고리를 브랜드와 연계시킬 수 있다면 소비자로 하여금 제품을 대할 때 최초 회상을 하게 만든다. 여기서 품질은 '지각된 품질(perceived quality)'을 의미하며, 소비자가 기업의 브랜드가 갖추고 있는 전반적인 성능을 인지하는 것이고, 기업이 품질을 가격과 연계하여 소비자가 가격을 품질의 지표로 여기는 경향을 마케팅에 활용한다.

② 제품 속성과 간접적으로 관련된 연상

기업이 제품의 속성과는 직접 관련되지 않은 브랜드 개성(brand personality), 사용자, 용도, 원산지 등을 브랜드 아이덴티티의 창출에 활용하여 브랜드 자산 형성에 기여하는 것이다.

브랜드 개성은 브랜드를 사람에 비유하여 특정 브랜드와 관련된 사람의 성별, 나이, 사회적 계층 등의 특성 변수들을 모두 포함한다. 이것은 기업이 마케팅 커뮤니케이션의 의사 결정을 할 때 중요한 지침이 되고, 소비자들이 자신의 개성 또는 자아 개념(self-concept)을 브랜드를 통해 나타낼 수 있는 수단이 되기도 한다.

브랜드 개성이 중요한 이유는 첫째, 브랜드와 소비자 간의 인간적인 관계, 그리고 브랜드에 대한 느낌과 태도를 깊이 이해할 수 있게 하므로, 광고, 패키징, 촉진 등의 마케팅커뮤니케이션 의사결정에 유용한 지침을 제공한다. 둘째, 소비자들이 브랜드를 통하여 자신의 개성을 표현할 수 있는 유용한 수단이 되므로 브랜드 자산의 창출에 중요한 역할을 한다.

또 다른 브랜드 연상 전략의 하나는 브랜드를 제품 사용자와 연계시키는 것이다. 전형적인 브랜드 사용자에 대한 연상은 인구통계적 요인이나 심리묘사적 요인을 이용한 브랜드 광고에 의해 형성될 수 있다. 기업이 자사브랜드의 이미지와 잘 부합되는 특성의 제품 사용자를 효과적으로 활용한다면, 제품 사용자에 관한 연상은 브랜드 자산 구축에 도움을 줄 수 있다.

③ 기업 특성과 관련되는 연상

기업들은 취급하는 제품이나 서비스와 관련된 연상들을 고려한 브랜드 아이덴티티를 창출하는 경우가 많지만, 자사의 창업주 또는 최고 경영자가 제시하는 기업의 경영 이념, 기업 문화 등의 기업과 관련된 연상을 고려하여 브랜드 자산 형성에 기여하기도 한다.

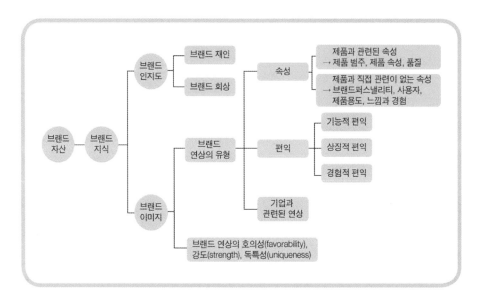

[그림 4-2] 브랜드 자산의 구성 요소

2 브랜드의 유형과 브랜드 이미지의 관리

1) 브랜드의 유형

(1) 기능적 브랜드

소비자들의 기능적 욕구를 충족시키기 위해 구매되는 브랜드로서 제품의 기본적인 기능 및 외적인 특성과 관계한다. 성공하는 기능적 브랜드들은 소비자들의 마음속에 최고 회상의 브랜드로 자리를 잡고 경쟁하는 브랜드들과 차별화된다.

(2) 이미지 브랜드

이미지 브랜드의 제품이나 서비스는 소비자들에게 탁월한 품질의 제품에 바탕을 두면서도 독특한 연상이나 상징적인 이미지를 제공하기 때문에 경쟁 제품들과는 차별화된다. 예를 들면 특정 제품의 품질을 평가하기 어려운 고급 와인이나 외료 기관이 진료 서비스, 또는 ㄱ 제품의 수비 과정이 다른 소비자들에게 노출되는 자동차나 의류 등에서 형성된다.

(3) 경험적 브랜드

경험적 브랜드는 제품이나 서비스를 소비자가 어떻게 느끼고 있는가에 초점을 맞추는 것이라고 할 수 있다. 소비가 이루어질 때 브랜드와 소비자 간 경험이 동시에 생성되고, 사람마다 다르게 느껴질 수 있고, 같은 사람이 경험하더라도 때에 따라서는 다르게 느껴질 수도 있는 것이다. 경험적 브랜드는 유형적 제품과 서비스의 조합, 제품 또는 서비스만으로도 소비자와의 상호 작용에서 만들어진다.

2) 브랜드 이미지의 특성

긍정적인 브랜드 이미지는 소비자의 기억 속에 있는 브랜드에 강력하고 호의적이며 독특한 연상이 연결되는 마케팅 프로그램들에 의해 생성된다.

(1) 브랜드 자산의 강도(strength of brand association)

브랜드 자산의 강도는 소비자가 제품의 본질 또는 품질과 마찬가지로 수신하는 정보 처리의 양(amount)과 수(quantity)의 기능이다. 사람이 제품 정보를 생각하는 것과 기존 브랜드 지식에 깊이를 더할수록 결과적인 브랜드 연상은 더 강력해진다. 어느 정보에나 연상의 강도를 촉진하는 두 가지 요인이 있는데, 하나는 정보의 개인적인 관련성과 오랜 시간을 거쳐 나타나는 정보의 일관성이다. 브랜드 속성들과 편익들에 대한 소비자의 신념은 다른 방법으로 형성될 수 있다.

(2) 브랜드 자산의 호감도(favorability of brand association)

브랜드에 어떤 호의적이고 독특한 연상들을 연결할 것인지를 선택할 때에는 최적의 브랜드 포지셔닝을 결정하는 소비자와 경쟁 요인에 대한 신중한 분석이 요구된다. 가장 기본적인 의미에서 호의적인 브랜드 연상은, 소비자들이 종합적으로 긍정적인 브랜드 판단을 형성할 만큼 소비자들의 필요와 욕구를 충족시켜 줄 관련 속성과 편익을 가지고 있는 브랜드라고 소비자를 확신시켜서 생성되는 것이다. 이와 같이 브랜드에 대한 호의적 연상은 소비자들에게 바람직하고, 제품에 의해 성공적으로 제공되고, 브랜드를 지원하는 마케팅 프로그램(예: 매우 편리하고 믿음직하고, 효과적이고 효율적이고 다채롭다는 등의 브랜드)을 통해 전달되는 것들을 연상하는 것이다.

(3) 브랜드 자산의 독특함(uniqueness of brand assosiation)

브랜드 연상은 다른 경쟁 브랜드들과 공유되거나 그렇지 않기도 한데, 브랜드 포지셔닝의 핵심은 브랜드가 지속적인 경쟁 우위 또는 소비자에게 왜 특정 브랜드를 구매해야 하는지에 대한 강력한 이유를 주는 '독특한 판매 제안'을 가지는 것이다. 그 브랜드에 독특하고, 다른 브랜드에 없는 우월성을 암시하는 것은 브랜드 성공에 중요한 것으로서 호의적으로 강력하게 평가받는 연상들의 존재가 된다. 소비자가 특정 브랜드에 호의적이고 강력한 연상들을 하고 있어도 경쟁하는 브랜드들 중에 차별화되어 있지 않으면 브랜드 자산의 형성과 관리가 어렵게 된다. 경쟁 우위와 소비자들이 구매해야 하는 이유를 제공할 독특하고 의미 있는 차이점(points of difference)을 브랜드에 연상시키는 것은 중요한 일이다.

3 브랜드 자산 구축 과정

1) 브랜드 요소 선택

브랜드 자산을 구축하기 위해 브랜드의 정체성(identities)이라고 부르는 브랜드 요소들을 선택한다. 브랜드 요소들은 브랜드를 식별하고 차별화시키는 등록 상표의 고안물로서, 브랜드 네임, URLs, 로고, 상징, 캐릭터, 슬로건, 징글, 패키지 등이 있다. 브랜드 인지도를 보완하는 것과 강력하고 호의적이며 독특한 브랜드 연상의 형성을 촉진할 때 브랜드 요소들을 선택할 수 있다. 브랜드 요소를 선택하고 설계하는 데는 다음과 같은 여섯 가지 기준이 특히 중요하다.

(1) 기억 용이성(memorability)

브랜드 요소들은 브랜드 회상과 브랜드 재인의 관점에서 본질적으로 기억될 수 있도록 선택한다.

(2) 의미성(meaningfulness)

브랜드 요소들은 제품 카테고리 또는 특정 속성과 편익 또는 양쪽의 성향이 본질적으로 의미가 있도록 선택한다. 브랜드 요소는 브랜드 개성, 사용자 또는 용도의 비유적 묘사 또는 브랜드에 대한 느낌을 반영하기도 한다.

(3) 호감성(likability)

브랜드 요소에 의해 전달되는 정보는 반드시 제품만 관련되는 것이 아니고 단순히 본질적으로 소구되거나 호감이 가기도 한다.

(4) 양도성(transferability)

브랜드 요소는 제품 카테고리 내부 및 전체적으로, 출신국이나 지역에 관계없이, 문화적 영역과 세분 시장 전역에서도 양도될 수 있도록 선택한다.

(5) 적응성 또는 융통성(adaptability)

브랜드 요소는 오랫동안 적응력 있고 융통성 있도록 선택한다.

(6) 보호력 또는 방어력(protectability)

브랜드 요소는 법적으로 보호될 수 있고, 가능한 한 경쟁적 방어력을 갖추도록 선택한다.

2) 마케팅 프로그램 설계

브랜드 자산을 구축하기 위한 마케팅 믹스 전략의 수립과 관련된 이슈들과 마찬가지로 마케팅 프로그램을 설계하는 새로운 접근 방법들을 고려한다. 관계 마케팅은 소비자들이 브랜드를 향해 어떻게 생각하고 행동하는지를 깊이 있고 폭넓게 가져가려는 마케팅 활동에 관여한다. 실험적, 일대일 그리고 퍼미션(permission) 마케팅은 제품 또는 서비스에 보다 적극적으로 관여하는 소비자들을 확보하려는 수단들이다. 대량 고객 맞춤화, 사후 마케팅, 그리고 로열티 프로그램들도 전체적(holistic), 개인화 구매 경험을 창출하는 데 도움을 주는 방안들이다.

제품 설계 관점에서 유형적이고 무형적인 고려는 중요하다. 성공하는 브랜드들은 종종 기능적이고 상징적인 편익에 강력하고 호의적인 연상을 창출한다. 비록 지각된 품질이 브랜드 자산의 중심에 있더라도, 브랜드에 연계되는 다른 연상들의 범위를 인식한다는 것은 중요하다.

가격 전략 관점에서 마케팅 요원이 소비자의 브랜드에 대한 가치의 지각을 완전하게 이해한다는 것은 중요하다. 점차적으로 기업들은 가격 결정에 가치 기반 가격 전략을 채택하고 있고, 매일 저가 전략(everyday-low-pricing strategies)은 시간을 두고 가격 할인 정책을 유도한다.

유통경로 전략 관점에서 이차적인 연상 효과를 극대화하기 위해 브랜드와 점포의 이미지를 적절하게 어울리도록 하고, 밀어내기 전략을 소매상이 소비자를 끌어내기 전략으로 통합하고, 직간접 유통의 선택 범위를 고려하는 것이 중요하다.

3) 마케팅 커뮤니케이션 통합

브랜드 자산을 유지하는 소비자 기반 브랜드 자산(CBBE: consumer based brand equity) 시각은 근본적으로 마케팅 프로그램에 의해 소비자들의 마음속에서 창출된 브랜드 지식에 의해 결정한다.

① 소비자 기반 브랜드 자산(CBBE)의 시각으로부터, 브랜드 자산에 영향을 미치는지의 관점에서 가능한 커뮤니케이션 대안들을 평가한다. 특히, CBBE 개념은 상이한 커뮤니케이션의 대안들의 효과를 평가할 수 있는 공통분모를 제공한다. 각 커뮤니케이션 대안은 브랜드 인지도에 영향을 미치는지와 호의적이고 독특한 브랜드 연상을 창출하고 유지하고 강화시키는지의 효율성과 효과성의 관점에서 판단할 수 있다. 상이한 커뮤니케이션 대안들은 상이한 강점을 가지고 상이한 목적을 달성할 수 있다. 이와 같이 상이한 커뮤니케이션 수단들의 믹스를 이용하고, 브랜드 자산을 구축하거나 유지하는 데 특별한 역할을 하도록 하는 것은 중요하다.

② 마케팅 커뮤니케이션 프로그램 전체가 부분의 합보다 크다는 방식으로 전개한다는 개념적 틀을 이해함이 중요하다. 이는 어떠한 커뮤니케이션 대안의 효과가 다른 대안의 존재에 의해 보완되기 위해 가능한 한 특정 커뮤니케이션 대안 간에 조화가 이루어져야 하기 때문이다.

4) 이차적 연상을 통한 영향 주기

브랜드 자산의 구축을 해당 브랜드 파워만으로 기대한다는 것은 상당한 비용과 시간이 소요된다. 자사 브랜드의 강점을 보다 더 소구하거나 약점을 보완할 다른 실체(entity)를 활용하여 효과적이고 효율적으로 브랜드 자산을 구축하고, 그 실체에 자사 제품은 어디에서 만들어졌고 이디에서 구매된 것인지 출처를 포함하도록 한다. 그 브랜드에 다른 실체의 정보를 이용함으로써 소비자들로 하여금 그 브랜드에 동일한 연상을 조금이나마 기대하도록 하는 것이다.

4 브랜드 자산 측정

① 마케팅 관리자들에게 브랜드 운영 가이드라인을 제공할 '브랜드 자산 헌장 (brand equity charter)'이라는 문서에 회사의 브랜드 자산 입장을 공식화한다.

② 자사에 의해 판매된 모든 제품들에 브랜드가 부착되고 마케팅이 이루어진 내력을 기술하기 위한 브랜드 재고 조사를 수행한다. 브랜드들의 건전성을 평가하기 위한 주기적인 브랜드 감사의 일환으로 소비자들이 생각하고 느끼는 것을 이해할 브랜드 탐구 활동(brand exploration)을 한다. 브랜드 자산의 출처를 이해하고, 브랜드 자산을 개선하고 향상시키는 방안들을 제시한다.

③ 브랜드 감사(brand audit)에 의해 파악된 브랜드 자산의 주요 출처와 결과에 관련되는 브랜드들의 현황 정보를 파악하기 위해 정기적으로 소비자 동향을 추적하는 조사 연구를 수행한다.

④ 브랜드와 관련되어 무슨 일이 발생하고 왜 발생하는지를 진단하는 서술적인 정보를 정기적으로 배포할 브랜드 자산 보고서에 게재하기 위해 추적 서베이(tracking survey)와 측정 활동을 수행한다.

⑤ 제품 관리와 마케팅 활동에 대해 브랜드 자산 보고서와 브랜드 자산 헌장이 사업부나 판매되는 지역들에서 모두 이행되고 있는지를 관리·감독할 담당자나 담당 부서를 선정한다. 그리고 브랜드의 장기적인 자산 가치를 극대화하기 위해 브랜드 자산 보고서의 본질과 헌장의 정신이 반영되고 있는지를 살펴본다.

5   브랜드 자산을 통한 기업 가치 제고

1) 브랜드의 정체성 확립하기

전략적 브랜드 자산 운영의 목표는 영속적인 '브랜드 정체성(brand identity)'을 구축하는 것이다. 브랜드 정체성은 브랜드가 고객에게 제공하려는 가치의 약속으로서 자사가 전개하는 비즈니스의 전략적 방향을 형상화시키는 것이다. 브랜드 정체성은 제품과 서비스, 광고, 사회적 책임의 활동 등에서 자사와 고객 간에 끊임없는 커뮤니케이션이 이루어져야 한다.

2) 브랜드의 이성적 측면 강화하기

브랜드 정체성은 '브랜드의 이성적 실체(brand rationality)'와 연결되어야 고객이 '브랜드의 약속'이 이행되고 있음을 확인할 수 있다. 고객과 브랜드의 최종 접점인 내부 임직원의 전문성을 브랜드의 자산화로 연계시키는 것도 이성적 측면 강화에 중요하다.

3) 브랜드의 감성적 측면 강화하기

스포츠와 문화 마케팅 등에 대한 적극적인 투자를 통하여 브랜드의 '감성적 가치'를 강화할 수 있다.

4) 브랜드의 정신적 측면 강화하기

경제 위기 발생 시 금융기관에 대한 고객의 신뢰도가 지속적으로 하락하여 고객들이 금융기관에 강력한 사회적 책임을 요구하는 사례가 있었다. 이에 글로벌 은행들이 브랜드의 신뢰감을 강화하기 위해 지역 발전, 교육, 환경 등 사회적 책임과 연계하는 활동에 투자를 계속 증가시켜 예기치 않은 평판의 위험을 쉽게 다룰 리스크 관리를 마련한다.

5) 브랜드와 고객 간 커뮤니케이션 강화하기

고객과 브랜드 간의 지속적인 커뮤니케이션을 위해 새롭게 등장하는 뉴미디어를 적극 활용한다.

읽을거리 ○—

'MZ가 열광한 세계관 맛집' 빙그레 · 하이트진로의 비밀 병기

MZ세대(밀레니얼+Z세대)가 열광하는 브랜드에는 세계관이 있다.

최근 극장가에선 '마동석 세계관'이 '마블 세계관'을 눌렀다는 이야기가 들린다. 배우 마동석이 기획·제작에 연기까지 관여한 '범죄도시2'가 1,000만 관객을 돌파하면서 마블의 '닥터 스트레인저2'보다 흥행에 성공했기 때문이다.

이처럼 세계관이라는 말은 최근 다양한 곳에서 들을 수 있게 됐다. 게임과 판타지 등의 특정 장르에서 사용돼 온 개념이 사회 전반으로 확산된 것이다.

브랜드에도 세계관이 적용되고 있다. 엄밀하게는 브랜드 아이덴티티·스토리·캐릭터 등 기존 브랜드의 활동들이 세계관이라는 거대한 틀로 정리되고 있다.

메타버스로 대표되는 가상 세계가 발전하고 초개인화 사회가 심화하며 환경·사회·지배구조(ESG)와 같은 기업의 사회적 책임이 강화되면서 전통적으로 브랜드가 구축해 온 세계관의 영역이 더욱 확장되고 체계화돼 가고 있다.

세계관에는 두 가지의 정의가 혼재돼 있다. 하나는 문자 그대로 세계를 바라보는 '관점(worldview)'이다. 다른 하나는 가상으로 설정된 '배경(universe)'이다. 이 둘은 사실상 상호 보완적 관계다. 배경이 되는 가상의 세계는 임의로 설정되는 것이 아니라 주체자의 철학에 기반하기 때문이다.

그렇다면 브랜드 세계관은 무엇일까? 이는 '세계(世界)'와 '관(觀)'으로 단어를 나눠 생각해 볼 수 있다. 세계는 브랜드가 설정한 배경이자 그 안에서 약속된 규칙이다. 브랜드의 개성과 매력을 창출하는 역할을 하며 브랜드 팬덤과 애착 형성의 근간이 된다.

빙그레는 '빙그레우스 더 마시스' 캐릭터와 그가 사는 빙그레 나라이 중세 시대 배경, 순정 만화풍의 작화 등을 통해 브랜드만의 차별화된 개성을 보여 준다. 고객 또한 빙그레우스의 세계에 빠져들며 브랜드와 애착 관계를 형성해 나가게 된다.

세계는 스토리와 캐릭터에 기반한 배경만을 의미하는 것은 아니다. 레고가 경쟁 상대로 '교육시스템'을, 넷플릭스가 '잠'을 꼽은 것처럼 자신이 속해 있는 경쟁의 공간도 세계가 될 수 있다.

관점은 브랜드의 철학이자 태도다. 고객에게 동조·감화·공감을 이끌어 내는 역할을 하며 고객행동을 촉발한다. 나이키가 여전히 요즘 브랜드로 독보적인 위상을 유지할 수 있는 이유는 인종 차별, 여성 차별 등 시대의 목소리를 지속적으로 대변하며 브랜드 액티비즘에 앞장서고 있기 때문이다. 브랜드 세계관은 브랜드 정체성을 구축하고 충성도를 강화해 나가며 고객의 행동을 유도하는 기존의 브랜딩 목표에 더 효과적이고 신신하게 도달하는 방법이다.

결국 브랜드 세계관은 브랜드가 어떤 세계를 왜 만들어야 하는지가 담겨 있어야 한다. 제품과 기술이 평준화되고 영상과 모바일에 길들여진 고객에게 명문화된 비전과 미션은 더 이상 매력적으로 와닿지 못한다. 고객이 다양하게 브랜드를 경험하고 즐겁게 참여할 수 있을 때 '찐팬'이 된다. 이때 고객은 브랜드가 만들고자 하는 세계에 기꺼이 동참한다.

브랜드 세계관을 구축하기 위해 갖춰야 할 조건에 3가지가 있다. 고유성·개방성·지속성이다. 고유성은 브랜드만의 가치나 특징이 세계관에 반영되는 것을 의미한다. 개방성은 누구든 참여해 콘텐츠를 재생산하고 확산할 수 있어야 한다는 것이다. 지속성은 장기적인 관점에서 연속적으로 이어질 수 있음을 의미한다.

고유성은 브랜드를 통해 인식하고 브랜드 전반의 활동을 관통하는 것이다. 세계관의 주제의식으로 표현되기도 하고 톤앤드 매너로 전달되기도 한다. 고유성은 주요 고객이 흥미를 가지면서 충분히 이해하고 공감할 수 있는 것이어야 한다. 이는 브랜드 자산, 브랜드 철학, 당면 과제에서 찾을 수 있다.

브랜드 자산은 오랫동안 구축해 오고 고객에게도 인지되고 있는 것일수록 효과적이다. 하이트진로는 두꺼비라는 브랜드 자산을 캐릭터화해 적극적으로 활용하고 있다.

기존 광고 모델의 자세나 CF를 패러디하기도 하고 생활용품·문구류 등의 굿즈도 론칭하는 등 노후화되는 진로의 이미지를 젊고 산뜻하게 탈바꿈시키고 활력을 불어넣었다. 존재감이 없던 두꺼비를 시대에 맞게 재해석해 진로의 브랜드까지 긍정적으로 변화시킨 사례다.

브랜드 철학은 고유성과 가장 밀접하게 연결될 수 있다. 카페노티드는 최근 가장 유명한 브랜드 중 하나다. 이들이 다른 도넛 브랜드와 차별화될 수 있는 것은 도넛이 아닌 도넛을 둘러싼 콘텍스트에 집중했기 때문이다.

도넛을 먹는 순간의 경험·느낌·환경까지 생각했다. 나아가 인형·패션 등 굿즈를 통해 공간을 떠나 있더라도 언제 어디서든 노티드에서 먹던 도넛을 떠올리게 한다. 노티드의 캐릭터들은 이러한 철학에 기반한 세계관 안에서 여러 가지 이야기를 만들어내며 고객과 소통한다.

브랜드 세계관은 고객과의 상호적인 관계 구축에 효과적이어야 한다. 브랜드와 관련된 이야기를 찾아 축적하는 과정을 통해 고객들이 브랜드에 대한 충성을 제고할 수 있다. 특히 메타버스 환경에서 개방성은 더욱 중요하다.

우리가 가상 세계를 끊임없이 갈구하는 것은 현실에서는 할 수 없거나 하기 어려운 것들이 가능하기 때문이다. 그동안 고객은 브랜드가 정해 놓은 가이드라인, 엄격한 매니지먼트 아래 일방적인 소통을 해왔다.

브랜드가 고객과 진정성 있는 관계를 구축하고자 한다면 함께 만들어 나가야 한다. 개방성은 브랜드에 대한 유연함, 상호 작용, 게이미피케이션이 갖춰질 때 강화해 나갈 수 있다.

롯데리조트는 '리조트 탈환 작전'이라는 세계관에 고객이 직접 참여하도록 유도했다. 무장 괴한이 침입한 부여 리조트에 최정예 특수 대원들이 등장해 리조트를 구한다는 내용이다. 이 같은 세계관을 바탕으로 롯데리조트는 예능 프로그램 '강철부대'로 이름을 알린 707 특수부대 출신 이진봉 씨와 함께 작전을 해결하는 군사 추리 게임 '강철부여' 시리즈를 선보였다.

시청자들은 구글맵 코드 맞추기, 백제 역사 퀴즈 등을 함께 풀면서 세계관의 스토리를 진행한다. 이는 가상의 공간을 실제 경험할 수 있도록 오프라인 병영 체험 프로그램까지 이어졌다.

브랜드는 엄격한 관리의 대상이 돼야 한다고 생각했던 기존의 방식에서 탈피하고 고객이 뛰어놀 수 있는 놀이터를 설계하는 일에 힘써야 한다. 그 안의 콘텐츠는 고객이 채워줄 것이다. 단 최소한의 경계선을 설정해 주지 않으면 세계관은 브랜드가 원하지 않는 방향으로 중구난방 뻗어 나갈 수도 있다.

이를 수습하기 위해 억지 설정을 들이미는 순간부터 세계관은 고객들의 놀이터가 아닌 관리의 대상이 되며 진정성을 잃게 된다. 브랜드 개방성은 장기적으로는 인지도 제고보다 애착도 제고에 효과가 있다.

단발적이거나 단기적인 이벤트나 프로그램에 그치지 않고 장기적이고 연속적으로 이어져야 한다. 시리즈 형태로 연쇄성을 갖추거나 서사 규모와 메시지를 넓혀 나가야 한다. 세계관은 부가 가치를 창출하고 콘텐츠의 카테고리를 확장하는 역할을 수행한다. 따라서 현재 기업이 보유하고 있는 브랜드 외에도 향후 개발할 브랜드, 나아가 협업할 수 있는 타 브랜드까지 고려할 필요가 있다.

지속성을 가장 잘 구현할 수 있는 방법은 브랜드끼리 세계관을 공유하는 것이다. 세계관을 계속 확장해 나가거나 콘텐츠를 꾸준히 개발해 내는 것은 쉽지 않다. 그 대신 유사한 브랜드 간에 협업하거나 공통된 콘셉트를 공유하고 차별화된 콘텐츠를 가미하는 등 부분적으로 확장해 나가는 것도 대안이 될 수 있다.

이러한 세계관을 가장 잘 구축하는 인물로 나영석 PD를 꼽을 수 있다. 그는 '꽃보다' 시리즈, '삼시세끼' 시리즈, 'ㅇ식당' 시리즈 등 다양한 히트 프로그램을 선보였는데 이들은 단발적인 프로그램으로 끝나지 않는다.

그의 프로그램은 각각의 콘셉트대로 서사가 진행되면서 동시에 프로그램끼리 수평적으로도 연결되기도 한다. '신서유기'의 스핀오프로 윤식당 콘셉트를 차용한 '강식당'이 좋은 예다.

출처: 매거진한경(2022.07.26)

소셜 미디어 마케팅
유형과 저작권

소셜 미디어와 마케팅

소셜 미디어와 마케팅

소셜 미디어 마케팅 유형

CHAPTER
5

1 소셜 미디어 마케팅 유형

소셜 미디어 마케팅은 기업에서 소셜 미디어를 통해 고객과 소통하고, 이를 이용하여 기업이 고객에게 전달하고자 하는 정보를 제공하고 홍보하는 일련의 활동을 말한다. 소셜 미디어의 등장으로 기업은 고객과 소통하기 위한 창구로 소셜 미디어를 이용하는 빈도가 늘어나게 되었다. 또 전통적인 마케팅에서는 기업이 주체가 되었지만, 소셜 미디어 마케팅에서는 고객이 주체가 된다.

〈표 5-1〉 소셜 미디어 마케팅 구성 요소와 특징

구분	특징	종류
마케팅 주체	소셜 미디어 마케팅을 수행하는 주체를 의미하며, 미디어 주체에 따라서 마케팅 전략의 변화가 이루어진다.	대기업, 소상공인, 창업자, 중소기업, 정부, NGO, 1인 기업 등
중심 미디어	소셜 미디어 마케팅을 수행하는 데 중심적인 역할을 하는 미디어를 의미하며, 마케팅하고자 하는 제품이나 서비스의 특징과 고객, 마케팅 전략 등에 따라 달라질 수 있다.	페이스북, 트위터, 유튜브, 네이버 블로그, 웹 사이트 등
소비자 (미디어 공유자)	중심 미디어를 사용하는 가입자를 의미한다. 현재의 고객과 잠재고객을 모두 포함하고 있으며, 마케팅 주체가 전개하는 마케팅 콘텐츠와 흐름을 공유하게 된다.	개인 회원, 그룹, 팬, 기업 회원, 기타 다양한 형태의 가입자

구분	특징	종류
확산 미디어	마케팅이 전개됨에 따라 중심 미디어에서 입소문, 웹 소문 등을 통해서 마케팅 콘텐츠가 확산하는 통로가 되는 주변 미디어를 의미한다.	페이스북, 트위터, 유튜브, 네이버 블로그, 웹 사이트, 신문, 방송, 잡지 등
고객 참여 결정	마케팅 수행에서 고객의 직접 참여로 쌍방향 교감이 이루어지는 온·오프라인 공간이나 가구, 프로그램 등을 의미한다.	오프라인 매장, 페이스북 앱, 트위터 앱, 스마트폰 앱, 웹 페이지, 쇼핑몰 등
콘텐츠 (메시지)	마케팅 주체가 미디어 공유자에게 마케팅 활동의 결과로 전하고자 하는 기업 이미지, 제품·서비스에 대한 정보 또는 공공의 목적에 맞는 안내나 정책 홍보 내용을 의미한다.	동영상, 사진, 제품 정보, 뉴스, 공익광고, 정책 홍보 포스터 등

출처 : 송영우·한희(2014). 『소셜 미디어 마케팅 전략』. 제이프레스. p.6.

2 채널별 소셜 미디어 마케팅의 특징

1) 유튜브

(1) 유튜브 플랫폼의 개요

동영상 공유 플랫폼 유튜브는 2005년 2월 설립, 2006년에는 10월 구글에서 16억 5,000만 달러의 거액을 들여 동영상 공유 사이트인 유튜브를 인수하였다. 현재 전 세계 최대 규모의 동영상 공유 사이트로서, 동영상 시청, 업로드 및 공유가 가능한 플랫폼이다.

(2) 유튜브 플랫폼의 이용 상황

유튜브 채널은 활동 유저 매달 20억 명, 남성의 비율이 여성보다 높다. 페이스북이나 인스타그램과의 차이점은 긴 콘텐츠를 업로드할 수 있다는 점이다.

엔터테인먼트와 교육의 성격을 같이 가지고 있는 소셜 미디어 서비스이다. 따라서 소비자들에게 교육을 통한 마케팅이 가능하다. 다만 동영상 제작과 업로드를 통한 활동이 이루어지기 때문에 동영상 제작에 대한 기본적인 지식이 필요하다.

(3) 장점

① 전 세계 사용자들이 시청자

유튜브는 전 세계의 모든 시청자가 동일한 플랫폼 위에서 동일한 영상을 본다는 점이 가장 큰 장점이다. 기업 측에서 국외 시청자들을 위해 또 다른 준비를 할 필요 없이, 유튜브에 동영상을 등록만 한다면 전 세계의 모든 사용자가 시청할 수 있다.

② 하루 트래픽 20억의 최대 동영상 사이트

유튜브는 세계 최대 동영상 사이트로 하루에 20억의 시청자들이 자신이 얻고자 하는 동영상 정보를 검색한다. 그만큼 동영상이 전 세계에 노출될 가능성이 높다.

③ 영상 진행으로 언어의 장벽 해제

유튜브 마케팅은 대부분 영상으로만 진행되기 때문에 언어의 장벽이 다른 SNS 매체에 비해 훨씬 적다. 언어가 다른 외국 시청자들을 위한 자막 등을 따로 제작하지 않아도 영상만으로 마케팅할 수 있다는 점이 또 하나의 큰 매력이다.

④ 기타 SNS 매체와의 손쉬운 연동

유튜브 동영상은 트위터, 페이스북, 블로그 등의 SNS 매체와도 연동이 매우 간편하여 사용자들이 많이 사용하고 있다.

⑤ 짧은 내용으로 효과적인 전달 가능

텍스트가 아닌, 영상 중심이므로 짧은 내용도 효과적으로 전달할 수 있다.

(4) 단점

① 영상 제작비

유튜브 마케팅은 우선 영상 위주로 진행되므로 영상을 제작해야 한다. 트위터, 페이스북, 블로그 등의 SNS 매체보다 비용이 더 들어간다.

② 기타 SNS 마케팅에 비해 휘발성이 높음

유튜브 마케팅은 텍스트 위주의 다른 SNS 마케팅보다 휘발성이 강하다. 영상이 시청자들에게 큰 인상을 남기지 못하면 시청자들의 뇌리에서 금세 잊혀진다.

③ 타깃층의 불분명

유튜브는 타깃층을 딱 잘라 선정하기 어렵다. 전 세계의 다양한 연령층에 노출되어 있어서 특정 타깃을 설정하여 마케팅하기가 거의 불가능한 수준이다. 결국 타깃층을 포괄적으로 잡고 마케팅을 해야만 한다.

④ 채널 운영 전략

(가) 새로운 시청자의 확보 전략

유튜브는 새로운 시청자를 확보하기 위한 전략으로 속보 라이브 이벤트와 설명형 콘텐츠를 사용하고 있다. 라이브를 통해 시청자와 소통하고, 시청자들이 신호하고 검색이 용이한 주제를 활용한 영상을 제작하는 방법을 사용한다.

(나) 구독자 확보 및 유지 전략

지속적인 구독자를 유지하기 위해 시리즈 제작을 통해 구독자의 관심을 끌고 있다. 영상의 전문성을 부여하기 위해 전문가를 활용하고 있으며, 콘텐츠에 스토리텔링을 부여하여 다른 채널과의 차별화를 꾀하고 있다.

2) 블로그

(1) 블로그의 탄생

블로그라는 말은 웹(web)과 로그(log, 기록)의 합성어로, 일상이나 전문성 있는 이야기를 담는 웹상의 일기장이다. 알리고 싶은 견해나 주장 같은 것을 일기처럼 차곡차곡 적어 올리는 형식을 취한다. 이러한 기록은 시간의 흐름에 따라 기록되게 된다.

(2) 블로그의 이용 상황

개인 블로그를 통해 자신의 일상을 소소하게 올리면서 사용자들과 교류할 수도 있고, 본인의 사업 이야기나 서비스 소개를 올리며 홍보할 수도 있다. 많은 기업에서는 기업 공식 블로그를 통해 기업의 브랜드 가치를 전하거나 상품 소식을 전하기도 한다.

(3) 장점

① 쉬운 접근성

다양한 플랫폼 내에서 다양한 검색과 연동이 가능해서 많은 사람들이 이용하고 있다. 이러한 장점 때문에 기업에서도 적극적으로 활용하고 있다.

블로그 접근성이 쉬운 이유는 다음과 같다.

- 운영하기 쉽다.
- 초보자도 쉽게 접근할 수 있도록 템플릿화되어 있다.
- 형식에 구애받지 않는다.
- 검색과 콘텐츠 노출이 용이하다.
- 사용 경험 후기 등 다양한 정보를 찾기 쉽다.

② 다양한 고객층 공략

블로그는 타깃 고객뿐만 아니라 잠재고객 모두에게 홍보할 수 있다는 장점이 있다. 타깃 고객과 잠재고객 모두에게 홍보하려는 제품과 서비스를 노출할 수 있는 채널이다.

③ 제품의 스토리 저장소

블로그는 기업의 일상, 제품이 개발되는 전 과정, 고객과의 에피소드, 다양한 제품 관련 정보 등 여러 콘텐츠를 꾸준하게 올리면서 기록할 수 있는 특징을 가지고 있다. 이러한 활동은 검색 매체에 활발히 노출되면서 자연스럽게 기업, 제품 및 서비스의 홍보 효과까지 이어질 수 있다. 따라서 블로그는 단편적인 광고보다는 생생한 제품의 뒷이야기와 현장의 소식을 전하는 적극적인 마케팅 공간이 되어야 한다.

④ 저렴한 비용

블로그는 비교적 비용이 적게 드는 채널이다. 타 채널의 경우 클릭 수에 따라 광고 비용이 발생하지만, 블로그는 무료로 운영할 수 있다는 장점이 있다.

(4) 단점

① 치열한 경쟁

블로그는 무료 홍보가 가능하므로 경쟁이 치열할 수밖에 없다. 기업, 개인, 남녀를 불문하고 누구나 쉽게 시작할 수 있는 만큼 경쟁은 치열할 수밖에 없다.

② 많은 시간 필요

블로그는 단기간에 원하는 홍보 효과를 거두기 어렵다. 많은 시간을 통해 고객과의 소통과 신뢰를 바탕으로 성장해 나가야 한다. 쌓인 신뢰는 검색 채널의 블로그 노출 횟수로 이어진다.

③ 지속적인 콘텐츠 운영

장기간에 걸쳐 블로그를 운영하기 위해서는 다양한 콘텐츠가 필요하다. 꾸준히 글을 올리고, 사진을 찍고, 동영상을 제작하는 등 콘텐츠 제작에 지속적인 공을 들여야 한다.

(5) 채널 운영 전략

① 명확한 콘셉트

블로그에 들어왔을 때 운영자가 어떤 사람이고, 어떤 상품과 서비스를 제공하는지 명확하게 알 수 있다면 블로그 마케팅의 목적을 조금 더 쉽게 달성할 수 있다. 상업적인 형태의 블로그를 고객들이 싫어한다고 생각해 일상 블로그 형태로 블로그를 꾸미는 경우가 있는데, 이런 경우 고객들은 이 블로그를 통해서 어떤 상품이나 서비스를 이용할 수 있는지 명확하게 인식하지 못해 콘텐츠만 소비하고 떠나게 된다. 블로그의 콘셉트를 표현하는 방법으로는 기본적으로 블로그의 메인 화면 디자인을 통해서 블로그의 정체성을 드러내는 것이 중요하고, 블로그 타이

틀, 프로필 닉네임과 글 제목 등으로 블로그의 주제를 적극적으로 표현하는 것이 중요하다.

② 양질의 콘텐츠

블로그에는 고객에게 제품과 서비스를 홍보하는 글뿐만 아니라, 홍보를 뒷받 침해 줄 수 있는 정부와 기업의 스토리 콘텐츠를 함께 올려주어야 한다.

어떤 콘텐츠를 올려야 고객이 브랜드를 신뢰하고 호감을 느낄 수 있을지 고민 하는 것이 중요하다. 물론 블로그 운영 초기에는 포스트 작성 등이 익숙하지 않 아 전문성 있는 콘텐츠를 올리기 부담스러울 수 있다. 처음에는 자기소개나 일상 에서의 경험을 편안하게 올리면서 블로그에 익숙해진 다음, 점점 블로그 주제와 관련된 전문 정보와 양질의 홍보 콘텐츠를 통해 전문 블로그로 확장하는 것이 중 요하다.

③ 활발한 소통

블로그는 주로 고객들이 검색을 통해서 찾아오는 검색 마케팅 채널이지만, 이 웃 활동을 하며 저극적으로 고개을 발굴할 수도 있다. 꼭 타깃층이 아니더라도 일반 블로거들과 댓글을 주고받으며 활발히 소통하는 모습은 고객에게도 좋은 인 상을 남긴다. 블로그의 소통 활동은 블로그를 활성화시키고 검색 상위 노출에도 영향을 주는 요소이므로 꾸준히 블로그 이웃을 늘리고 소통할 수 있도록 노력해 보자.

④ 긍정적 후기 양상

블로그 마케팅의 궁극적인 목적은 고객이 우리 제품이나 서비스와 관련된 키 워드를 검색했을 때 브랜드에 대한 긍정적인 콘텐츠가 풍부하게 검색되어 매출로 이어진다. 이때 운영하는 블로그에 올린 콘텐츠뿐 아니라 실제 고객이나 블로거 들의 후기가 올라와 있다면 마케팅 효과가 더욱 커진다. 운영하는 블로그를 활용해 브랜드 노출을 어느 정도 완성했다면 구매 고객이나 블로거들을 활용한 후기 콘텐츠에도 신경을 써야 한다. 타깃 고객층인 블로거들과 꾸준히 소통하며 활동 해왔다면 자체 블로그에서 이벤트를 열어 직접 체험단을 모집하고 생생한 후기 콘텐츠를 만들어낼 수 있다. 그 외에도 실구매 고객이 참여할 수 있는 이벤트를 열 수도 있다.

3) 페이스북

(1) 개요

페이스북은 다양한 소셜 미디어 중에서도 가장 사용 인구가 많은 미디어 중 하나이며, 상업적인 활용 방안에 대한 기업들의 관심도 매우 높다. 그러나 기업이 마케팅 도구로 페이스북을 활용하기 이전에 페이스북에 대한 기본적인 이해를 바탕으로 한 사전 준비가 필요하다.

우선 페이스북 운영의 첫 시작은 개인 계정의 페이스북이 아닌 기업 계정을 여는 것이다. 최초로 페이스북에 가입하였을 경우, 기본값은 개인용 타임라인 (timeline: 게시 글을 작성하는 양식)이 자동으로 배정된다. 그러나 개인용 타임라인은 개인의 비상업적 용도로 사용이 제한되어 있다. 페이스북이 마케팅을 위해 제공하는 다양한 기능을 제약 없이 모두 사용하기 위해서는 페이스북 페이지 (Facebook Page)라는 상업용 타임라인을 개설하여야 한다.

(2) 페이스북 페이지

페이스북 페이지는 개인용 계정과 유사해 보이지만 복수의 관리자를 지정할 수 있으며 유입되는 트래픽을 위한 분석 도구인 인사이트, 기업정보 제공 페이지, 구인활동 지원, 광고를 집행할 수 있는 도구들을 추가로 제공한다. 페이스북 페이지는 개인 계정의 로그인 상태에서 '페이지 개설' 버튼을 누르는 것만으로도 손쉽게 개설할 수 있다.

개설하는 페이스북 페이지 이름은 그 자체로도 하나의 브랜드 역할을 수행하고 있다. 그렇기 때문에 짧고, 강렬하고, 차별성이 있어야 하는 좋은 브랜드 네이밍의 규칙들이 페이지 이름에도 그대로 적용된다.

페이스북을 통하여 광고를 집행할 때, 광고의 헤드라인에 들어갈 수 있는 글자 수에 제약이 있으므로, 지나치게 긴 이름은 나중에 광고 문구를 제작할 때 장애 요인이 될 수 있다. 또한, 페이스북과 같은 소셜 미디어들은 초기 리드(lead)[1] 창출에 적합한 미디어 특성이 있으므로 화면 좌측 사이드바에서 제공하는 기업 정보에는 기업의 주소, 전화번호, 이메일, 홈페이지 등 관심 고객이 눈여겨볼 정보들을 정확하게 기재하여야만 한다.

상세 정보에 포함되는 소개 내용 역시 검색 엔진 최적화(search engine optimization, SEO) 관리에 유리하다. 키워드를 선정하여 채워야만 한다. 페이지의 첫인상을 결정하는 대표 사진을 고려하여 고품질의 적정 사진이 선정되어야 한다. 이런 점들이 고리 페이지는 기업의 홈페이지나 블로그에 연동될 수 있도록 공유 버튼을 제공하는 것도 중요하다. 한 기업 혹은 브랜드가 복수의 사이트나 소셜 미디어에 빈번하며 이들 사이트 간의 유기적인 연동성은 보장되어야 한다.

(3) 장점

① 다양한 콘텐츠 지원

소셜 미디어 플랫폼에 따라 특정 콘텐츠만 지원하는 경우가 많다. 하지만 페이스북은 다양한 콘텐츠 형식을 지원하고 있다. 텍스트와 이미지, 텍스트와 동영

---

1) 리드(Lead)란 무엇일까? 한 단어로는 '잠재고객'를 의미하고, 조금 더 살을 붙이자면 '내 상품이나 서비스에 관심이 어느 정도 있어서, 기꺼이 일정 수준의 정보를 주는 잠재고객'을 의미한다. 여기서 말하는 일정 수준의 정보란 보통 이메일 주소, 핸드폰 번호 같은 연락처를 의미한다.

상, 또는 이미지 슬라이드와 슬라이드쇼 등 여러 가지 콘텐츠 형식 요소들을 복합적으로 사용하여 광고 콘텐츠를 제작할 수 있다. 페이스북 광고는 다양한 콘텐츠 형식을 지원하기 때문에 광고하는 비즈니스와 브랜드에 구애받지 않으며, 제품의 가치를 더 효과적으로 표현할 수 있는 장점이 있다.

② 저렴한 비용

페이스북 콘텐츠의 노출은 투자 비용과 광고 품질 지수에 따라 결정된다. 페이스북 광고 규정에 따르면 광고 품질을 결정짓는 요소에는 광고 소재의 적합성과 체류 시간, 클릭률, 이탈률 등의 기본 요소에 좋아요, 이모티콘, 댓글, 공유 등의 인터랙션 요소가 추가된다. 방문자의 반응을 유도할 수 있는 고품질 콘텐츠를 제작하면 비교적 저렴한 비용으로도 효율적인 페이스북 광고를 운영할 수 있다.

③ 네이티브 광고

네이티브 광고는 '광고 같지 않은 자연스러운 광고'를 말한다. 실제로 페이스북 광고는 뉴스 피드에서 쉽게 발견할 수 있는 일반적인 콘텐츠와 큰 차이가 없다. 페이지 이름 아래에 희미한 폰트로 기재된 'Sponsored'라는 문구만이 해당 콘텐츠가 광고성 콘텐츠라는 것을 드러내고 있을 뿐이다. 또 광고성 콘텐츠는 5~6개의 일반 콘텐츠 사이에 무작위로 하나씩 껴서 노출되기 때문에, 대부분의 페이스북 이용자들은 뉴스 피드를 넘기며 광고 콘텐츠와 일반 콘텐츠를 분간하기 어려워하며, 굳이 구별하려 들지 않는다.

자연스러운 광고를 통해 고객의 광고에 대한 거부감을 줄일 수 있고, 다른 채널에 비해 효과적인 반응률을 보일 수 있다.

④ 타기팅 가능한 광고

페이스북 광고는 원하는 고객층을 골라서 마케팅할 수 있는 타기팅 기능이 있다.

페이스북의 타기팅 유형으로는 핵심 타깃, 맞춤 타깃, 유사 타깃이 있다.

핵심 타깃은 일반적인 페이스북 회원의 연령, 성별, 언어 등 인구통계학적 데이터를 기반으로 하는 타기팅 기능을 의미한다. 이외에도 직장 등의 정보나 특정 그룹, 페이지를 '좋아요'한 행동적인 데이터를 기반으로 한 타기팅이 가능하므로 잠재고객을 어떻게 설정하느냐에 따라 다양한 방식의 접근이 가능하다.

(4) 채널 운영 전략

① 강력한 콘텐츠

다른 사람들에게 공감을 불러일으키고 유용한 콘텐츠가 아니면 의미가 없다는 말이다. 개인 계정과 페이지에 적합한 콘텐츠는 성격이 조금 다르다.

개인 계정이 일상 위주로 소통하는 영역이라면, 페이지는 팬들에게 유용한 정보를 제공하는 것이 목적이어야 한다. 강력한 콘텐츠는 포스팅을 보고 다른 사람들이 자진해서 다른 사람들에게 공유하게 만드는 콘텐츠를 말한다. 타깃층과 전혀 관계 없는 콘텐츠를 많이 올리는 것도 좋지 않다. 일관성 있고 유익한 정보와 사진을 꾸준하게 제공해야만 페이스북 마케팅에 성공할 수 있다.

② 분명한 페이지 성격

페이지를 제작하는 방식은 중요하지 않다. 페이지의 성격에 맞는 콘텐츠를 지속적으로 포스팅하는 것이 중요하다. '좋아요'를 위한 페이지보다는 마케팅 콘셉트에 맞는 콘텐츠를 구성하는 것이 중요하다.

4) 인스타그램

(1) 인스타그램 개요

2010년 처음 서비스를 시작한 인스타그램(Instagram)은 단순한 이미지 편집 기능 중심의 앱으로 시작하였으며, 그 후 빠르게 성장하였다. 인스타그램은 즉석카메라(instant camera)와 전보(telegram)의 합성어이며, 케빈 시스트롬(Kevin Systrom)이 사진 꾸미기를 좋아하던 여자친구를 돕기 위하여 처음 만들었다. '세상의 모든 순간을 포착하여 공유한다'라는 감성적인 슬로건을 가지고 있다.

특히 2014년 페이스북이 인스타그램을 인수한 이래 수억 명의 사용자들은 인스타그램이 제공하는 다양한 필터와 엑자 기능을 활용하여 일상적인 사진들을 추억과 의미가 깃든 콘텐츠로 변모시킨 후 타인과 공유해 왔다. 기업의 브랜드나 상품들도 인스타그램을 통해 새로운 고객들을 만나고 광고할 기회를 얻게 되었다. 최근까지 인스타그램의 기능은 속속 강화되고 있으며 다양한 인스타그램 앱, 다이렉트 메시지 최대 60분 길이의 동영상 포스팅이 가능한 인스타그램 TV(IGTV), 쇼핑태그 및 결제 시스템을 활용한 전자상거래 지원 기능이 속속 부가되고 있다.

인스타그램은 레스토랑, 뷰티, 패션 등 백문이 불여일견인 체험이나 경험 중심의 상품 카테고리에서 특히 강세를 보이며, 많은 사용자의 열렬한 지지를 받고 있다. 사용자들은 인스타그램에 개인적 관심사를 결합한 새로운 신조어 해시태그를 만들어내면서, #럼스타그램, #먹스타그램, #멍스타그램, #캣스타그램 등 수많은 소셜 미디어 신조어를 만들어내기도 하였다. 또한, 인스타그램 마케팅에 대한 적절한 이해와 전략 수립은 Snapchat(www.snapchat.com) 등 유사한 사진 공유 기반 서비를 활용하는 때도 손쉽게 확장되어 적용될 수 있다.

(2) 인스타그램 프로페셔널 계정

인스타그램도 개인 계정과 별도로 비즈니스 계정을 제공하고 있다. 최초 가입 시 기본은 개인 계정으로 가입되지만, 언제든 설정의 계정 메뉴를 이용하여 비즈니스 계정으로 전환할 수 있다. 가능하면 비즈니스 계정으로 전환해서 이용해야 하는 이유는 비즈니스를 설명하는 구체적인 프로필을 추가할 수 있고, 사용량 통계를 분석해 주는 인사이트 기능의 이용, 홍보하기 기능, 쇼핑태그를 이용한 전자상거래 숍 운영이 가능해지는 등 유용한 기능들이 추가되기 때문이다.

비즈니스 계정으로 전환하기 위해서는 반드시 스마트폰의 인스타그램 앱에서 개인 프로필 화면 → 설정 → 계정 → 프로페셔널 계정으로 차례로 전환을 진행하면 된다.

다른 소셜 미디어들과 다르게 인스타그램은 PC용 화면에서는 직접 포스팅을 할 수 없도록 제한을 걸어 놓거나 설정 화면 메뉴 자체에 차이가 있는 등 모바일 버전과 PC 버전에 차이가 크기 때문에 관리와 이용 역시 기본적으로는 모바일 버전으로 진행하는 것이 더 편리하다.

(3) 인스타그램 활성화 방안

수많은 기업이 인스타그램을 마케팅 수단으로 활용하고 있지만, 그중에서도 성과를 거둔 기업들의 공통점은 인스타그램이 페이스북이나 트위터 같은 다른 소셜 미니어들과는 다르다는 점에 주목하고 이에 기반을 둔 독특한 마케팅 전략을 전개하였다는 점이다. 여타 소셜 미디어와 다르게 인스타그램은 하나의 대중문화적 현상으로 자리 잡게 되었으며, 인스타그램의 헤비 유저들은 자신을 단순한 사용자가 아니라 감성이 풍부한 예술인으로 자각하고 그에 걸맞은 대접을 바라는 경향이 있다. 이들은 무분별하게 많은 수의 셀카 사진이나 풍경 사진을 올리기보다는 전하고자 하는 이야기에 가장 적합한 게시물이 되도록 적절한 TPO(time, place, occasion)의 사진이나 동영싱을 선별하고, 정성스럽게 편집히여 꾸미는 수고를 마다하지 않으며 이런 과정들에 자부심을 느끼고 있다. 자신들이 올린 사진과 동영상에 대한 칭찬과 좋아요의 클릭, 구독자 증가는 이에 대한 보상으로 생각한다.

이런 차이점은 사업의 관점에서 기업들에 큰 시사점을 준다. 인스타그램을 활용한 마케팅을 기획하는 기업들은 단순하게 자사의 상품과 서비스를 홍보하거나 판매하는 노골적인 창구로 이용하기보다는 기업이 얼마나 긍정적이며 감성적인 방식으로 세상을 바라보고 있는지, 타인의 창의성과 아이디어를 얼마나 존중하고 있는지를 보여주는 것을 목적으로 삼는 것이 더 적절할 수 있다.

기업과 고객이 감성적 교감을 나누고, 브랜드에 대한 영감을 나누는 데 좋은 의 도구인 것이다. 그 결과 인스타그램 마케팅은 더욱 감성적 접근과 섬세한 준비과정이 필요하다. 이런 특징은 다소 즉흥적이며 즉각적인 게시물을 올리는 트위터나 상품 판매 등 상업적 의도를 가감 없이 드러내기 쉬운 페이스북 페이지와의 두드러진 차이점이기도 하다.

- 텍스트, 스토리텔링보다도 사진이나 동영상이 주는 직관적인 감성의 중요성이 큰 만큼 인스타그램의 성패는 인상적인 사진을 게재하느냐 여부에 달려 있다고 해도 과언이 아니다. 이런 목적에 적합한 사진은 어떤 사진이 되어야 하는가? 이에 대한 조언으로, 지나치게 원본 사진을 왜곡시키는 부자연스러운 필터 사용은 반감을 일으킬 수 있음에 주의해야 하며, 사진에 브랜드를 노출시킬 때는 노골적인 방식보다는 상품 간접광고(PPL)에서 보듯이 다소 은밀하고 우회적으로 노출하는 것이 더 효과적이다.

- 관련된 사진 역시 상표 정체성이나 브랜드 개성(personality)을 잘 보여주는 사진을 선택해야만 한다. 상품의 사진 역시 상품 자체의 성능이나 사양을 보여주는 직설적인 것보다는 사용자가 경험하는 순간을 포착하는 방식이 필요하며, 향후 노출 가능성을 고려한 적절한 해시태그의 사용은 필수이다. 특히 인스타그램 등 최근 소셜 미디어는 해시태그를 중심으로 콘텐츠를 검색하고, 특정 사람이 아닌 특정 해시태그를 팔로우하는 것이 허용됨을 적극 이해할 필요성이 있다.

5) 트위터

(1) 트위터 개요

트위터는 타 소셜 미디어들보다 '대화'한다는 성격이 한층 두드러지게 강하다. 한 트윗(tweet: 게시글)당 사진과 비디오를 입력할 수도 있으며 문자 입력도 가능한 멀티미디어이지만, 처음 출발할 때부터 짧은 단문을 통한 대화가 가장 눈에 띄는 점이었다. 상호 간에 대화하는 느낌이라는 장점 때문에 홍보 및 브랜드 관리, 고객과의 상호작용을 원하는 기업은 물론이고 팬들과 소통을 원하는 유명인이나 셀럽, 정치인 등에 의하여 인기리에 사용되고 있다.

(2) 트위터 비즈니스 계정

트위터를 효과적으로 사용하기 위해서는 트위터의 기본 프로파일(profile) 정보를 충실히 작성하는 것이 시작이다. 프로파일은 트위터 URL 주소의 일부가 되며 타인의 트위터와 구분짓는 수단이 된다는 점에서 기업의 대표 브랜드와 같은 역할을 한다.

비록 트위터에서 프로파일 이름을 수시로 바꾸는 것을 허용하고는 있지만, 잦은 변경은 이용자가 주소를 기억하고 전파하는 데 불리하기 때문에 처음부터 바꿀 필요가 없는 세심한 작명이 필요하다.

트위터 계정을 소개하는 바이오(bio) 정보도 개설 목적과 기업 정보의 전달이 적절하도록 작성해야 하며, 프로파일 대표 이미지가 되는 사진은 기업의 브랜드나 그 정체성이 잘 드러나는 사진을 선택해야 한다.

비상업용 개인 계정일 경우에는 자신의 긍정적인 면모가 잘 드러난 실제 사진을 사용하는 것이 좋다. 실제로 트위터상에서는 사진이 없는 계정보다 친근한 미소의 사진이 있는 계정이 더 환영받는다고 한다. 특히 2014년부터 트위터는 전체 페이지의 상단에 헤더 이미지를 허용하여 기업이나 개인에 맞는 맞춤 이미지 활용이 가능해졌다. 트위터가 사진, 이미지보다 글의 중요성이 강조되지만, 첫인상의 중요성을 간과할 수는 없다.

(3) 트위터 활성화 방안[2]

① 짧은 문장인 만큼 작성에 더 큰 정성을 들여야 한다. 맞춤법, 띄어쓰기 등은 기본이며, 영문 트윗의 경우는 문맥에 더욱 주의할 필요가 있다. 문장의 재검토가 필수지만, 특히 영문 트윗의 경우에는 그라말리(grammarly: https://app.grammarly.com), 징거(ginger) 등 영문법 감수 프로그램들이 기초적 실수를 예방하는 데 도움을 준다. 또한 최근 트위터가 허용하는 글자 수를 기존의 트윗당 140자에서 280자의 두 배로 늘리면서 글자 수가 제한을 초과하는 경우는 줄어들었지만, 너무 긴 글은 트위터의 이용자가 선호하지 않을 수 있다.

② 트윗의 포스팅 주기에 대한 고려가 필요하다. 트윗이 너무 드물게 올라오면 관심을 끌기 어렵지만, 너무 잦은 트위터는 스팸으로 취급받거나 성가시게 여겨질 수 있다. 하루 몇 개의 트윗이 적절한지에 대해서는 확정될 수 없으며 상품 및 방문자 특성에 따라 달라질 수밖에 없다. 그러나 별다른 내용도 없으면서 스팸처럼 양산되는 내용은 피해야 한다. 또한 트윗 포스팅을 올리는 시간은 목표 고객의 특성이 고려되어야 한다. 직장인이라면 근무시간보다는 출퇴근시간대나 야간에 올리는 것이 효과적일 수 있다.

③ 트윗은 하루에 수차례 이상 자주 업데이트되며, 이용자 역시 불특정 시간에 짬깐 틈을 내어 보기 때문에 중요한 정보나 가치있는 글이 새로운 글에 가려서 노출되지 않는 아웃데이트(outdate) 현상이 자주 발생한다. 이를 예

---

2) https://sooupforlee.tistory.com/entry/Chapter-04

방하기 위해서 같은 글을 다시 트윗하는 것도 중요한 트윗 마케팅의 일환
이다. 다만, 이미 그 트윗을 읽은 방문자가 존재할 수 있기 때문에 리트윗
하는 글은 글의 제목이나 사진, 문체 등을 조금씩 변형한 후에 올리는 것
이 필요하다.

④ 해시태그(#)를 적절하게 활용하라. 다른 소셜 미디어에서와 마찬가지로 트
위터에서도 해시태그를 이용하여 자신의 글을 유사한 주제 그룹으로 묶이
게 하거나, 글의 키워드를 강조할 수 있다. 해시태그는 짧을수록 강력하며,
주 방문자들이 관심 있는 키워드를 반영해야 한다.

⑤ 중요 트윗은 상단에 고정하라. 모든 트윗은 시간순으로 상단부터 노출되지
만, 데스크톱(desktop) 트위터의 경우 게시글 메뉴의 '내 메인에 올리기' 기능
으로 고정할 수 있다. 브랜드의 정체성 선언, 다가오는 주요 이벤트 및 행사,
기타 중요 홍보자료는 일정기간 상단에 고정 노출하는 것이 효과적이다.

⑥ 멘션(@)이나 다이렉트 메시지(쪽지) 응답 시 인간적 면모를 보여라. 고객이
나 타인으로부터 멘션(@)을 받았을 때 즉각적으로 응답하며, 상대방을 배
려하고 있다는 느낌을 제공하는 것이 시작이다. 이런 배려는 상대방에게
만족과 감동을 주게 되며, 브랜드 충성도를 제고시킨다. 특히 대기업의 경
우 너무 많은 방문자 접대의 어려움으로 인하여 적절하게 멘션에 대한 감
사를 표하지 않는 것은 개선이 필요하다. 특히 고객님과 같은 형식적 호칭
보다는 상대방의 이름을 직접 언급하는 답변이 더욱 인간적인 분위기를 풍
긴다. 쪽지 메시지 역시 동일한 관리가 필요하다.

⑦ 트위터의 검색 기능을 활용하여 잠재고객을 적극적으로 찾아내라. 그리고
그들과 관계를 구축하라. 트위터 검색창에 기업의 명칭, 브랜드, 상품명 등
을 입력하면 이를 언급한 수많은 트윗과 게시자들을 검색해 낼 수 있다.
이들을 찾아내어 먼저 감사의 글을 올리거나 적절한 트윗을 달아준다면 감
동시킬 수 있을 것이다. 이 검색 기능은 역으로 경쟁사의 고객을 확인하고,

이탈한 고객을 탈환하기 위한 목적으로도 효과적인 이용이 가능하다. 기업과 경쟁 중인 기업이나 제품명을 검색한 후, 이들을 대상으로 할인쿠폰, 프로모션 참가 등 특별한 제안을 선제적으로 제공할 수 있다. 상대 기업이 트위터에 대한 관심이 낮다면 자신들의 고객이 이탈하는 이유조차 모를 것이다. 이 전략은 특히 소수의 고객이 큰 매출을 창출하는 B2B 사업에서 유용한 방법이나.

⑧ 새로운 유입 방문자에 대한 특별한 감사를 보내라. 멘션 혹은 쪽지 등의 기능을 활용할 수 있으며, 소수인 경우에는 새로운 방문자를 환영하는 트윗을 주기적으로 업데이트할 수 있다.

⑨ 트윗 글에 어울리는 적절한 사진과 동영상은 리트윗(retweet)될 가능성이 크다. 다른 곳에서 보기 힘든 독창적인 사진을 중심으로 올리는 것이 필요하다. 기업의 신제품이나 광고 메이킹 사진이나 영상 등은 해당 기업이 가장 많은 정보 원천을 독점적으로 가지고 있기 때문에 쉽게 차별화할 수 있다. 신제품의 티저, 광고 촬영 장면, 광고 모델의 일거수 등 독특한 브랜드 관련 연상 이미지들을 발굴하여 트위터에 활용하면 희소성으로 인하여 그 트윗은 다시 리트윗될 가능성이 크다. 콘텐츠의 오리지널리티(originality)를 적극 활용하자.

⑩ 트위터 기반의 소비자 콘테스트를 개최하라. 트위터의 글을 리트윗하거나 퀴즈 등에 응답하도록 요청하는 촉진 프로모션도 쉽게 할 수 있다. 다만 콘테스트가 큰 인기 속에 개최되고 있다는 인상을 방문자에게 주는 것이 행사 홍보에 효과적이므로 개인적 상호작용인 쪽지를 이용한 프로모션은 효과성이 떨어진다. 트위터 방문자에게 할인 쿠폰이나 할인 코드 등을 제한적으로 제공하는 프로모션도 가능하다.

⑪ 오프라인 모임으로 확장하라. 트위터의 팔로워들에게 현장 오프라인에서 만날 수 있는 이벤트나 모임의 기회와 참여 동기를 제공하라. 이들은 기업

의 지원과 후원 아래 모임 행사를 진행하면서 브랜드 로열티가 상승될 것이며, 모임 그 자체도 하나의 중요한 콘텐츠로 다시 소셜 미디어 마케팅의 주요 소재, 사진, 스토리로 활용할 수 있다.

3 콘텐츠 마케팅[3]

콘텐츠 마케팅이란, 콘텐츠와 마케팅의 합성어로 콘텐츠를 활용해 브랜드, 상품 또는 서비스에 대한 관심을 유도하는 활동으로 정의할 수 있다. 콘텐츠가 플랫폼 생태계를 작동시키는 주축이라는 의견이 다수이긴 하나, 콘텐츠가 각광받는 이유는 따로 있다.

1) 콘텐츠가 각광받는 이유

콘텐츠가 가진 힘을 살펴보면 우리가 왜 콘텐츠에 집중해야 하는지 알 수 있다.

① 첫 번째는 '유입 효과'이다. 디지털에서 마케터가 겪는 고충 중에 가장 큰 비중을 차지하는 것은 바로 '스킵(skip)'과의 전쟁이다. 유튜브에 광고를 올렸는데, 5초가 끝나기도 전에 스킵당해 소비자의 시야에서 사라졌다든가, 상품 추천 알고리즘에 걸리게끔 키워드 세팅을 했는데 고객으로부터 차단당했다든가, 공들여 유튜브TV를 개설해 놓았는데 신규 방문자가 없다든가 하는 일이 모두 디지털 스킵이다. 디지털에서는 이런 일이 비일비재하게 일어난다. 그렇다 보니 마케터는 스킵과의 전쟁에서 살아남기 위해 콘텐츠라는 무기를 잘 사용해야 한다. 콘텐츠는 시선을 사로잡고, 타깃이 저절로

3) 소비자평가(2021. 09. 24), http://www.iconsumer.or.kr/news/articleView.html?idxno=21697

모이게 하고, 자생적으로 유통시키는 효과를 갖기 때문이다.

② '관계 형성'이다. 일찍이 1996년에 빌 게이츠는 콘텐츠를 '왕(Content is King)'에 비유하면서 콘텐츠 파워에 주목한 바 있다. ICT산업이 발전되고 미디어 환경이 더불어 진화할 때마다 콘텐츠의 중요성은 같은 맥락으로 반복되어 왔다. 그로부터 17년 뒤인 2013년에 미국의 SNS 마케팅 전문가인 마리 스비스는 콘텐츠의 힘을 관계에 집중해서 설명했다. "콘텐츠는 킹이다. 그러나 이로 인해 형성되는 관계는 여왕이다. 그리고 집을 지배하는 건 여왕이다"라는 표현을 사용함으로써 디지털 생태계에서 콘텐츠가 가진 입지를 명확히 설명했다. 디지털에서 콘텐츠는 기업과 소비자 간에 끈끈한 관계를 맺을 수 있게 도와주는 최전방의 무기이다. 네트워크로 이루어진 디지털에서 '좋아요'와 '구독'만큼 강력한 홍보 활동이 없다는 것을 우리 모두는 알고 있다.

③ '판매 촉진'의 힘이다. 디지털 콘텐츠는 오프라인에서 콘텐츠를 생산하고 유통하는 방식과 다르다. 과거에는 '좋아요'나 '공유'같이 관계성에 기반을 둔 콘텐츠의 효과에 주의를 기울였다. 하지만 최근에는 플랫폼 안에서 놀고 구매하는 것이 동시에 일어나다 보니 공감을 일으키면서도 판매를 유도할 수 있는 쇼퍼블 콘텐츠(shoppable contents) 제작에 힘을 기울이는 추세이다. 많은 디지털 기업들은 무작정 판매를 앞세우지 않는다. "영상 품질이 떨어지더라도 많은 사람들이 공감한다면 좋은 콘텐츠예요. 공감이 판매를 만들거든요"라는 블랭크 코퍼레이션 대표의 이야기는 공감을 등에 업은 콘텐츠의 힘을 입증한다.

2) 콘텐츠를 마케팅에 활용하는 방법

① '제품' 이상으로 '이야기'를 펼쳐라

이야기는 사람을 끄는 힘이 있다. 우리는 주인공의 매력에 빠져 그가 펼치는 기승전결의 스토리를 따라가며 어느새 그의 곁에 머문다. 디지털에서 역시 이야기는 먹힌다. 그동안 기업이 해왔던 이야기는 제품을 주인공으로 삼아 얼마나 멋진 기능과 스펙을 갖췄는지 내세우는 것이었다. 브랜드를 붙여 소비자가 추구하는 가치와 라이프스타일을 접목하기도 했지만, 이때의 스토리텔링은 여전히 제품을 무엇보다 멋진 쇼윈도 안의 마네킹으로 만드는 일이었다. TV 광고로 멋진 이미지를 반복 학습시키거나, 흥미를 돋우는 디지털 영상으로 고객의 시선을 사로잡는 것도 잠시뿐이다.

무엇이 필요할까? 제품 이상의 것이 필요하다. 세상에 이야기만큼 다채로운 것이 없는데, 그동안의 마케팅은 제품이라는 제한적인 소재를 우려먹기에 바빴다. 제품 이면의 것을 볼 수 있는 혜안과, 제품 이상의 것을 찾을 수 있는 감각이 필요하다. 제품의 '혜택'이 아닌 '가치'에 집중하게 되면 이야기는 무궁무진해진다. 콘텐츠를 활용할 기업이 고민해야 할 것은 '우리 제품을 통해 어떤 가치를 전달할 것인가'이다.

가치가 승전고를 가져오는 사례는 예로부터 많았다. 면도기 시장에서 독보적 지위를 갖고 있는 120년 전통의 '질레트'가 면도기를 직접 만들지도 않는 8년차의 신생 스타트업 '달러 쉐이브 클럽'에 휘청이는 것도, '면도날 구독'이라는 새로운 가치가 확고한 듯 보였던 시장을 단숨에 움직였기 때문이다. 최고의 제품이 전부가 아니라는 교훈이다. 소비자를 움직이는 힘은 가치에서 나온다.

뷰티 브랜드 콘텐츠 커머스 기업인 '위시컴퍼니'는 무엇보다 화장품을 잘 알고, 잘 만들고, 잘 파는 회사이다. 특히 디지털에서 말이다. SNS에서 브랜드의 가치를 알아주는 소수의 마니아들이 비즈니스에 막대한 영향을 끼친다는 것을 일찌감치 깨닫고, 브랜드의 철학과 가치관을 중심으로 고객들과 소통하는 일을 무엇보다 중요하게 여겼다. 특히 MZ세대들이 사회적 이슈들에 대해 기업이 어떻게 대응하는지를 알고 싶어하고, 반응하고 싶어하고, 함께하고 싶어한다는 점에 집중했다. '포지티브 뷰티(Positive Beauty)'의 철학을 기반으로 자신만의 뷰티 세계관을 만들어 고객과 소통하는 기업이 되기를 희망한다.

　제품이 아닌 가치를 넘어, 이제는 세계관이 먹히는 시대이다. 세계관 마케팅으로 새로운 바람을 불러일으키고 있는 '스튜디오좋(studiok110.com)'은 "모든 브랜드는 이미 세계관을 가지고 있다"는 철학 아래 업무를 진행한다. 디지털 콘텐츠는 하나의 영상으로 끝나는 것이 아니다. 이들은 기업의 DNA에서 세계관의 실제를 만들어가며 콘텐츠를 기획하고, 제품과 서비스를 소재로 브랜드가 가진 철학, 가치, 미션을 실재하는 세상으로 구현시킨다. 소비자는 브랜드 세계관이 펼쳐진 디지털 공간에서 우리의 기승전결의 서사를 따라 기꺼이 몰입하며 즐겁게 참여한다.

② 시작은 이야기이나, 끝은 '디지털 놀이터'이다

　이야기는 사람들을 묶어두는 힘이 있다. 1편, 2편에 그치는 것이 아니라 16부작 시리즈물을 모두 보게 만드는 힘은 이야기에서 나온다. 주인공의 스토리는 말을 거는 시작에 불과하고, 이야기를 전개하는 목적지에는 청중들의 머리와 가슴에 나의 이야기를 계속 살아 숨쉬게 만드는 관계 맺기가 존재한다. 어떻게 하면 콘텐츠를 가지고 고객과 관계를 맺을 수 있을까? 디지털에서 이야기를 가지고 노는 방법이 있다. 이야기에 빈 구석을 만들어 놓는 것이다. 빈 구석을 소비자가 채울 수 있도록 다양한 장치들을 활용하여 우리의 시나리오를 함께 완성시켜 나간다.

　최근 손쉽게 사용하는 장치는 게이미피케이션, 성격 테스트, 밈 챌린지, 인증, 댓글리케이션 등의 마케팅 도구들이지만, 가장 몰입도를 높이면서 브랜드의 팬을 양산시킬 수 있는 것으로 '세계관'을 꼽을 수 있다. 세계관을 마케팅적으로 활용한 사례는 엔터 산업이 대표적인데, 녹보적인 세계관으로 성공 가도를 달리고 있는 것은 방탄소년단의 '자아 찾기'라는 성장 서사의 세계관이다. 세계관은 영미 팝 시장에는 없었던 국내 아이돌 그룹이 가진 특성이라고 하니, K팝이 독보적인 지위를 획득하게 된 데는 '세계관' 마케팅이 자리 잡고 있다고 해도 과언이 아닐 성싶다. 세계관을 본격적으로 도입한 엑소(초능력)를 시작으로, 에이티즈(자아의 발견), 피원하모니(인류구원), 고스트나인(지구공동설) 등 이제는 필수 코스가 되어버린 세계관을 두고 아이돌 기획사는 스토리텔링 팀을 따로 두고 있을 정도이다.

아이돌 그룹의 세계관은 두 가지 역할을 한다. 하나는 경쟁이 치열한 아이돌 세계에서 '독보적인' 콘텐츠로 거듭날 수 있도록 해주는 주춧돌이 되고, 다른 하나는 팬들에게 '우리끼리' 아는 이야기에 대한 소속감을 강화하여 팬덤을 형성하는 시드(seed)로 작용한다. 실제로 세계관은 보통 3부작 시리즈 구조로 기획되는데, 1편은 〈흥미 유발〉, 2편은 〈퍼즐 맞추기〉, 3편은 〈새로운 이야기의 발견〉이라는 흐름으로 팬들을 더욱 깊숙이 끌어들인다. 이들은 스토리를 파편으로 쪼개 '떡밥'이라는 이름으로, 뮤직 비디오, 앨범 재킷, SNS 채널 등의 주요 접점에 팬들의 놀잇감으로 뿌려 놓는다. 팬들에게 던져진 떡밥은 곧장 2차 콘텐츠의 생산으로 연결된다. 과거의 브랜드 아이덴티티가 고객의 머릿속에서 '멋진 이미지'로 자리 잡았다면, 세계관은 팬들 사이에서 '강력한 스토리'로 뿌리내리는 것이다.

보았는가. 스토리가 어떻게 작동되어야 하는지를. '빙그레우스더마시스 왕자'를 B급 감성으로만 보기 어려운 것도, '김갑생할머니김'의 행보가 심상치 않아 보이는 것도 모두 콘텐츠를 완성시키는 데 팬들이 역할을 하고 있기 때문이다. 팬들의 환호는 '믿고 보는'이라는 콘텐츠의 퀄리티를 보증해 주고, '지금 핫한'이라는 콘텐츠의 위상을 드높여준다. 오늘날의 소비자는 단순히 보고 즐기는 것뿐만 아니라, 소통이라는 방법으로 함께 놀며 영향력을 행사하고 싶어한다.

③ '나만의 톤앤매너'로 대제불가한 입지를 구축하라

앞서 제시한 제품 이상의 이야기나 디지털 놀이터를 만드는 데 있어서, 빠지면 안 되는 양념 같은 것이 있다. 바로 나만의 '톤앤매너(tone & manner)를 유지하는 것이다. 제품은 '차별점'을 찾는 것이 중요하지만, 콘텐츠는 '독보적인 콘셉트'를 갖는 것이 무엇보다 중요하다. 이는 브랜드 스타일로 풀러진다. 이는 우리 브랜드만이 갖추고 있는 우리만의 색채이다. 같은 이야기도 진중하게 하는지, 유머코드로 하는지, 센스있게 하는지에 따라 느낌이 다르고 캐릭터가 달리 설정된다. 이 캐릭터가 독보적인 매력의 근원이 된다.

콘텐츠를 마케팅에 쓴다는 것은 셀럽을 인플루언서로 붙이고, 인기 있는 웹툰을 제작하고, B급 감성으로 병맛 콘텐츠를 만들고, 소비자를 구원하는 세계관을 세팅하는 것 이상의 의미를 담고 있다. 이 모든 것들이 '우리의 스타일'로 풀려야 한다. 우리가 이야기하고자 하는 메시지와 여기에 호응하는 소비자의 참여가 〈스토리의 구조〉를 완성한다면, 우리의 톤앤매너는 〈스토리의 스타일〉을 결정한다. 이야기는 우리만의 톤앤매너를 거치며 매력으로 승화된다. 아무리 예쁜 외모를 갖춘 연예인이라 할지라도 사랑스러운 제스처나 정감 가는 어투가 가미되어 있지 않으면 여간해서 마음이 가지 않는 것과 같은 이치이다. 이것이 콘텐츠가 생명을 얻는 방법이다.

3) 콘텐츠 마케팅은 '기업과 세상을 연결짓는 일'

콘텐츠 마케팅을 하는 일은 생각보다 먼 곳에 있지 않다. 누구나 어디서든 바로 시작할 수 있는 일이다. 이 글을 쓰는 동안, 필자의 눈에 유독 두 개의 브랜드가 눈에 띄었다. 한 브랜드는 다음 달 초 코스피 상장을 예정하고 있는 독보적인 명품 핸드백 제조사 '시몬느(Simone)'이다. 시몬느는 세계 최대의 국내 명품 핸드백 메이커로, 세계적인 명품의 10%가 시몬느에서 제작된다. 본사 장인 366명의 핸드백 제조 경력을 합치면 6500년이란 어마어마한 업력이 나오는 글로벌 유일무이 회사이다. 핸드백 만들기에 40여 년의 인생을 쏟은 박은관 회장의 인생 스토리와 핸드백 이야기만 풀어내도 역사서 한 편은 족히 나올 듯하다. 장인과 명품에 대한 인식이 아쉬운 한국에서 쟁쟁한 명품 브랜드에 선택받는 명품 메이커가 되기까지 핸드백 장인들의 인생 이야기는 단순히 핸드백을 파는 것 이상의 가치로 고객들에게 전달될 수 있다. 제품에서 눈을 돌리면 우리가 발굴할 수 있는 스토리는 도처에서 얻을 수 있다.

또 다른 브랜드는 '코리아런드리(KLC)'이다. 코리아런드리는 기름 세탁의 한계를 극복하고자 물 세탁을 기반으로 세탁 라이프스타일에 새로운 바람을 불러일으키고 있는 세탁 솔루션 전문기업이다. 가정용과 상업용 런드리 서비스 외에 다양한 셀프 빨래방을 운영하고 있는데, 최근에는 빨래하는 시간을 즐겁게 만들어주는 '워시앤조이'와 복합 멀티 플레이스 공간으로 구성된 '런드리파크'에서 한 단계 더 나아가, 하이 퀄리티의 스타일과 품격을 보여주는 '어반런드렛'을 론칭하며 빨래를 생활문화로 격상시키는 새로운 라이프스타일을 선보이고 있다. 서경노 대표의 세탁 서비스에 대한 철학과 비전으로 세운 이 세탁문화 공간은, 어반런드렛을 다양한 이야기를 담을 수 있는 멋진 곳으로 만들기에 충분해 보인다. 이제 이 공간을 채울 것은 고객들의 세탁 이야기와 세탁을 둘러싼 우리들의 삶에 대한 이야기이다. 세탁 라이프스타일을 새롭게 선도할 코리아런드리가 해야 할 넥스트 스텝은 다양한 세탁 이야기를 소재로 한 새로운 생활문화에 대한 실체화이다.

디지털에서의 소비자는 어떤 이야기도 들을 준비가 되어 있다. 그들은 우리가 무슨 이야기를 들려줄 것인지, 어떤 판에서 자신들을 놀게 할 것인지, 그리고 무엇보다 매력적인 자태로 자신들에게 말을 걸어 올 것인지 끊임없이 고대한다. 디지털에서 콘텐츠 마케팅을 한다는 것은 '기업을 세상과 연결짓는 일'이나 다름없다. 제품 탄생의 배경에는 대표의 피, 땀, 눈물 어린 소망이 존재한다. 가슴으로 낳은 제품은 이들의 또 다른 자식이며, 혼을 담은 제품은 마치 예술품과 같은 가치를 품는다. 따라서 콘텐츠 마케팅은 마케팅 도구들을 써서 대표의 꿈과 소망을 소비자와 소통시키는 일과도 같다. 화두는 기업의 대표가 던졌지만, 세상에 던져진 이야기는 소비자들 사이에서 그들의 언어로 재해석되어 또 다른 의미로 퍼져 나가는 것이다. 세상에 존재하는 모든 제품이 구매와 소비의 순간에서 벗어날 때, 고객은 이들이 걸어오는 이야기에 귀를 기울일 것이다. 더 많은 제품들에 숨겨져 있는 보석 같은 이야기가 디지털 세상을 가득 메울 날이 오길, 필자는 설레는 마음으로 기다리고 있다.

4 2022년 소셜 미디어 마케팅 트렌드 17가지[4]

1) 점점 거대해지는 틱톡(TikTok Will Become Huge)

인스타그램이 여전히 많은 사랑을 받고 있는 가운데, 틱톡의 순위가 가파르게 상승하고 있다. 여기에 짧은 포맷의 영상 콘텐츠가 더욱 인기를 끌 거라는 점을 고려하면 2022년에도 고려하기에 가장 이상적인 플랫폼 중 하나가 될 것이다.

지난 2년 동안, 틱톡은 광고와 비즈니스 프로필 같은 기업들을 대상으로 하는 다양한 툴을 선보였다. 이제는 더 이상 단순히 젊은 크리에이터들이 자신의 춤을 뽐낼 수 있는 플랫폼이 아니다. 전반적으로 브랜드들이 MZ세대와의 연결을 위해 사용하게 되는 주요 플랫폼 중 하나가 될 것이다.

2) 광고에서 더욱 인기가 높아지는 버티컬 소셜 네트워크(Smaller Networks Will Become Popular for Ads)

소비자와 브랜드의 관심을 끌고 있는 것은 비단 틱톡뿐만은 아니다. 스냅챗이나 핀터레스트와 같은 더 작은 규모의 버티컬 소셜 미디어 플랫폼을 통한 인기가 높다.

---

4) 17 Social Media Trends for 2022 and Beyond(https://www.openads.co.kr/content/contentDetail?contsId=7546)

핀터레스트 비즈니스가 공유하는 데이터에 따르면 자사 플랫폼의 광고가 다른 소셜 미디어에 비해 리테일 브랜드의 광고비 대비 최대 2배의 수익을 창출할 수 있다고 밝혔다. 스냅챗이 페이스북과 인스타그램만큼 마케팅에서 인기가 높은 것은 아니지만, 스냅챗 광고 통계는 스냅챗은 스냅챗의 잠재적인 광고 시청자가 눈에 띄게 증가했음을 보여준다.

앞서 애플이 2021년 전체 페이스북 사용자의 많은 세그먼트들을 타기딩하지 못하도록 밝힌 것을 생각해 보면 브랜드들이 다른 플랫폼에 주목하기 시작하는 것은 주목해야 할 흐름이다.

3) 계속 확장되는 소셜 커머스(Social Commerce Will Continue to Expand)

브랜드들은 제품을 팔기 위해 인스타그램, 핀터레스트, 페이스북과 같은 소셜 미디어 플랫폼을 오랫동안 사용해 왔다. 그러나 2022년에는 소셜 미디어를 통해 직접 제품을 구매할 수 있는 기능이 표준이 될 것이다. 혁신적인 브랜드들에 의해서만 사용되는 시대는 갔다. 실제로 eMarketer에 따르면, 2025년까지 소셜 커머스 산업이 약 800억 달러의 가치까지 성장할 것으로 내다보고 있다.

쇼핑 가능한 포스팅에서 인스타그램 스토어에 이르기까지, 소셜 미디어 플랫폼은 리테일 플랫폼이 되기 위해 끊임없이 노력하고 있다. 브랜드와 마케터들은 이를 지속적으로 활용하고 소셜 커머스를 세일즈 전략에 반영할 것이다.

따라서 사용자 경험을 디자인할 때, 가장 인기있는 항목만 해당하더라도 이 부분에 대해 진지하게 고려해야 한다. 결국, 마케터들의 목표는 쾌적한 쇼핑 경험을 만들고 소셜 미디어를 사용할 때 타깃 고객들에게 많은 클릭을 끌어와 웹사이트로 전환될 수 있게 하는 것이어야 한다.

4) 주요 마케팅 목표는 새로운 잠재고객에 대한 도달(Reaching New Audiences Will Become a Primary Goal)

HubSpot의 연구 조사 결과에 따르면, 2022년 마케터들의 주요 소셜 미디어 목표는 대부분 새로운 잠재고객들에게 다가가고 고객과의 관계를 증진시키며 고객 서비스를 활성화하는 것이 될 것이다. 이전에, 이러한 목표들은 더 많은 판매와 높은 제품 광고 노출에만 초점이 맞춰졌다.

앞으로 브랜드들은 소셜 미디어를 어떻게 사용할지에 대한 분명한 변화가 있을 것으로 예상된다. 순수하게 광고용으로 사용하는 것이 아니라 보다 깊은 고객 관계를 구축하는 창구로도 활용될 예정이다.

5) 소셜 미디어를 지배하는 영상 콘텐츠(Video Content Will Continue to Dominate)

영상 콘텐츠는 가장 매력적인 콘텐츠 포맷 중 하나로 남아 있다. Cisco 연구에 따르면 2022년까지 모든 온라인 콘텐츠의 82%가 영상 콘텐츠가 될 것이다. 이것은 소셜 미디어 영역에서 높은 관련성을 유지하기 위해 영상 콘텐츠를 활용하기 시작하는 것이 얼마나 중요한지를 보여준다.

만약 현재 영상 콘텐츠를 만들고 있지 않다면 콘텐츠 전략에 반드시 영상을 포함시켜야 한다. 가까운 미래에 영상 콘텐츠는 소셜 미디어 플랫폼을 지배할 것이고 그것을 깨닫지 못하는 사람들은 힘든 시간을 보내게 될 것이다. 그러나 미래를 위해 명심해야 할 점은 긴 포맷의 콘텐츠는 더 이상 갈 길이 아니라는 점이다. 스토리, 릴스, 틱톡의 성공 사례만 보더라도 이제 참여형의 숏폼 영상이 소비자들이 선호하는 콘텐츠라는 점은 명확하다.

6) 소셜 오디오의 높아지는 인기(Social Audio Will Become More Popular)

비록 반짝 인기였지만 2021년 초는 클럽하우스의 인기가 단연 돋보였다. 그리고 2021년 6월에는 페이스북이 미국 시장에 한해 라이브 오디오룸과 팟캐스트를 공식적으로 출시했다.

여기에 많은 브랜드들이 주목하고 있다. Hootsuite의 2022년 소셜 미디어 트렌드 조사에 따르면 75%의 기업들이 2022년에는 음성 기반 콘텐츠에 투자할 것이라고 밝혔다. 또한 오디오 라이브 스트림을 진행하는 것이 업계 전문가로서 포지셔닝하는 데 가장 인기 높은 전략이라는 설문 결과도 나왔다.

그렇지만 현재 단계에서는, 특히 음성 기반의 콘텐츠가 저렴한 형태의 콘텐츠 마케팅은 아니라는 점을 감안했을 때, 아직 이는 큰 대기업 위주로 퍼지고 있고 대다수의 중소 기업에까지 미치지는 못하고 있다. 불과 음성 클립에 불과하더라도, 제대로 된 음성 콘텐츠를 만들기 위해서는 많은 시간과 전문 지식이 필요하다.

7) 필수가 되고 있는 페이드 미디어(Paid Advertising Will Become a Necessity)

Hootsuite의 2022년 소셜 미디어 트렌드 조사에 따르면 응답자의 40% 이상이 오가닉 도달의 감소와 페이드 미디어에 더 많은 비용을 지출해야 하는 필요성을 가장 큰 과제로 뽑았다. Hootsuite의 데이터에 따르면 페이스북 게시물의 평균 오가닉한 도달률이 불과 5%를 조금 넘는 수준이라는 점을 고려하면 페이드 미디어는 어쩔 수 없는 필수가 되고 있다.

8) 주류가 되고 있는 증강현실(Augmented Reality Will Become More Mainstream)

소셜 미디어는 증강현실(AR)과 가상현실(VR)과 같은 기술의 적용이 증가할 것이다. 이러한 플랫폼이 많아짐에 따라 사용자들은 더 나은 경험을 요구할 것이며, 이러한 기술을 통해 좋은 사용자 경험을 구현할 수 있다.

소셜 미디어에서 VR의 도입은 아직 초기 단계일 수 있지만 AR에 대해서는 조금 다른 편이다. 증강현실 필터는 현재 인스타그램과 스냅챗과 같은 주요 플랫폼에서 사용되고 있다. 이들은 소셜 미디어에서 공유되는 시각적인 콘텐츠들을 더욱 돋보이게 하기 위해 도입되어 널리 사용되고 있다.

증강현실은 디지털 요소를 더하고 사물들이 실제로 보이는 방식을 변화시킴으로써 현실을 향상시킨다. 소셜 미디어 플랫폼은 이 기술에 대한 흥미로운 활용 사례를 발견하고 최근 몇 년 동안 이 기술을 활용하기 시작했다. 예를 들어 인스타그램은 수많은 사진 필터에 증강현실을 사용하고 있다. 얼굴에 메이크업을 하거나 선글라스와 토끼귀 같은 귀여운 액세서리에 이르기까지 다양한 필터들을 이미 본 적이 있을 것이다. 이는 소셜 미디어를 위한 증강현실 활용의 한 예시일 뿐이다.

소셜 미디어에서의 AR 적용은 단순히 재미있는 게시물과 스토리를 게시하기 위한 사진 필터에만 국한되지 않는다. 브랜드는 또한 증강현실을 사용하여 고객에게 더 나은 쇼핑 경험을 제공할 수 있다. 브랜드에서 AR을 사용하여 제품을 미리 사용해 보는 것이 보편화되고 있다. The Drum에 따르면, AR은 클릭률을 최대 33%까지 끌어올릴 수 있다.

증강현실은 브랜드를 위한 많은 잠재적인 소셜 미디어 애플리케이션들에 적용될 수 있다. 그리고 이러한 트렌드는 소셜 미디어 플랫폼의 AR 기능 추가에 대한 지속적인 노력에 의해 더욱 가속화될 것이다. 이 기술은 확실히 앞으로 몇 년 안에 급격하게 성장할 것이다.

9) 인플루언서 마케팅의 지속적인 성장(Influencer Marketing Will Continue to Soar)

인플루언서 마케팅은 새로운 마케팅 트렌드는 아니지만 당분간 계속 이어질 것이다. 현재 소셜 미디어 플랫폼은 브랜드를 홍보하기 위해 엄청난 돈을 받고 있는 인플루언서들에 의해 지배되고 있다.

이러한 트렌드는 두 가지 관점에서 볼 수 있다. 소셜 미디어에서 인플루언서 들의 숫자가 점차 늘어나고 있고, 기업의 인플루언서 마케팅 예산 역시 많아지고 있다.

인플루언서 마케팅에 투자하는 것이 어떤 경우에는 검색 광고나 디스플레이 광고를 진행하는 것보다 비용효율적일 때도 많다. 또한 인플루언서는 단순히 신규 잠재고객들을 창출하는 것을 넘어서서 다양한 마케팅 목표를 달성할 수 있도록 지원할 수 있다. 이것이 인플루언서 마케팅이 큰 인기를 끌게 된 가장 큰 2가지 이유이며, 2022년에도 더욱 중요해지고 성장할 것이다.

마케터들은 보통 1~2명의 대형 인플루언서와만 협력하는 것이 아니라, 팔로워 나 구독자는 작지만 관련성이 높은 마이크로 인플루언서로 구성된 전체 네트워크 와도 협업을 하고 있다. 이러한 형태의 인플루언서는 참여율도 높고 비용도 훨씬 저렴하다. 앞으로 점점 더 많은 마케터들이 이러한 마이크로 인플루언서 전략을 사용하고 한 명의 대형 셀럽 대신에 다수의 마이크로 인플루언서와 작업할 것이다. 그러나 가장 중요한 관건은 어떤 인플루언서가 브랜드와 가장 적합한지 파악하는 것이다.

10) 고객 서비스를 위한 소셜 미디어 사용 증가(Increase in the Use of Social Media for Customer Service)

소셜 미디어는 전통적으로 사람들이 소셜 미디어에 접속하고 사진과 영상을 친구들과 공유하는 공간이었다. 하지만 지금 소셜 미디어는 그 이상의 역할을 하고 있다.

리테일 플랫폼, 제품 발견 플랫폼이 되었고 이제는 고객 서비스 채널의 역할까지 수행한다. 많은 브랜드들이 소셜 미디어를 고객 서비스를 제공하는 플랫폼으로 인식하기 시작했다.

브랜드들이 소셜 미디어 공간에서 많은 고객들에게 다가가고 있다는 것을 인지한 순간부터 이러한 변화는 서서히 일어났다. 이는 다른 채널에 대한 반응이 부족하기 때문일 수도 있고, 단지 브랜드에 더 직접적으로 다가갈 수 있는 방법이었기 때문이다.

브랜드들이 이러한 메시지에 반응하기 시작했고 그 고객들을 적합한 채널로 인도하기 시작했다는 사실은 두말할 나위가 없다.

이제는 브랜드들이 하나의 고객 서비스 채널이라고 인지할 만큼 중요해졌다. Gartner에 따르면 2023년까지 전체 고객 서비스 대응의 63%가 이러한 디지털 채널을 통해 처리될 것으로 예측했다. 그리고 다른 사용자들 앞에서 고객들의 문의를 잘 처리하지 못한다면 큰 파장이 따르는 만큼 가장 중요한 고객 서비스 채널이 되었다. 따라서 브랜드들이 이러한 고객들을 잘 다루는 것이 더욱 중요해졌다.

소셜 미디어 채널을 '새로운' 방식으로 사용할 수 있도록 하려면, 일반적인 FAQ를 위한 가이드를 만들고 챗봇기술에 투자하여 반응시간을 줄이는 것이 중요하다.

11) 가장 중요한 것은 개인화(Personalization Will Be Paramount)

개인화는 최근 몇 년 동안 지속되는 세계적인 마케팅 트렌드다. 그러나 소셜 미디어 영역에서의 개인화만큼은 가장 최근에 그 중요성이 강조되고 있다.

어떤 사람들은 브랜드가 다른 소비자층을 위해 소셜 미디어 콘텐츠를 정확히 개인화할 수는 없다고 이야기하고 있다. 사실 이건 맞다. 그러나 소셜 미디어 광고만큼은 원하는 대로 개인화할 수 있다.

기업과 마케터들이 개인화 트렌드를 활용하는 주요 부문은 바로 소셜 미디어 광고다. 소셜 미디어 플랫폼은 마케터들을 위한 고급 타기팅 및 맞춤 옵션을 제공하기 시작했다. 이를 통해 적합한 시간에 적합한 타깃 고객에게 적합한 광고 메시지를 전달할 수 있다.

개인화는 이제 이러한 소셜 미디어 플랫폼도 개별 고객들이 좋아하는 제품의 종류까지 파악할 수 있는 수준에 이르렀다. 그리고 이는 다른 브랜드의 비슷한 제품 광고를 보여줄 수 있다.

지금 바로 인스타그램에서 아무 광고라도 확인해 본다면 불과 몇 분 안에 자신의 인스타그램 피드에서 비슷한 유형의 제품 광고를 계속 보게 될 것이다. 더 많은 광고를 클릭하면 클릭할수록 이는 잠재고객들의 온라인 행동과 선호하는 제품을 더 잘 이해할 수 있게 도와줄 것이다. 그리고 이 다음에는 모든 인스타그램 광고가 온전히 그 사람의 관심과 취향에 따라 개인화될 것이다.

12) 여전한 UGC의 인기(User-generated Content Will Continue to Be Popular)

UGC(User-generated Content)를 활용하는 브랜드는 새로운 트렌드는 아니지만 여전히 강세를 보이고 있고, 앞으로도 그럴 것이다. 달라지는 것은 UGC를 활용하는 마케터들이 점점 더 많아지는 것뿐이다.

Daniel Wellington과 같은 일부 브랜드는 잠재고객들이 콘텐츠를 만들게 하면서 브랜드 페이지에 이러한 UGC를 노출시킬 수 있는 기회를 위해 해당 UGC를 소셜 미디어에 올릴 때 브랜드를 태그하도록 한다. Olay나 Dove 같은 브랜드들은 사람들이 캠페인 참여를 위해 UGC를 제출하도록 장려하는 관련 UGC 캠페인을 운영하고 있다. Airbnb와 같은 브랜드는 소셜 미디어 콘텐츠를 UGC에 전식으로 의존하기도 한다.

UGC를 어떻게 활용하고 싶어하던 콘텐츠 믹스에서 UGC를 활용할 수 있는 채널이나 공간이 있어야 한다. UGC는 심지어 무료이며 브랜드가 직접 제작한 콘텐츠보다 훨씬 더 높은 신뢰감을 제공한다. 이는 자연스럽게 브랜드 이미지를 구축하는 데 큰 도움을 줄 수 있다.

소셜 미디어 프로필에 활용할 UGC를 테스트해 본 적이 없다면 이제 이 콘텐츠를 사용해야 할 때다.

13) 로컬 타기팅의 활용 확산(Local Targeting Will Become More Prevalent)

많은 브랜드들은 특정 지리적 위치에 있는 잠재고객들을 타기팅하기 위해 위치 기반 타기팅을 사용한다. 브랜드가 현지의 잠재고객들을 끌어들일 수 있는 한 가지 흔한 방법은 그들의 포스팅과 스토리에 위치 태그를 붙이는 것이다. 소셜 미디어 콘텐츠에 위치 태그를 추가하면 로컬 잠재고객들이 자동으로 모인다.

인스타그램과 같은 소셜 플랫폼은 가까운 장소나 특정 위치에서 게시물을 검색할 수 있는 옵션을 제공한다. 콘텐츠에 위치를 추가하면 해당 검색 결과에 해당 위치가 표시되므로 해당 지역에 있는 고객들이 해당 브랜드와 콘텐츠를 찾는 데 도움이 된다.

로컬 타기팅은 특히 광고가 집행되는 포스팅이나 트윗에 효과적이며 이러한 플랫폼은 적절한 사용자를 타기팅하는 데 도움이 된다. 예를 들어 페이스북의 '게시물 홍보하기' 옵션을 사용할 경우 타기팅하고 싶은 위치도 지정할 수 있다. 페이스북은 해당 위치에 있는 사용자들에게 게시물을 홍보할 것이다.

또한 브랜드는 로컬 콘퍼런스나 브랜드 행사와 같은 오프라인 행사에 더 많은 사람들이 참석할 수 있도록 로컬 타기팅을 사용할 수 있다. 또한 소셜 미디어 광고에 위치 필더를 사용하여 관련 위치에 있는 사용자들에게 광고를 할 수 있다.

소셜 미디어를 대상으로 하는 위치 기반 타기팅에는 많은 장점이 있으며, 이제 소셜 미디어를 활용하는 방법만 알면 된다.

14) 더 많은 브랜드들이 소셜 리스닝 통합(More Brands Will Incorporate Social Listening)

수많은 사람들이 이야기를 나누는 소셜 미디어 공간은 기업이 소셜 전략을 세우는 데 사용할 수 있는 데이터와 인사이트를 위한 금광이기도 한다. 그리고 수많은 소셜 리스닝 툴이 출시되면서 누구나 이러한 인사이트에 쉽게 엑세스할 수 있게 되었다.

소셜 대화를 분석하여 유의미한 인사이트를 도출할 수 있는 장점을 고려했을 때, 소셜 리스닝은 모든 마케터의 전략에 적용되었다. Hootsuite의 데이터에 따르면 응답자의 대다수가 지난 1년간 소셜 리스닝이 기업의 가치를 높였다고 느끼는 것으로 나타났다.

브랜드와 마케터들이 다양한 곳에 활용하고 있다. 소셜 미디어 캠페인의 영향을 측정하는 것에서부터 사람들이 브랜드를 어떻게 인식하고 있는지를 파악하는 것까지, 소셜 리스닝을 통해 많은 정보를 얻을 수 있다. 이는 소셜 리스닝을 대부분의 마케터들에게는 소셜 미디어 전략의 필수 요소로 만들었다.

이러한 목적을 위해 사용할 수 있는 소셜 미디어 리스닝 툴들이 많이 있다.

따라서 브랜드 멘션, 브랜드 해시태그, 그리고 브랜드와 해당 업계에 관련된 다양한 키워드와 해시태그들을 설정하여 소셜 리스닝을 시작해야 한다.

15) 계속되는 인스타그램과 트위터의 인기(Instagram and Twitter Will Remain Popular)

틱톡과 핀터레스트, 스냅챗과 같은 버티컬 소셜 미디어에 대한 많은 이야기가 있었지만 인스타그램과 트위터의 인기는 2022년에도 계속 이어질 전망이다.

HubSpot의 연구에 따르면, 트위터와 인스타그램은 특히 B2B 비즈니스에도 더욱 중요해질 것으로 보인다. 2022년 전체 B2B 비즈니스 응답자의 70%가 트위터에 대한 투자를 늘릴 것이라고 답변하였고 B2B 비즈니스의 63%는 인스타그램에 대한 투자를 늘릴 계획이라고 밝혔다. 또한 B2B 브랜드 중 페이스북 투자를 늘릴 것이라는 답변은 49%에 그쳤다.

16) 기업의 사회적 책임에 대한 대응, 핵심은 포용성(Inclusivity Will Be Key)

지난 2년 동안 기업의 사회적 책임은 단연코 가장 뜨거운 화두였다. 2022년에도 많은 브랜드들은 포용성에 대한 의지를 지속적으로 강조할 필요가 있다.

브랜드는 어떤 사회적 이슈가 그들의 타깃 고객들에게 어떤 의미를 지니고 큰 영향을 주는지를 파악해서 이를 실행에 옮겨야 한다. 소비자들은 기업의 사회적 책임에 관한 한 브랜드에 대한 기준을 높게 설정하였고 일회성의 제스처로는 더 이상 충분하지 않을 것이다.

17) 계속 증가하는 소셜 미디어 커뮤니케이션(Social Media Communities Will Continue to Increase)

이는 새로운 것은 아니지만 여전히 계속 중요하고 예전보다 더 인기를 얻고 있는 것이다.

소셜 미디어 커뮤니티는 기본적으로 브랜드가 고객에게 네트워킹 플랫폼을 제공하기 위해 만든 소셜 그룹이다. 이들은 보통 마음이 맞는 사람들이 그들의 공통된 관심사에 대해 이야기하기 위해 참여할 수 있는 사적인 그룹들이다.

페이스북 그룹은 이러한 소셜 커뮤니티의 좋은 예시다. 많은 브랜드들이 이러한 그룹을 활용하여 기존 고객들과 잠재고객들을 모두 한자리에 모으고 그들과 의미있는 방식으로 참여시키게 한다. 그룹 구성원들은 다양한 주제에 대해 토론하고 그들의 경험을 공유하고 도전 과제에 대한 솔루션을 찾을 수 있다.

브랜드는 또한 소셜 미디어 커뮤니티를 활용하여 신제품을 출시하고 고객의 의견을 구하고 귀중한 고객 인사이트를 얻을 수 있다. 그러니 새로운 콘텐츠를 만들 때 참여형 커뮤니티를 만드는 것이 어떻게 도움이 될 수 있는지를 명심해서 2022년 온라인 커뮤니티 강화에 도움을 줄 수 있다.

읽을거리 o─

소셜 미디어와 연관된 마케팅의 종류

❑ 바이럴 마케팅

이메일이나 메신저 혹은 블로그 등을 통해 자발적으로 기업이나 상품을 홍보하도록 만드는 기법으로, 2000년 말부터 확산되면서 새로운 인터넷 광고기법으로 수복받기 시작했다. 바이럴 마케팅은 상품이나 광고를 본 네티즌들이 퍼담기 등을 통해 서로 전달하면서 자연스럽게 인터넷상에서 화제를 불러일으키도록 하는 마케팅 방식을 이른다. 컴퓨터 바이러스처럼 확산된다고 해서 바이럴(viral) 마케팅 혹은 바이러스(virus) 마케팅이라고 부른다.

❑ 인플루언서 마케팅

우리는 종종 좋아하는 스타가 나온 광고를 본 뒤 그에 혹하여 제품을 구매한다.

평소엔 별 생각 없는 제품이었는데, 유명인이 광고하면 왠지 제품이 좋아 보이고 그 제품을 사용하면 나도 그 스타처럼 될 것 같은 환상이 들기 때문이다. 인플루언서 마케팅은 바로 사람들의 이러한 심리를 이용한 마케팅 기법이라고 볼 수 있다. 먼저 단어 인플루언서(Influencer)는 영어의 인플루언스(Influence), 즉 '영향을 주다'라는 뜻에서 파생된 단어이다. 대중에게 영향을 주는 사람이라는 뜻이다.

이는 각 연령층에서 효과가 두루 나타나지만, 특히 각종 SNS에 쉽게 노출되어 있는 젊은층(10대~30대)에게 가장 효과적인 마케팅 전략이라고 볼 수 있다. 인플루언서 마케팅의 예로는 인스타그래머에게 제품 및 서비스 협찬하기(seeding, 시딩), 유명 유튜버를 통한 광고, 스타를 광고모델로 기용하기, 블로거 후기 남기기 등이 있다.

❑ 시딩(seeding) 마케팅

시딩은 SNS라는 밭에 씨를 뿌려 기둔다는 의미와 같다. 다수의 인플루언서들에게 테스트 제품을 무상으로 제공하고 해당 제품에 만족한 인플루언서들이 자발적으로 무상의 리뷰 콘텐츠를 올리는 것이다. 내돈내산의 중요 포인트인 진심에서 우러나오는 콘텐츠가 생성되는 것이다.

□ SEO 마케팅

SEO는 Search Engine Optimization의 준말로 말 그대로 검색 엔진에 최적화하는 것을 말한다. 검색 엔진에 최적화한다는 것은 통상적으로 어떠한 콘텐츠를 특정한 키워드로 검색하였을 때, 검색 결과의 상위에 노출되도록 하는 것이다.

SEO마케팅이 강력한 이유 중 하나는 잠재고객이 검색하는 특정 키워드를 타깃해서 직접 제작한 메시지를 상위에 노출시키는 것이다.

이때 고객이 특정 키워드를 검색한 행동에 주목해야 한다. 특정 키워드에 따라서 구매 행동과 직접적인 연관이 있을 수 있고, 이를 타깃해서 자신의 회사에서 판매하는 상품 또는 서비스를 홍보한다면 효과적인 결과를 얻을 수 있다.

□ 퍼포먼스 마케팅

데이터를 통해서 고객들의 행동을 분석하는 것이다. 예를 들어 우리 회사 홈페이지에 들어온 고객이 어떠한 경로를 통해 들어왔고, 어떠한 행동을 하고, 어떤 페이지에 들어갔다가 이탈하는지까지 데이터 추적을 통해 측정하고 개선하여 성과를 내는 것이다.

퍼포먼스 마케팅 노력의 적절한 성과 측정을 이해하기 위하여 반드시 등장하는 개념이 바로 고객 퍼널(customer funnel)이라는 개념이다. 퍼널은 '깔때기'로 번역되며 고객이 최초로 유입되어 기업이 목표로 하는 최종 행동 단계에 이르기까지의 전 여정을 보여준다. 고객 퍼널은 대부분 유사하지만, 기업의 목표나 상품 특성에 따라 조금씩 달라지기도 한다. 예를 들어, 보험회사가 운영하는 퍼널의 최종 목표는 보험 가입이 될 수 있으며, 블로그 등 단순한 웹사이트의 경우에는 회원 가입이나 북마크하게 만들기가 최종 목표가 될 수 있다. 그러나 이런 차이점에도 불구하고 공통으로 모든 퍼널들의 상단은 매우 넓고 하단으로 갈수록 점점 좁아지는 흡사 깔때기의 형태를 가지고 있다.

이는 초기의 잠재고객(lead)이 가망고객(prospect), 그리고 최종고객(customer) 단으로 내려가면서 점점 많은 다수가 이탈하게 됨을 의미한다. 퍼널은 보통 TOFU(top of funnel), MOFU(middle of funnel), LOFU(low of funnel)로 나누어지는데, 각각 TOFU는 리드창출 단계, MOFU는 가망고객 창출단계, LOFU는 최종의 수익창출 단계를 의미한다.

퍼널 모델이 환영받는 이유는 각 단계별 기업이 지향해야 하는 마케팅의 목표와 수단들을 손쉽게 이해할 수 있도록 도와주기 때문이다. 퍼널의 주요 단계는 다음과 같다.

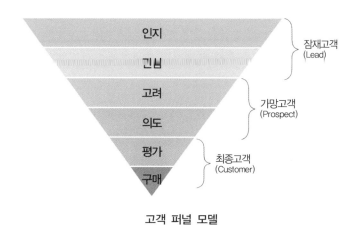

고객 퍼널 모델

1) 인지단계(awareness)

최초의 퍼널이며 대다수 소비자가 해당 기업의 상품이나 기업의 존재조차 전혀 모르고 있다. 고객의 여정이 시작되는 부분이며 가장 큰 기업 마케터의 과제는 상품이나 브랜드의 존재 자체를 다수에게 알리는 것이다. 적합한 디지털 마케팅 도구는 보통 일반적인 광고 소셜 미디어를 통한 홍보, 검색 엔진 상단에 위치하는 배너 광고 집행하기 등이 된다.

2) 관심단계(interest)

이제 퍼널에 들어온 고객 중 일부가 기업이나 상품에 추가적인 관심을 두게 된다. 물론 이 단계에 도달하기 전에 일부는 관심을 느끼지 못하고 이탈한다. 이들의 관심에 대하여 비로소 기업은 자신이 가진 장단점을 보다 적극적으로 알리고, 이들이 궁금해 하는 사항에 대하여 더욱 정확한 정보를 제공해야 한다. 보통 정보 전달에 적합한 매체인 유튜브, 페이스북 페이지, 블로그 등의 활용이 필요하다. 또한 회원 가입이나 반복적 방문을 하는 관심 고객의 이메일, 주소 등 개인 정보를 확보할 기회가 제공된다.

3) 고려단계(consideration)

고객을 잠재적인 고객으로 변환시키는 단계이다. 아직 구매까지 이루어지지는 않았지만, 고객과의 관계를 심화시켜야 한다. 즉, 페이스북이나 트위터 같은 소셜 미디어를 통하여 더욱 친밀감 있는 관계를 구축하고, 유튜브 채널을 운영한다면 '좋아요'를 누르고 구독하게 만들어야 하며, 웨비나(webinar)를 통하여 정보제공이나 상품 교육의 기회도 적극적으로 제공해야 한다.

4) 의도단계(intent)

고객이 구매 의도를 더욱 확고히 할 수 있도록 노력해야 한다. 기존의 관계를 더욱 심화시키고, 기업-고객 간 상호작용이 자주 일어나도록 유도해야 한다. 커뮤니티를 통한 소속감 강화 역시 한 방법이다.

5) 평가단계(evaluation)

기업이 제안하는 상품, 핵심 가치를 적극적으로 부각해야 한다. 일단 이 단계까지 오는 것은 고객이 복수의 후보안을 가지고 있다는 의미이며, 우리 기업의 브랜드가 선택되거나 타 기업의 경쟁 브랜드가 선택될 수 있는 단계이다. 기존의 소셜 미디어 등의 디지털 마케팅 노력도 중요하지만, 온라인 프로모션의 시행, 혹은 경쟁사로 이탈 가능성이 큰 고객을 대상으로 하는 리마케팅(remarketing) 등이 고려된다.

6) 구매단계(purchase)

최종적으로 고객의 구매가 이루어지는 지점이며, 일반적으로 대다수 고객의 구매 여정이 종료되는 시점이다. 그러나 상품 배송, A/S, 사용, 사용 후 폐기 등 실제로 고객의 경험은 구매 이후에도 계속된다. 따라서 마케팅에 능숙한 기업은 그 이후 단계에 더 좁은 퍼널들을 추가로 설정한다. 이후의 단계에서는 구매자를 대상으로 만족도 제고, 브랜드 지지자 확대, 브랜드 앰배서더로의 전환, 재구매 촉진, 입소문 강화 등의 더 달성하기 어려운 퍼널늘이 추가 설정되어야만 한다.

소셜 미디어와 마케팅

저작권과 개인정보보호

1 저작물의 개념

저작물은 사람의 사상이나 감정을 일정한 형식에 담아, 이를 다른 사람이 느끼고 깨달을 수 있도록 표현한 것이라 할 수 있다. 저작물을 지각할 수 있는 유형적인 수단으로는 책이나 CD 등이 있다. 이는 저작물을 담고 있는 그릇으로 소유권 등의 일반 재산권의 대상이 된다. 저작물은 그 그릇에 담겨 있는 무형적인 것으로 이것이 바로 저작권 보호의 대상이 되는 것이다.

1) 일반적 저작권의 침해 사례

어떤 사람이 서점에서 소설을 훔쳤다면 이것은 책이라는 유형의 복제물, 즉 재산을 훔친 것이고, 일반 재산권을 침해하였기 때문에 민법상의 불법 행위와 형법상의 절도죄를 저지른 것이 된다. 반면, 어떤 사람이 친구에게서 책을 빌린 후 이로부터 수십 부의 복제물을 만들고 나서 다시 되돌려주었다면, 이 행위는 일반 재산권의 침해라고 할 수는 없지만, 책 안에 들어 있는 저작물에 대한 권리를 침해한 것이므로 「저작권법」 위반이 된다.

2) 저작물의 보호 요건

저작물이란 특별히 저작권의 보호를 받는 콘텐츠를 말하고, 저작권의 대상인 저작물은 "인간의 사상 또는 감정을 표현한 창작물(저작권법 제2조 제1호)"로 정의한다. 이 정의에서 저작물이 갖춰야 할 요건은 3가지다(오승종, 2021). 첫째, 저작물은 인간의 사상이나 감정이어야 한다. 따라서 인공지능이 만들어낸 음악은 저작물에 포함되지 않는다. 둘째, 저작물은 표현되어야 한다. 머릿속에서 완성되었다고 하더라도 아직 표현하지 않았다면 저작물이 아니다. 셋째, 저작물은 창작물이어야 한다. 남의 것으로 베낀 것은 저작물이라 할 수 없다.

(1) 창작성의 의미

첫째, 독자적으로 작성된 것이다. 쉽게 말해서 다른 작품을 베끼지 않았다는 것을 뜻한다. 베끼지 않았다는 것은 새롭다는 것과 비슷해 보이지만 완전히 다르다. 신규성이 새로운 것에 초점이 맞춰져 있다면, 창작성은 독자적인 것, 즉 모방하지 않은 것에 초점이 맞춰져 있다. 즉 신규성은 새로운 것, 이전에 없던 것이어야 하지만 독자적 작성, 곧 창작성은 새로운 것이어야 할 필요는 없다.

(2) 최소한의 개성

최소한의 개성이란 일반적 또는 통상적이 아니라는 것으로 이해하면 쉽다. 최소한의 개성이 없는 콘텐츠는 창작성이 없어서 저작물이 될 수 없고, 따라서 저작권의 보호를 받지 못한다.

(3) 아이디어 저작권 보호

어떤 구상이나 아이디어, 화풍 등은 바깥으로 나타나지 않는 것이므로 저작문이 아니다. 저작자의 머릿속에 있는 것을 다른 사람이 느낄 수 있도록 어떠한 형식으로든지 나타내어야 한다. 그러나 저작물이 유형적으로 고정되어 있어야 하는 것은 아니다. 표현 형식이 무형적인 것이더라도 다른 사람이 느껴서 알 수 있으면 된다. 이때 사용하는 방법인 "아이디어·표현 이분법"이다(오승종, 2021).

아이디어 중에는 창작성이 있는 작가만의 독창적인 것(A)도 있고, 다른 사람의 아이디어를 가져온 경우(B)도 있다. 또 표현도 작가가 스스로 창작한 표현(C)이 있고, 다른 사람의 표현을 모방한 경우(D)도 있다. 아이디어는 창작성이 있든(A), 없든(B) 보호를 받지 못한다. 그러므로 저작권 보호를 받는 부분은 창작성이 있는 표현(C)뿐이다.

〈표 6-1〉 아이디어·표현과 창작성의 관계

구분	창작성 있음	창작성 없음
아이디어	A	B
표현	C "저작권 보호를 받을 수 있음"	D

출처 : 오승종(2021). 『된다! 저작권 문제해결』. 이지스퍼블리싱. p.31.

3) 「저작권법」에 따른 저작물 예시

저작권법에서는 저작물을 표현 형식에 따라 9가지 유형으로 나누고 있다. 이 외에 9가지 유형의 원저작물을 번역하거나 편곡·각색 등의 방법으로 새롭게 창작한 2차적 저작물과 다양한 소재를 모아서 배열하거나 구성한 편집 저작물이 있다.

2차적 저작물은 원저작물을 번역, 편곡, 변형, 각색, 영상 제작과 같은 방법으로 만든 창작물로, 예를 들어, 영어 소설을 우리말로 번역한다든가, 클래식곡을 재즈로 편곡하거나, 2차원 그림을 3차원 인형으로 변형하거나, 소설을 영화로 만들면 모두 2차적 저작물이 된다. 2차적 저작물이 되려면 다음의 3가지 요건이 필요하다. 첫째, 원저작물을 기초하고 둘째, 원저작물에 없는 새로운 창작성을 부가하는 실질적인 변형이 있어야 하고 셋째, 원서작물과 실질석 유사성이 유지되어야 한다(오승종, 2021).

〈표 6-2〉 저작권법에서 예시한 저작물의 11가지

표현 형식에 따른 분류	작성방법에 따른 분류
① 소설, 시, 논문, 강연, 연설, 각본 그 밖의 어문 저작물 ② 음악 저작물 ③ 연극 및 무용·무언극 그 밖의 연극 저작물 ④ 회화, 서예, 조각, 판화, 공예, 응용 미술 저작물, 그 밖의 미술 저작물 ⑤ 건축물·건축을 위한 모형 및 설계도서, 그 밖의 건축 저작물 ⑥ 사진 저작물 ⑦ 영상 저작물 ⑧ 지도, 도표, 설계도, 약도, 모형, 그 밖의 도형 저작물 ⑨ 컴퓨터 프로그램 저작물	① 2차적 저작물 ② 편집 저작물

출처 : 오승종(2021). 『된다! 저작권 문제해결』. 이지스퍼블리싱. p.38.

4) 저작권과 저작 인접권

(1) 저작권의 성립

문화란, 사람의 정신적 활동으로 얻어진 물질적, 정신적인 모든 것을 말한다. 그러므로 문화를 육성하려면 근본적으로 개인의 창의가 존중되고, 그 창작 결과가 보호되어야 할 뿐만 아니라 창작에 어울리는 이익이 보장되어야 한다. 이런 취지에서 「저작권법」은 저작자가 자신의 저작물을 이용하는 사람에 대하여 자신의 이익을 보장받을 수 있도록 하는 권리로서 저작권을 부여하고 있다.

(2) 「저작권법」의 개념

「저작권법」은 저작물이라는 일정한 대상 위에 있는 저작자의 이익을 보호한다. 따라서 「저작권법」은 저작자가 만들어낸 결과물로서의 저작물 위에 존재하는 이익이 실현되도록 하는 것이다.

(3) 저작권의 분류

저작권은 저작 인격권과 저작 재산권으로 나뉜다. 저작 인격권은 저작자의 명예와 인격적 이익을 보호하기 위한 권리로서 공표권, 성명 표시권, 동일성 유지권으로 나뉜다. 저작 재산권은 저작물을 어떤 방법으로 이용하느냐에 따라 복제권, 공연권, 전시권, 공중 송신권, 배포권, 대여권, 이차적 저작물 작성권 등의 권리로 세분된다. 이러한 성질과 내용을 가진 저작권은 "특정 저작물을 배타적으로 지배할 것을 내용으로 하는 인격적 · 재산적 권리"라고 정의할 수 있다.

(4) 저작 인접권의 개념

저작 인접권이란 글자 그대로 저작권에 인접한, 저작권과 유사한 권리라는 말이다. 이 권리는 실연자(배우, 가수, 연주자), 음반 제작자 및 방송 사업자에게 귀속된다. 「저작권법」은 각각의 저작 인접권자에게 일정한 권리를 부여하고 있다.

(5) 저작 인접권의 보호기간

저작 인접권의 보호기간은 실연의 경우에 그 실연을 한 시기로부터 70년간이다. 음반의 경우는 그 음반을 발행한 때로부터 70년간이며, 방송의 경우에 방송한 날짜로부터 50년간이다. 실연과 음반에 대한 저작 인접권 보호기간은 2011년 「저작권법」 개정으로 당초 50년에서 70년으로 연장되었으며, 저작 인접권 보호기간 연장은 2013년 8월 1일부터 시행되고 있다.

읽을거리 o──

초상권과 퍼블리시티(publicity)권

초상권은 자신의 얼굴이나 모습, 이름, 이미지 등이 허락 없이 촬영되거나 이용되지 않을 권리이다.

퍼블리시티권은 자신의 초상이나 이름 등을 상업적으로 이용할 수 있는 권리를 말한다.

□ **저작권법 제35조의3(부수적 복제 등)**

사진촬영, 녹음 또는 녹화(이하 이 조에서 "촬영등"이라 한다)를 하는 과정에서 보이거나 들리는 저작물이 촬영등의 주된 대상에 부수적으로 포함되는 경우에는 이를 복제·배포·공연·전시 또는 공중송신할 수 있다. 다만, 그 이용된 저작물의 종류 및 용도, 이용의 목적 및 성격 등에 비추어 저작재산권자의 이익을 부당하게 해치는 경우에는 그러하지 아니하다.

초상권과 퍼블리시티권의 차이점으로 초상권은 인격적 권리인 데 반해 퍼블리시티권은 재산적 권리이다. 초상권 침해는 정신적 손해배상인 위자료를 청구하지만, 퍼블리시티권 침해는 재산적 손해배상을 청구하게 된다. 보통 초상권과 퍼블리시티권 침해의 손해배상 청구는 함께 진행되는 경우가 많다.

출처 : 오승종(2021). 『된다! 저작권 문제해결』. 이지스퍼블리싱. pp.59~60.

2 「저작권법」 준수 가이드라인

저작권은 저작물에 대해 갖는 '권리'로, 저작권에서의 권리는 크게 '저작인격권'과 '저작재산권'으로 나눌 수 있고, 특히 '저작재산권'을 눈여겨볼 필요가 있다.

〈표 6-3〉 저작권의 유형 및 개념

유형		개념
저작 인격권	공표권	저작물의 공표여부, 공표방법, 공표시기를 선택할 수 있는 권리
	성명 표시권	저작물의 원본, 복제물이나 공표매체에 성명을 표시할 수 있는 권리
	동일성 유지권	저작물의 내용, 형식, 제호의 동일성을 유지할 수 있는 권리
저작 재산권	복제권	저작물을 인쇄 · 사진촬영 · 복사 · 녹음 · 녹화 등의 방법으로 일시적 또는 영구적으로 유형물에 고정하거나 다시 제작할 수 있는 권리
	공연권	저작물 또는 실연 · 음반 · 방송을 상연 · 연주 · 가창 · 구연 · 낭독 · 상영 · 재생, 그 밖의 방법으로 공중에게 공개할 수 있는 권리
	공중 송신권	저작물에 대한 공중의 수신이나 접근을 목적으로 무 · 유선 통신의 방법에 따라 송신하거나 이용에 제공할 수 있는 권리
	전시권	미술저작물 등의 원본이나 그 복제물을 전시할 권리
	배포권	저작물의 원본이나 그 복제물을 양도하거나 대여할 권리
	대여권	상업적 목적으로 공표된 음반이나 상업적 목적으로 공표된 프로그램을 영리를 목적으로 대여할 권리
	2차적 저작물 작성권	저작물을 원저작물로 하여 2차적 저작물을 작성하여 이용할 수 있는 권리

출처 : 조연하 외 3명(2020), 『대학생을 위한 저작권 가이드북』, 언론법제윤리연구회. p.11.

1) 「저작권법」 준수 가이드라인의 내용은 저작물 인용의 기본 원칙

저작물 인용의 기본 원칙

- 「저작권법」 제28조(공표된 저작물의 인용)는 "공표된 저작물은 보도, 비평, 교육, 연구 등을 위해 정당한 범위 안에서 공정한 관행에 합치되게 이를 인용할 수 있다."는 원칙을 밝히고 있다.
- 저작물 인용(citation)은 저작물 이용 중에서 자신의 주장을 논증하거나 설명하기 위해 저작물을 이용하는 방식이다. 저작물 이용이란 이러한 저작물 인용을 포함한 포괄적인 의미에서의 저작물 이용을 의미한다.

2) 「저작권법」에 따른 출처 명시의 중요성

저작권법에 따른 출처명시의 중요성

① 저작자의 저작인격권(성명표시권) 보호
② 출처 표시를 하지 아니하면 표절 시비가 발생할 수 있음
③ 공표 저작물을 정당하게 인용할 때에도 출처명시는 의무화되어 있음
④ 공공누리에 의한 공공 저작물의 이용과 CCL 등의 비교적 자유로운 저작물 이용이 보장된 영역에서도 최소한의 조건으로 출처 표시를 요구하고 있음
⑤ 출처 표시는 보상금 산정(교과서 보상금, 수업 목적 보상금 등)에 있어서도 보상금 분배를 용이하게 함

3) 저작물의 공정이용[1]

저작물의 공정이용은 저작재산권 제한의 개별적 사유에 해당하지 않아도 저작재산권을 제한할 수 있는 일반적 기준을 제시하는 원칙으로, 저작권자의 이익에

---

1) 김혜주(2021), 『된다! 유튜브 영상 만들기』. 이지스퍼블리싱. pp.172~176.

부당한 해가 되지 않는 정당한 사용을 일정한 기준에 따라 인정하는 개념이다.

공정 이용은 사회적으로 유익한 저작물 이용이 저작권자의 권리 보호보다 가치가 더 큰 상황에서 저작권자의 동의 없이 저작물을 이용할 수 있도록 해주는 일종의 면책적 성격을 가진다.

〈표 6-4〉 국내 저작권법에서 원저작자의 저작재산권이 제한되는 경우

① 제23조(재판절차 등에서의 복제)
② 제24조(정치적 연설 등의 이용)
③ 제24조의2(공공저작물의 자유이용)
④ 제25조(학교교육 목적 등에의 이용)
⑤ 제26조(시사보도를 위한 이용)
⑥ 제27조(시사적인 기사 및 논설의 복제 등)
⑦ 제28조(공표된 저작물의 인용)
⑧ 제29조(영리를 목적으로 하지 아니하는 공연·방송)
⑨ 제30조(사적 이용을 위한 복제)
⑩ 제31조(도서관 등에서의 복제 등)
⑪ 제32조(시험 문제로서의 복제)
⑫ 제33조의2(청각장애인 등을 위한 복제 등)
⑬ 제34조(방송 사업자의 일시적 녹음·녹화)
⑭ 제35조의2(저작물 이용 과정에서의 일시적 복제)
⑮ 제35조의3(저작물의 공정한 이용)
⑯ 제36조(번역 등에 의한 이용)

출처 : 김혜주(2021), 『된다! 유튜브 영상 만들기』, 이지스퍼블리싱, p.174.

원저작자의 저작재산권이 제한되는 경우는 16개이지만, 2차적 저작물을 만들고 싶은 크리에이터가 주목할 조항은 제28조와 제35조의3이다.

우선 제28조는 보도·비평·교육·연구 등이라고 열어뒀기 때문에 다양한 콘텐츠는 물론 영리 목적으로도 인용은 할 수 있다. 중요한 것은 해석의 여지가 남아 있으나, '정당한 범위'와 '공정한 관행'에 따른다면 인용이 허락되는 범위는 넓어질 수 있다.

제35조의3(저작물의 공정한 이용)

① 제23조부터 제35조의2까지, 제101조의3부터 제101조의5까지의 경우 외에 저작물의 통상적인 이용 방법과 충돌하지 아니하고 저작자의 정당한 이익을 부당하게 해치지 아니하는 경우에는 보도ㆍ비평ㆍ교육ㆍ연구 등을 위하여 저작물을 이용할 수 있다.

② 저작물 이용 행위가 제1항에 해당하는지를 판단할 때에는 다음 각 호의 사항 등을 고려하여야 한다.

1. 영리성 또는 비영리성 등 이용의 목적 및 성격
2. 저작물의 종류 및 용도
3. 이용된 부분이 저작물 전체에서 차지하는 비중과 그 중요성
4. 저작물의 이용이 그 저작물의 현재 시장 또는 가치나 잠재적인 시장 또는 가치에 미치는 영향

다음은 '공정한 이용'이다. ①에 명기한 것처럼 원저작자의 이익을 부당하게 해치지 않는다면 공정한 이용이라고 볼 수 있다. 원저작자의 이익을 부당하게 해쳤다, 아니다의 판단은 ②에서 4가지 기준으로 설명한다. 이 부분도 4가지 조항을 종합적으로 살펴 원저작자의 이익을 부당하게 해치지 않는다면 공정한 이용이라고 보고 2차적 저작물을 만들 수 있다.

4) 저작물을 안전하게 이용하는 방법

저작물을 당당하게 사용할 수 있는 몇 가지 방법이 있다. 우선 원저작자에게 이용허락을 받는 방법이다. 법으로 보장해 주는 가장 안전하고 확실한 방법이다. 내가 어떤 저작물을 사용하고 싶다면, 원저작자에게 당신의 저작물을 이용하고 싶다는 의사를 밝히고 허락을 받으면 된다.

제46조(저작물의 이용허락)

① 저작재산권자는 다른 사람에게 그 저작물의 이용을 허락할 수 있다.

② 제1항의 규정에 따라 허락을 받은 자는 허락받은 이용방법 및 조건의 범위 안에서 그 저작물을 이용할 수 있다.

③ 제1항의 규정에 따른 허락에 의하여 저작물을 이용할 수 있는 권리는 저작재산권자의 동의 없이 제3자에게 이를 양도할 수 없다.

---

②는 원저작자가 이용 방법 및 이용 조건을 지정할 수 있다고 한다. '링크만 남기면 자유롭게 써도 된다.'라고 안내된 무료 음원을 본 적이 있다면, 원저작자가 출처 표기라는 이용 방법을 지정해 이용허락을 알린 것이다.

그러나 원저작자에게 이용허락을 요청했다고 해서 무조건 사용할 수 있는 것은 아니다. '이용허락'의 가장 큰 특징은 모든 것을 원저작자가 결정한다는 것이나. 서작권법은 원서작사가 이봉허락을 승인 또는 서부할 어떤 기순노 제시하고 있지 않다.

따라서, 저작물을 안전하게 이용할 수 있는 방법은 다음과 같다.

(1) 원저작자에게 이용허락을 받는다. 물론 원저작자가 요구하는 이용 범위와 조건을 잘 이행해야 한다.

(2) 인용한다.

(3) 공정하게 이용한다. 이때는 원저작자의 정당한 이익을 부당하게 해치지 않도록 주의한다. 추가로, 인용이나 공정한 이용일 때는 다른 사람의 저작물이라는 사실을 누구나 알 수 있도록 출처를 반드시 표기한다.

3 유튜브가 저작권과 콘텐츠를 관리하는 방법

1) Content ID

유튜브는 여러 기술을 적용하여 콘텐츠와 저작권 관리를 하고 있다. 대표적인 기술이 Content ID(Content Identification)이다. 이 기술은 콘텐츠가 유튜브에 등록될 때마다 데이터베이스에 관리하고 있는 원저작물과 비교한 후 해당 콘텐츠의 유통 여부와 수익 구조 등을 저작권자가 직접 선택할 수 있는 일종의 '저작물 관리 시스템'이다.

본인의 콘텐츠가 Content ID의 기준을 충족한다고 생각하는 저작권 소유자는 저작권 관리에 필요한 사항을 YouTube에 자세히 알릴 수 있다.

Content ID에서 일치하는 항목을 찾으면 해당 동영상에 Content ID 소유권 주장이 적용된다. Content ID 소유권 주장이 제기되면 저작권 소유자의 Content ID 설정에 따라 다음 조치 중 하나가 적용된다.

〈표 6-5〉 Content ID 설정에 따른 조치[2]

유형	내용
차단	문제의 콘텐츠를 시청할 수 없도록 차단한다. 국가별로 부분 차단할 수 있다.
음소거	동영상에서 저작권을 보호받는 음악이 사용된 경우, 음소거 할 수 있다.
플랫폼 선택	저작권 소유자는 콘텐츠가 표시되는 기기, 앱 또는 웹사이트를 제한할 수 있다.
수익 창출	광고가 없는 비상업적 목적의 콘텐츠라면 광고를 게재하고 원저작자가 수익을 가져간다.
수익 공유	경우에 따라, 원저작자와 크리에이터가 수익을 배분할 수 있다.
추적	판단을 보류하고, 신고받은 콘텐츠의 시청률 통계 정보를 계속 추적한다.

출처 : 김혜주(2021). 『된다! 유튜브 영상 만들기』. 이지스퍼블리싱. p.180.

YouTube는 특정 기준에 부합하는 저작권 소유자에게만 Content ID를 부여한다. 승인을 받으려면 저작권 소유자가 YouTube에 자주 업로드되는 원본 자료의 상당 부분에 대해 배타적인 권리를 보유하고 있어야 한다.

YouTube에서는 계속해서 잘못된 소유권 주장을 하는 저작권 소유자의 경우 Content ID를 이용할 수 없으며 YouTube와의 파트너 관계도 종료될 수 있다.

2) Content ID 기능

Content ID는 특정 기준에 부합하는 저작권자에게만 부여된다. 이를 위해 저

---

2) 지역별로 조치가 다를 수 있다는 점에 유의해야 한다. 예를 들어 어떤 국가/지역에서는 동영상으로 수익을 창출할 수 있지만 또 다른 국가/지역에서는 차단되거나 추적될 수 있다.

작권자는 유튜브에서 자주 업로드되는 원본 자료의 상당 부분에 대해 독점권을 보유하고 있어야 하며, 이에 대한 증거를 제시하여야 한다.

저작권자는 유튜브에 저작권 보유 콘텐츠의 참조 사본을 제공하여야 하며, 이 참조 사본은 업로드된 동영상에 일치하는 콘텐츠가 있는지 스캔하는 데 이용된다.

Content ID는 유튜브 사용자가 업로드한 콘텐츠를 스캔하여 일치 항목을 식별한다. 예를 들어 저작권이 있는 드라마를 유튜브 사용자가 업로드한 경우, 저작권자가 유튜브 측에 제공한 참조 사본과 일치하는 부분이 있다면 자동으로 유튜브상에서의 콘텐츠의 재생이 차단되고 이에 대해 소유권이 주장된다. 이렇게 제기된 소유권 주장에 대해 유튜브 업로더가 반박을 제시한 경우, 저작권자는 주어진 기간 내에 소유권에 대한 재주장을 마쳐야 하며, 그렇지 않을 시 자동으로 소유권 주장이 만료되어 업로더가 콘텐츠를 재게시할 수 있다(최푸름, 2021).

3) Checks 기능[3]

새롭게 도입된 Checks 기능은 Content ID 기능과 달리, 콘텐츠가 게시되기 전 단계에서 실행된다. 자동으로 Content ID에 등록되어 있는 메타데이터와 유튜브 이용자가 게시하고자 하는 콘텐츠를 비교하여 만약의 사태에 대비하여 발생할 수 있는 저작권 이슈를 미리 탐지한다.

모든 유튜브 업로더는 Checks 단계를 거쳐야 하며, 이를 중단할 경우 콘텐츠는 게시되지 않고 Draft의 형태로 저장된다. 저작권 이슈가 없다면 콘텐츠 게시가 가능하다. 만약 Checks 과정에서 저작권 이슈가 발견된다면, 업로더는 ① Content ID에서 타 저작물과 일치된 부분을 편집해서 삭제하거나 ② 해당 일치 부분을 편집 및 교체하거나 ③ 음악저작물에 한하여 소리 등을 음소거 할 수 있다.

---

3) 최푸름(2021.04.15). 유튜브, 콘텐츠 업로드 전 저작권 침해를 막기 위한 기능을 도입하다. 저작권 동향. 6호. pp.1~3.

Checks상 저작권 이슈가 있으나 자신이 저작권자인 경우에는 Checks를 통해 소유권 주장도 가능하다. 이는 수일이 소요되며, 소유권 주장이 받아들여지면 해당 콘텐츠 게시가 가능하다.

소유권 주장에 대한 이의를 제기하는 경우, 이의제기가 해결될 때까지 영상 재생을 보류하고 해결한 후에 공개하거나, 이의제기가 해결되기를 기다리는 동안 영상이 게시되도록 할 수 있다. 다만 후자의 경우, 콘텐츠에서 발생된 수익금의 지급이 보류되며, 소유권 주장이 해결된 후 적절한 저작권자에게 수익금이 지급된다.

유튜브의 새로운 기능인 Checks는 콘텐츠 업로드 후 저작권 침해 여부를 판단하는 Content ID 기능과 달리, 콘텐츠 업로드 전에 미리 저작권 침해 가능성을 판단하여 업로더에게 고지한다는 것이 큰 차이점이라 할 수 있다. 이를 통해, 이미 업로드된 콘텐츠에 대하여 업로더와 저작권자 사이의 Content ID 소유권을 통한 분쟁 해결에서 시간과 비용 측면의 효율적인 수단이 될 것으로 보인다. 그러나 다수의 유튜브 업로더 사이트에서 Checks 기능 사용 시 소요되는 시간이 너무 많다며 불만을 제기하고 있는 상황이다.

4 크리에이티브 커먼즈 라이선스

1) 크리에이티브 커먼즈 라이선스란?

크리에이티브 커먼즈 라이선스(Creative Commons License)는 특정 조건에 따라 저작물 배포를 허용하는 저작권 라이선스 중 하나이다. 간단히 CCL이라고도 한다.

인터넷을 통해 우리는 누군가가 공유한 창작물을 통해 쉽게 접하고, 그 창작물을 또 다른 누군가에게 전하거나 편집해서 새로운 창작물을 만들어내는 게 아주 자연스러운 시대를 살고 있다. 그리고 이런 창작물의 공유와 재창작은 우리 사회에 새로운 가능성들을 가져온다. CCL은 저작자가 자신의 권리를 지키면서도 저작물을 자유롭게 공유할 수 있도록 한 수단이다.

CCL은 저작자가 자신의 저작물을 다른 이들이 자유롭게 쓸 수 있도록 미리 허락하는 라이선스로, 자신의 저작물을 이용할 때 어떤 이용허락조건들을 따라야 일시 신넥바 표시아세 긴나. CCL이 씩웅긴 시식뭀을 이용아니는 사넘믄 시식자에게 별도로 허락을 받지 않아도, 저작자가 표시한 이용허락조건에 따라 자유롭게 저작물을 이용할 수 있다.

CCL을 구성하는 이용허락조건에는 4개가 있으며, 이용허락조건들을 조합한 6종류의 CCL이 존재한다.

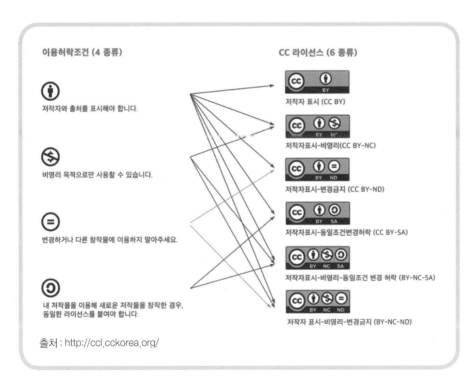

[그림 6-1] CCL 이용 조건 표시

2) CCL 이용허락조건

저작물을 이용하는 사람들은 저작물에 적용된 CC 라이선스에서 표시하고 있는 이용허락조건에 따라 저작물을 자유롭게 이용하게 된다. CC 라이선스에서 선택할 수 있는 이용허락조건은 아래와 같이 4가지다.

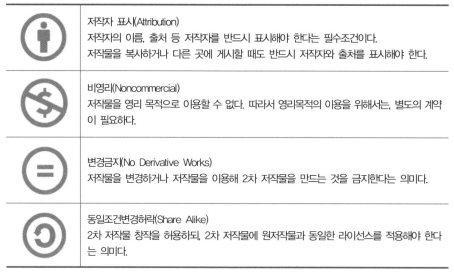

	저작자 표시(Attribution) 저작자의 이름, 출처 등 저작자를 반드시 표시해야 한다는 필수조건이다. 저작물을 복사하거나 다른 곳에 게시할 때도 반드시 저작자와 출처를 표시해야 한다.
	비영리(Noncommercial) 저작물을 영리 목적으로 이용할 수 없다. 따라서 영리목적의 이용을 위해서는, 별도의 계약이 필요하다.
	변경금지(No Derivative Works) 저작물을 변경하거나 저작물을 이용해 2차 저작물을 만드는 것을 금지한다는 의미다.
	동일조건변경허락(Share Alike) 2차 저작물 창작을 허용하되, 2차 저작물에 원저작물과 동일한 라이선스를 적용해야 한다는 의미다.

출처 : http://ccl.cckorea.org/

3) CCL의 종류

CCL에는 4개의 이용허락조건들로 구성된 6종류의 라이선스들이 있다. 원하는 이용허락조건들로 구성된 CCL을 선택 후 CCL 표기 가이드에 따라 자신의 저작물에 선택한 CCL을 표기하도록 한다. 참고로, 각 라이선스별로 CC 라이선스를 쉽게 읽고 이해할 수 있도록 이용허락규약을 요약한 일반증서(Commons Deed)와 법률적 근거가 되는 약정서 전문인 이용허락규약(Legal Code)이 있다.

	저작자 표시(CC BY) 가능한 이용 • 복사 및 배포를 할 수 있다.(반드시 저작자 및 출처를 표시) • 상업적 이용이 가능하다. • 이 저작물을 변경하거나, 이용해 2차 저작물을 만들어도 된다.(반드시 원저작자 및 출처를 표시) • 2차 저작물의 라이선스를 자유롭게 선택해도 된다. 제한된 이용 • 저작자 및 출처만 표시하면, 제한없이 자유롭게 이용할 수 있다.
	저작자표시–비영리(CC BY–NC) 가능한 이용 • 복사 및 배포를 할 수 있다.(반드시 저작자 및 출처를 표시) • 이 저작물을 변경하거나, 이용해 2차 저작물을 만들어도 된다.(반드시 원저작자 및 출처를 표시) • 2차 저작물의 라이선스를 자유롭게 선택해도 된다. 제한된 이용 • 상업적 이용이 불가능하다.
	저작자표시–변경금지(CC BY–ND) 가능한 이용 • 복사 및 배포를 할 수 있다.(반드시 저작자 및 출처를 표시) • 상업적 이용이 가능하다. 제한된 이용 • 이 저작물을 변경하거나, 이용해 2차 저작물을 만들면 안 된다.
	저작자표시–동일조건변경허락(CC BY–SA) 가능한 이용 • 복사 및 배포를 할 수 있다.(반드시 저작자 및 출처를 표시) • 상업적 이용이 가능하다. • 이 저작물을 변경하거나, 이용해 2차 저작물을 만들어도 된다.(반드시 원저작자 및 출처를 표시) 제한된 이용 • 2차 저작물에 원저작물과 동일한 라이선스를 적용해야 한다.
	저작자표시–비영리–동일조건 변경 허락(BY–NC–SA) 가능한 이용 • 복사 및 배포를 할 수 있다.(반드시 저작자 및 출처를 표시) • 이 저작물을 변경하거나, 이용해 2차 저작물을 만들어도 된다.(반드시 원저작자 및 출처를 표시) 제한된 이용 • 상업적 이용이 불가능하다. • 2차 저작물에 원저작물과 동일한 라이선스를 적용해야 한다.

	저작자 표시-비영리-변경금지(BY-NC-ND)
	가능한 이용
	• 복사 및 배포를 할 수 있다.(반드시 저작자 및 출처를 표시)
	제한된 이용
	• 상업적 이용이 불가능하다.
	• 이 저작물을 변경하거나, 이용해 2차 저작물을 만들면 안 된다.

출처 : http://ccl.cckorea.org/

5 2차적 저작물 판례 정리[4]

1) 2차적 저작물의 요건

대법원 2002.1.25. 선고 99도863 판결

저작권법 제5조 제1항은 원저작물을 번역·편곡·변형·각색·영상제작 그 밖의 방법으로 작성한 창작물(이하 '2차적 저작물'이라 한다)은 독자적인 저작물로서 보호된다고 규정하고 있는바, 2차적 저작물로 보호를 받기 위하여는 원저작물을 기초로 하되 원저작물과 실질적 유사성을 유지하고, 이것에 사회통념상 새로운 저작물이 될 수 있을 정도의 수정·증감을 가하여 새로운 창작성이 부가되어야 하는 것이며, 원저작물에 다소의 수정·증감을 가한 데 불과하여 독창적인 저작물이라고 볼 수 없는 경우에는 저작권법에 의한 보호를 받을 수 없다.

예를 들어 대중가요를 컴퓨터용 음악으로 편곡한 것은 저작권법에 의하여 보호될 가치가 있는 2차적 저작물에 해당하므로 피고인이 이를 임의로 복제하여 판매한 행위는 저작권법 위반에 해당한다.

---

4) 법무법인 미후 김경환 대표변호사 작성, 블루그(2020.11.10) 기고(https://www.nopla.not/post).

2) 2차적 저작물에서 실질적 유사성 판단

대법원 2004.7.8. 선고 2004다18736 판결

저작권법이 보호하는 것은 문학·학술 또는 예술에 관한 사상·감정을 말·문자·음·색 등에 의하여 구체적으로 외부에 표현하는 창작적인 표현형식이므로, 2차적 저작권의 침해 여부를 가리기 위하여 두 저작물 사이에 실질적 유사성이 있는가의 여부를 판단함에 있어서는 원저작물에 새롭게 부가한 창작적인 표현형식에 해당하는 것만을 가지고 대비하여야 한다.

3) 2차적 저작물에서 실질적 유사성 판단2

대법원 2013.8.22. 선고 2011도3599 판결

2차적 저작물이 되기 위해서는 원저작물을 기초로 수정·증감이 가해지되 원저작물과 실질적 유사성을 유지하여야 한다. 따라서 어문저작물인 원저작물을 기초로 하여 이를 요약한 요약물이 원저작물과 실질적인 유사성이 없는 별개의 독립적인 새로운 저작물이 된 경우에는 원저작물 저작권자의 2차적 저작물작성권을 침해한 것으로 되지는 아니하는데, 여기서 요약물이 원저작물과 실질적인 유사성이 있는지는, 요약물이 원저작물의 기본으로 되는 개요, 구조, 주된 구성 등을 그대로 유지하고 있는지 여부, 요약물이 원저작물을 이루는 문장들 중 일부만을 선택하여 발췌한 것이거나 발췌한 문장들의 표현을 단순히 단축한 정도에 불과한지 여부, 원저작물과 비교한 요약물의 상대적인 분량, 요약물의 원저작물에 대한 대체가능성 여부 등을 종합적으로 고려해서 판단해야 한다.

4) 2차적 저작물에서 의거관계 판단

대법원 2018.5.15. 선고 2016다227625 판결

저작권법이 보호하는 복제권이나 2차적 저작물작성권의 침해가 성립되기 위하여는 대비 대상이 되는 저작물이 침해되었다고 주장하는 기존의 저작물에 의거하여 작성되었나는 섬이 인성뇌어야 한다. 이러한 의거관계는 기존의 저작물에 대한 접근 가능성 및 대상 저작물과 기존 저작물 사이의 유사성이 인정되면 추정할 수 있다.

5) 2차적 저작물의 양도

대법원 2016.8.17. 선고 2014다5333 판결

2차적 저작물은 원저작물과는 별개의 저작물이므로, 어떤 저작물을 원저작물로 하는 2차적 저작물의 저작재산권이 양도되는 경우, 원저작물의 저작재산권에 관한 별도의 양도 의사표시가 없다면 원저작물이 2차적 저작물에 포함되어 있다는 이유만으로 원저작물의 저작재산권이 2차적 저작물의 저작재산권 양도에 수반하여 당연히 함께 양도되는 것은 아니다. 그리고 양수인이 취득한 2차적 저작물의 저작재산권에 2차적 저작물에 관한 2차적 저작물작성권이 포함되어 있는 경우, 2차적 저작물작성권의 행사가 원저작물의 이용을 수반한다면 양수인은 원저작물의 저작권자로부터 원저작물에 관한 저작재산권을 함께 양수하거나 원저작물 이용에 관한 허락을 받아야 한다. 한편 원저작물과 2차적 저작물에 관한 저작재산권을 모두 보유한 자가 그중 2차적 저작물의 저작재산권을 양도하는 경우, 양도의 의사표시에 원저작물 이용에 관한 허락도 포함되어 있는지는 양도계약에 관한 의사표시 해석의 문제로서 계약의 내용, 계약이 이루어진 동기와 경위, 당사자가 계약에 의하여 달성하려고 하는 목적, 거래의 관행 등을 종합적으로 고찰하여 논리와 경험의 법칙에 따라 합리적으로 해석하여야 한다.

'2차적 저작물' 표절… 누구의 저작권 침해인가

A는 '사랑과 의식'이라는 영화를 위한 시나리오를 완성하고 제작사를 섭외하던 중, 동료작가인 B와 갈등을 빚게 됐다. B는 A가 완성한 시나리오에 자신의 아이디어를 합해 실질적인 개조 및 변경작업을 마치고, 객관적으로 창작성이 인정될 정도의 새로운 시나리오를 완성해 영화(제목: 다시 태어나도 당신을) 제작을 앞두고 있다.

그러나 B는 영화제작사 섭외를 마친 이후, C가 자신의 아이디어를 표절해 소설(제목 : 당신과 이 길을)을 완성해 인쇄까지 마친 사실을 알게 됐다. 이에 B는 C에게 자신의 작품을 표절한 행위에 대한 법적 책임을 묻고자 소송을 제기했다.

그러나 C는 "B의 저작물이 침해된 것이 아니기에, B는 소송을 제기할 수 없다"고 항변하고 있다. C의 주장은 타당한가? B의 저작권은 인정되지 않는가?

◇ 문제점 = 원저작권의 내용을 수정·변경해 원저작물이라고 볼 수 없을 정도의 창작성이 인정되면 '2차적 저작물'로서 새로운 저작물이 탄생한다. 그러나 창작성의 인정 여부는 어려운 문제이지만 그것은 별론으로 하고, '2차적 저작물'의 내용을 표절한 행위가 누구의 저작권을 침해한 것일까?

◇ 규정 = 저작권법 제2조 제1호를 보면, "저작물"은 인간의 사상 또는 감정을 표현한 창작물을 말한다.

또 저작권법 제5조(2차적저작물)에는 "①원저작물을 번역·편곡·변형·각색·영상제작 그 밖의 방법으로 작성한 창작물(이하 "2차적 저작물"이라 한다)은 독자적인 저작물로서 보호된다. ②2차적 저작물의 보호는 그 원저작물의 저작자의 권리에 영향을 미치지 아니한다"고 돼 있다.

◇ 판례 = 이와 관련된 판례가 많이 있지만 대표적인 판례를 소개하면, 저작자는 그의 저작물을 원저작물로 하는 2차적 저작물을 작성하여 이용할 권리를 가진다(동법 제22조). 이 권리를 '2차적 저작물 작성권'이라 하며, 원저작자의 허락을 받지 아니하고 이미 작성된 '2차적 저작물에 대한 저작권'과는 별개다.

즉 '2차적 저작물 작성권'은 원본 저작자에게 있지만, 원본에 의거하여 이미 작성된 '2차적 저작물에 대한 저작권'은(2차적 저작물 저작자의, 원저작권에 대한 침해는 별론으로 하고) 그 2차적 저작물을 작성한 자에게 저작권이 있다(대법원 1992.09.22. 선고 91다 39092 판결 등).

◇ 결과 및 시사점=2차적 저작물로 보호받기 위해서는 원래의 저작물을 기초로 하되 사회통념상 새로운 저작물이 될 수 있을 정도로 창작성이 있어야 하고, 원래의 저작물에 다소의 수정·증감을 가한 수준이어서 독창적인 저작물이라고 볼 수 없는 경우에는 표절에 불과해 저작권법에 의한 보호를 받을 수 없다. 하지만 창작성의 인정에는 많은 고민이 필요하다.

따라서 B는 자신의 창작적인 노력이 가해져 새로운 창작물로 볼 수 있는 부분의 침해에 대해 C를 상대로 법적 책임을 물을 수 있다.

출처 : 중기이코노미(2018.12.24)

6 개인정보 보호 규정

1)「개인정보 보호법」

이 법은 개인정보의 처리 및 보호에 관한 사항을 정함으로써 개인의 자유와 권리를 보호하고, 나아가 개인의 존엄과 가치를 구현함을 목적으로 한다.

(1) "개인정보"란 살아 있는 개인에 관한 정보로서 성명, 주민등록번호 및 영상 등을 통하여 개인을 알아볼 수 있는 정보(해당 정보만으로는 특정 개인을 알아볼 수 없더라도 다른 정보와 쉽게 결합하여 알아볼 수 있는 것을 포함한다.)를 말한다.

(2) "처리"란 개인정보의 수집, 생성, 연계, 연동, 기록, 저장, 보유, 가공, 편집,

검색, 출력, 정정(訂正), 복구, 이용, 제공, 공개, 파기(破棄), 그 밖에 이와 유사한 행위를 말한다.

(3) "정보 주체"란 처리되는 정보에 의하여 알아볼 수 있는 사람으로서 그 정보의 주체가 되는 사람을 말한다.

(4) "개인정보 파일"이란 개인정보를 쉽게 검색할 수 있도록 일정한 규칙에 따라 체계적으로 배열하거나 구성한 개인정보의 집합물(集合物)을 말한다.

(5) "개인정보 처리자"란 업무를 목적으로 개인정보 파일을 운용하기 위하여 스스로 또는 다른 사람을 통하여 개인정보를 처리하는 공공 기관, 법인, 단체 및 개인 등을 말한다.

(6) "공공 기관"이란 다음 각 목의 기관을 말한다.

① 국회, 법원, 헌법재판소, 중앙선거관리위원회의 행정 사무를 처리하는 기관, 중앙행정기관(대통령 소속 기관과 국무총리 소속 기관을 포함한다.) 및 그 소속 기관, 지방자치단체
② 그 밖의 국가 기관 및 공공 단체 중 대통령령으로 정하는 기관

(7) "영상 정보 처리 기기"란 일정한 공간에 지속적으로 설치되어 사람 또는 사물의 영상 등을 촬영하거나 이를 유·무선망을 통하여 전송하는 장치로서 대통령령으로 정하는 장치를 말한다.

2) 원칙

(1) 개인정보 처리자는 개인정보의 처리 목적을 명확하게 하여야 하고, 그 목적에 필요한 범위에서 최소한의 개인정보만을 적법하고 정당하게 수집하여야 한다.

(2) 개인정보 처리자는 개인정보의 처리 목적에 필요한 범위에서 적합하게 개인정보를 처리하여야 하며, 그 목적 외의 용도로 활용하여서는 아니 된다.

(3) 개인정보 처리자는 개인정보의 처리 목적에 필요한 범위에서 개인정보의 정확성, 완전성 및 최신성이 보장되도록 하여야 한다.

(4) 개인정보 처리자는 개인정보의 처리 방법 및 종류 등에 따라 정보 주체의 권리가 침해받을 가능성과 그 위험 정도를 고려하여 개인정보를 안전하게 관리하여야 한다.

(5) 개인정보 처리자는 개인정보 처리 방침 등 개인정보의 처리에 관한 사항을 공개하여야 하며, 열람 청구권 등 정보 주체의 권리를 보장하여야 한다.

(6) 개인정보 처리자는 정보 주체의 사생활 침해를 최소화하는 방법으로 개인정보를 처리하여야 한다.

(7) 개인정보 처리자는 개인정보의 익명 처리가 가능한 경우에는 익명에 의하여 처리될 수 있도록 하여야 한다.

(8) 개인정보 처리자는 이 법 및 관계 법령에서 규정하고 있는 책임과 의무를 준수하고 실천함으로써 정보 주체의 신뢰를 얻기 위하여 노력하여야 한다.

3) 정보 주체의 권리

(1) 개인정보의 처리에 관한 정보를 제공받을 권리

(2) 개인정보의 처리에 관한 동의 여부, 동의 범위 등을 선택하고 결정할 권리

(3) 개인정보의 처리 여부를 확인하고 개인정보에 대하여 열람(사본의 발급을 포함한다. 이하 같다.)을 요구할 권리

(4) 개인정보의 처리 정지, 정정·삭제 및 파기를 요구할 권리

(5) 개인정보의 처리로 인하여 발생한 피해를 신속하고 공정한 절차에 따라 구제받을 권리

4) 국가 등의 책무

(1) 국가와 지방자치단체는 개인정보의 목적 외 수집, 오용·남용 및 무분별한 감시·추적 등에 따른 폐해를 방지하여 인간의 존엄과 개인의 사생활 보호를 도모하기 위한 시책을 강구하여야 한다.

(2) 국가와 지방자치단체는 제4조에 따른 정보 주체의 권리를 보호하기 위하여 법령의 개선 등 필요한 시책을 마련하여야 한다.

(3) 국가와 지방자치단체는 개인정보의 처리에 관한 불합리한 사회적 관행을 개선하기 위하여 개인정보 처리자의 자율적인 개인정보 보호 활동을 존중하고 촉진·지원하여야 한다.

(4) 국가와 지방자치단체는 개인정보의 처리에 관한 법령 또는 조례를 제정하거나 개정하는 경우에는 이 법의 목적에 부합되도록 하여야 한다.

읽을거리 ○─

개인정보 노린 '뒷광고' 방송, '욕망'은 여전하다

재무설계 상담을 빙자해 보험대리점 업체에 개인정보를 넘긴 EBS '머니톡'에 대한 개인정보 관련 법 위반에 따른 첫 제재가 내려졌다. 미디어오늘 보도 이후 1년 4개월 만이다. 정부가 EBS 방송의 불법성은 인정했지만 '뿌리 뽑기'로 나아가기 위해선 과제가 산적해 있다.

"와 이렇게까지 절약이 가능하네요. 비싼 보험료, 가입한 보험의 보장이 걱정되신다면, 02-XXX-3986 지금 바로 머니톡에 연락 주세요." EBS '머니톡' 방송의 한 대목이다. '재테크' 열풍이 이어지는 가운데 등장한 이 방송은 유명 연예인과 전문가들이 출연해 시청자들에게 '무료' 상담을 해준다고 강조했다.

그러나 이 방송은 보험사에 개인정보를 넘기기 위한 '기만적인 협찬'이었다. EBS '머니톡'이 전화, 온라인 등 무료 상담을 하는 과정에서 고지를 하지 않고 개인정보를 보험대리점 업체 키움에셋플래너에 넘겼다. 이 방송에 출연한 전문가들은 키움에셋플래너 소속이었고, EBS가 방송에서 안내한 상담 전화번호도 EBS가 아닌 키움에셋플래너측의 연락처였다.

즉 시청자들은 EBS가 전문가들을 섭외해 무료 상담을 해준다고 생각했지만, 실상은 특정 보험대리점업체에 이용자를 넘기는 행위였던 것이다.

개인정보보호위원회는 보도 직후인 2020년 10월 조사에 착수했고, 지난 9일 제재를 의결했다. 개인정보위는 이들 업체에 총 2억 443만 원의 과징금과 100만 원의 과태료, 시정명령을 부과했다. 개인정보위는 EBS에 '이용자에게 알리지 않고 개인정보를 제3자에 제공'했다며 정보통신망법 위반이라고 판단했다. 키움에셋플래너에는 제공받은 개인정보를 동의 없이 목적 외 용도(마케팅, 판매)로 이용한 행위, 동의 과정에서 정보주체가 명확하게 인지할 수 있도록 알리지 않은 행위 등을 개인정보보호법 위반으로 판단했다.

그러나 2020년 보도 당시 EBS와 키움에셋플래너 모두 '법적 문제가 없다'는 입장이었다. EBS는 '머니톡'을 폐지하면서도 "적법성 여부를 떠나 국민적 정서를 감안" "일부의 지적을 EBS가 겸허히 수용"이라고 표현해 '문제'를 시인하지 않았다. 당시 키움에셋플래너 역시 "법률검토를 마쳤다"며 "기사에서 범법행위를 한 기업으로 보여지고 있다"며 반발했다.

개인정보위의 이번 조치와 관련 키움에셋플래너는 "무겁게 받아들이고 있다"며 "법률적 검토 등을 통해 개인정보보호 강화에 더욱더 신경 쓰고자 한다"고 밝혔다. EBS는 "처분 내용을 존중하고, 조치사항을 빠르게 수행할 수 있도록 하겠다"며 "명확하게 고지하지 않은 점에 대해 책임을 느끼며, 문제 발생 즉시 해당 프로그램을 폐지하였고 서비스를 중단하는 등 재발 방지를 위해 최선의 노력을 다하겠다"고 밝혔다.

EBS '머니톡' 등 보험방송 문제와 관련해선 방통위의 '소극' '늑장' 대응이 피해를 키웠다. 2020년 국회 국정감사 당시 한상혁 방송통신위원장은 잇따른 질의에 "살펴보겠다"며 원론적인 답을 하는 데 그쳤다. 실제 방통위는 2021년 조사를 시작하는 등 대응이 늦었다. 방통위가 2021년 9월 공개한 모니터 결과에 따르면 보험방송이 19개 채널에서 방영되고 있다고 했지만, 실제 31개 채널에서 방송되고 있어 조사의 허점도 드러났다.

보험대리점업계에 따르면 보험방송은 2017~2018년 경쟁적으로 이어졌다. 초기에는 흔히 케이블채널이라고 부르는 일반PP에 제한적으로 시도하다, 종편, 지상파 라디오, 지상파TV 방송에까지 이어지게 됐다. 주무부처 방통위가 제재를 내리지 않자 보험대리점 업체들은 '점점 더 영향력이 큰 방송'을 섭외하기 시작해 EBS까지 닿은 것이다.

개인정보위에 따르면 고지를 하지 않고 개인정보를 넘긴 이들만 5501명에 달했다. 유사 프로그램이 적지 않았다는 점을 감안하면 전체 피해 규모는 수만 명을 넘길 수도 있다.

'머니톡'은 EBS 폐지 이후에도 KNN에 동일 프로그램을 그대로 방영하는 등 '머니톡'으로 인한 피해는 이어졌다. 다른 방송에서도 시청자들의 피해가 끊이지 않았다. 방통위가 조사를 공표하기 직전인 지난해 6월 방영을 시작한 한 보험 방송 프로그램의 시청자 게시판에는 "고객을 호구로 보는 보험 영업팔이" 등 항의 글들이 올라와 있다.

다만 방통위가 지난해 9월 뒤늦게라도 '방송법 위반' 가능성을 전제로 적극 조사 의지를 밝히고 모니터 결과를 공개하면서 보험방송이 대거 중단된 점은 주목할 필요가 있다. 방통위는 보험방송이 '방송서비스의 제공과정에서 알게 된 시청자 정보의 부당유용'을 금지행위로 정한 방송법 위반 소지가 크다는 입장이다. 방통위는 이달 중 보험방송들에 대한 처분을 내릴 예정이다.

개인정보보호위원회 조사 역시 '성과'와 '한계'가 공존한다. 과징금 규모가 크지 않은 점, 조사에 오랜 시일이 걸린 점, 유사 방송에 대한 조사에 나서지 않은 점 등이 한계로 꼽힌다.

한 보험업계 관계자는 "보험판매 회사는 계속 돌파구를 찾으려 노력 중"이라며 "어떠한 형태가 되었든 개인정보 습득으로 영업을 하고자 하는 욕망은 위법 판단에도 계속 꿈틀대고 있다"고 지적했다. 금융 당국 등 보험방송에 대한 규제 조치가 마련되자 일부 보험방송은 여전히 특정 업체 보험설계사를 전문가로 출연시키고, 방송 사이에 붙는 광고에 해당 업체 전화번호를 포함하는 등 특정 보험업체를 위한 방송은 '변칙'적으로 이어지는 모양새다.

이는 방송과 보험대리점 업계 두 산업의 이익과 연관된 문제이기도 하다. 방송은 '협찬'에 대한 규제가 엄격하지 않은 가운데 무한 경쟁이 이어지면서 온갖 방식에 협산을 해 수익성을 키우는 진략으로 일관하고 있다. 보험대리점 업계는 지인 대상 영업이 한계를 갖고 대리점 업계가 과포화돼 경쟁이 치열해진 가운데 '방송'이 대안으로 여겨졌다.

개인정보위 조사 결과에 따르면 EBS는 시청자 2만 8,000여 명의 정보를 재무상담 목적으로 키움에셋플래너에 넘겼고, 키움에셋플래너는 이 가운데 4,066명과 계약을 체결했다. 지인 대상 영업으로는 불가능한 '체결률'을 보인 것이다. 당시 키움에셋플래너 내부 자료를 보면 "지상파 방송이 늘어나면서 DB(데이터베이스) 확보에 많은 도움이 되고 있다", "지상파 채널 확대는 콘텐츠 신뢰도 측면에서 우수하며 새로운 시장 확보에 도움이 되고 있다" 등의 표현이 등장한다.

보험업계 관계자는 "앞으로도 방송사가 개인정보를 이용한 보험사 이익에 이용되지 않도록 하는 제도 마련과 해당분야 전문가를 활용한 철저한 모니터링, 감시체계를 갖춰야 한다"고 했다. 단순히 개별 방송 제재가 아닌 지속적인 감시체계가 마련돼야 한다는 얘기다.

제도 측면에선 방통위가 홈쇼핑 연계편성 등 문제의 대안으로 마련한 '협찬 사실 고지'를 의무화하는 방송법 개정안이 2020년 정부 입법 형태로 제출했으나 관련 논의가 이뤄지지 않고 있다. 협찬 사실을 고지하면 방송사가 보험사 등 협찬주를 방송에서 언급해야 하기에 '기만적 정보 제공' 문제를 일정 부분 해소할 수 있다.

출처 : 미디어오늘(2022.02.16)

유튜브 마케팅 실무

소셜 미디어와 마케팅

소셜 미디어와 마케팅

소셜 미디어와 마케팅

숏폼

CHAPTER

7

숏폼의 주목성

빠르게 변화하는 디지털 환경. 이제는 영상이 변하고 있다. 숏폼(short form)이라는 단어가 언제부터인가 자주 들리게 되었고, 점점 동영상 콘텐츠 길이가 짧아지기 시작했다. 그동안 영상은 16:9 중심의 가로 형태, 10분의 러닝타임이 디폴트였다. 어느 순간 여러 플랫폼에서 1분 미만의 세로 영상이 늘어나고 있다.

문자 그대로 '짧은 동영상'을 뜻하는 숏폼은 평균 15~60초, 최대 10분을 넘기지 않는 동영상 콘텐츠다. 틱톡이 불러일으킨 숏폼 열풍은 지나가는 유행일까? 앞으로의 기준이 될까? 글로벌 기업들의 움직임을 통해 유추할 수 있다. 인스타그램·유튜브·넷플릭스·네이버 등 이름만 들어도 알 수 있는 글로벌 플랫폼은 연이어 숏폼 콘텐츠를 론칭하고 있다.

이러한 숏폼의 인기 비결을 살펴보기 위하여 동영상을 분석할 때 사용하는 '세 가지(시청자, 콘텐츠, 제작자) 관점'으로 설명하겠다(연희승, 2022).

1) 시청자 관점 : 숏폼을 즐기는 이유

(1) 간단하게 보고 싶을 때(읽는 매뉴얼보다 보여주는 튜토리얼을 선호)

(2) 깊게 알기보다는 넓고 다양하게 알고 싶을 때

(3) 재미와 흥미 위주로 보고 싶을 때

(4) 중간에 끊지 않고 보고 싶을 때(막간 이용 가능)

2) 콘텐츠 관점 : 숏폼이 증가한 이유

(1) 시간과 장소 관계 없이 시청 가능

(2) 여러 세대가(스마트폰, 태블릿) 기기를 손쉽게 사용함에 따라 콘텐츠 수요
도 증가

(3) (정보, 후기 등) 콘텐츠 제공자 증가, 업로드 주기도 잦아짐

(4) 콘텐츠를 볼 수 있는 매체(온라인 플랫폼, 디지털 사이니즈 등) 증가

3) 제작자 관점 : 숏폼을 반기는 이유

(1) 짧은 시간에 메시지 전달 가능

(2) (불필요한 부분 줄이고) 주요 내용만 간단하게 표현 가능

(3) 제작 비용 절감 기능(기술력 부족해도 아이디어로 승부)

(4) (타인의 콘텐츠에 반응하여 자신도 빠르게 업로드하는 등) 상호작용의 즐거움
이 있음

4) 숏폼 인기 비결[1]

(1) 세로 형식

TV를 통해 영상을 처음 접한 사람이 대다수일 것이다. 이후 PC가 보급되며

---

1) 김선지(2021.08.31). 모두가 숏폼을 주목하는 이유, 디지털 인사이트.

우리는 TV와 PC를 통해 영상을 접할 수 있었다. 4:3(1.33:1)이었던 표준 비율은 16:9(1.77:1)로 변화했다. 일부 대형 디스플레이는 영화관 비율인 21:9(2.33:1)로 제작되기도 한다. 이때까지만 해도 대부분의 영상은 가로 사이즈 중심이었다. 인간의 세로 인지 시야는 가로에 비해 한정적이다. 기술적·미학적 등 여러 이유가 있지만, 이것이 새로운 디스플레이가 출시될 때마다 가로로 길어지는 주된 이유다. 영상을 담는 틀이 가로로 긴 형태였기 때문에 그에 맞춰 영상이 제작되는 것은 당연한 수순이었다.

TV와 PC가 독점하던 디스플레이 시장에 스마트폰이 등장했다. 사용자는 장소에 구애받지 않고 영상을 시청할 수 있음에 감탄했다. 비록 화면을 전환한 후, 가로로 눕혀 시청하는 번거로운 UI를 거쳐야 했지만 말이다. TV와 PC에서는 가로로 긴 형태가 당연시됐지만, 오히려 스마트폰에서는 불편함으로 작용한 것이다. 결국 스마트폰에는 자연스레 세로 영상이 보급됐다.

세로 영상은 오직 스마트폰에서만 적합한 형태로, 숏폼 콘텐츠를 시작으로 '영상은 가로 형태로 제작해야 한다'는 고정관념에서 벗어났다. 이후 라이브커머스, 아이폰11 프로로 촬영한 영화 〈스턴트 더블〉 등 시청자를 번거롭게 만들지 않는 세로 포맷의 영상이 등장하고 있다.

(2) 짧은 러닝타임

디지털 세상은 우리에게 편리함 등 많은 면에서 효율을 높여줬다. 디지털에 익숙해진 사람에게 '가성비' 추구는 자연스러운 현상이다. 여러 가치 중 경험을 가장 중요하게 여기는 MZ세대에게 숏폼의 짧은 러닝타임은 충분히 매력적이다. 1분만 투자해도 여러 개의 영상을 시청할 수 있다. 각 영상은 불과 몇 초 안에 자신이 전달하고 싶은 메시지를 강력하게 전달한다.

MZ세대에게 스마트폰은 신체의 일부라 해도 과언이 아니다. 나에게 필요한 모든 것을 즉시 해결해 준다. 이렇게 강력한 스마트폰으로 인해 MZ세대뿐만 아니라 현대인의 '주의집중 시간'이 감소했다. 어느 순간부터 10분에서 1시간 내외의 영상에서도 피로감을 느낀다. 이러한 현대인의 특성이 반영되며 영상은 마침내 10초 내외로 짧아지며, 숏폼이 탄생했다.

(3) 접근성

숏폼은 다른 콘텐츠와 비교할 수 없을 정도의 접근성을 자랑한다. 생산자와 시청자, 모두에게 진입장벽이 낮다. 앞서 언급한 두 장점에서 파생된 이유로 시청자가 쉽게 접근할 수 있다. 세로 형태의 영상이라 한 손으로 편하게 시청할 수 있고, 짧은 러닝타임으로 인해 긴 시청 시간을 요하지 않는다. 여가 시간을 활용할 수도 있고, 대중교통을 기다리는 시간 등 틈새 시간에 숏폼 콘텐츠를 시청할 수도 있다.

숏폼이 우리에게 요구하는 것은 딱 한 가지다. 바로 스마트폰이다. 별다른 촬영 장비나 편집 작업은 투머치다. 숙련도에 따라 차이는 있지만, 편집 과정에서 1분의 영상을 제작하는 데 1시간이 소요된다. 기존 유튜브 영상은 보통 10분 내외의 영상이 많은 것을 고려한다면, 하나의 유튜브 영상을 편집하는 데 10시간이 소요됨을 예측할 수 있다. 그런데 숏폼은 이러한 과정이 필요하지 않다. 단지 생산자는 스마트폰으로 촬영한 후, 업로드하면 된다. 제작하고 싶은 콘텐츠가 있다면 몇 번의 터치만으로 모든 작업을 완료할 수 있다. 이렇게 간단한 과정으로 생산자의 진입장벽이 낮아, 시청자는 쉽게 생산자가 되기도 한다. 숏폼에서는 언제 어디서든 시청자가 될 수 있고, 누구나 생산자가 될 수 있다.

(4) Z세대의 특징 반영

틱톡은 전체 이용자 중 51%가 MZ세대일 정도로 10~20대의 사랑을 받고 있다. 스마트폰의 보급으로 어디서나 수시로 영상을 볼 수 있게 되었고, 스마트폰으로 어디서나 수시로 영상 콘텐츠에 접근할 수 있게 되면서 짧은 영상을 선호하게 되었다. 틱톡에 접속하면 1분에 최대 4개의 동영상을 볼 수 있는데, 많아진 정보량으로 인해 보다 효율적인 소비를 중시하는 Z세대의 특성이 반영되었다고 볼 수 있다. 최근에는 예능이나 드라마도 전체를 보지 않고 짧게 편집된 영상을 주로 본다. 또한, Z세대는 제품이나 서비스를 선택할 때 '재미'를 최우선으로 고려하는 '편슈머'이며 새로운 경험을 선호하기 때문에 자신이 콘텐츠를 쉽게 생산할 수 있다는 점에서 각광을 받았다.

5) 숏폼 콘텐츠

(1) 음악

Z세대는 음악을 디깅할 때 숏폼 콘텐츠를 이용한다. 영상에서 음악의 하이라이트 부분을 삽입하는 경우가 많고, 숏폼 콘텐츠의 주요 콘텐츠는 음악과 함께하는 댄스 챌린지이기 때문이다. 실제로 틱톡에서 자주 삽입되는 음악이 인기를 얻는 경우가 많다. 대표적으로 Doja Cat의 'Say so'와 Dua Lipa의 'Don't Start Now'가 있다. 특히 'Say So'는 틱톡에서 유행하자 자신의 뮤직비디오에 자신이 챌린지 춤을 추는 영상을 넣기도 했으며, 이후 리믹스 버전을 발매하여 처음으로 빌보드 Hot 100 1위를 달성하기도 했다.

(2) 예능

개인크리에이터뿐만 아니라 MBC의 '오분순삭', SBS의 '애니멀봐', tvN의 '금금밤' 등 방송사에서도 하이라이트만 편집한 짧은 영상을 올리기 시작했다. 나영석 PD 또한 숏폼 형식의 예능을 시도하고 있다. 〈아이슬란드에 간 세끼〉나 〈라끼

남) 등 정규편성 프로그램 뒤에 5분간 방영한 뒤, 유튜브 채널인 '십오야'에 풀버전을 공개하는 형식을 취한다.

(3) 밈

10~20대 사이에서 유행하는 콘텐츠가 어디서 시작되었는지 살펴보면 대부분 숏폼 콘텐츠이다. 독특한 촉감으로 인기를 얻고 있는 '팝잇', 1,700만 대의 인스타 팔로워와 6,300만 대의 틱톡 팔로우를 가지고 있으며, 특유의 표정과 손짓으로 인기를 얻고 있는 일명 '한심좌', 쇼츠와 릴스에 아이돌 커버댄스를 올리며 인기를 얻어 가수들과 콜라보도 진행한 크리에이터 '땡깡' 등 MZ세대 사이의 최신 유행은 대부분 숏폼 콘텐츠 플랫폼에서 시작된다.

(4) 광고

각종 기업들은 잠재적 구매력을 갖춘 MZ세대를 포섭하기 위해 틱톡을 통해 각종 챌린지를 진행하고 있다. 2019년에는 BGF리테일이 PB브랜드인 CU를 홍보하기 위한 모델을 틱톡과 협업해서 선발했는데 참가자들은 헤이루 송에 맞춰 춤을 추고 이를 업로드하는 방식으로 참가했으며, 총 2만 명이 넘는 참가자 수를 기록했고, 참가자들의 영상은 누적 조회 수 630만 뷰를 넘기도 했다. SK텔레콤 역시 휴대전화 요금의 반을 할인해 주는 이벤트를 Z세대를 상대로 진행했으며, 유명 틱톡커인 '옐언니'를 모델로 선정하였다. '옐언니'가 반값송을 부르면서 춤추는 영상을 올리자, 2주 만에 #반값송을 단 영상 6,000여 건이 업로드되었으며 이 기간에 영상의 조회 수는 총 450만 회를 기록하였다.

기업의 마케팅용 광고 동영상의 평균 길이도 점차 짧아지면서 숏폼 콘텐츠와 유사한 양상을 보인다. 디지털 마케팅 솔루션 기업 '메조미디어'에 의하면 기업의 광고 및 홍보용 영상 길이가 2016년 이후 점차 줄고 있으며 2020년에는 2분 이하의 영상이 전체의 73%를 차지한다고 밝혔다. 또한, 10대의 11%는 5분 이하 길이의 동영상을 선호했다. 10분 이하까지 더하면 절반이 넘는 56%가 짧은 영상을 즐겨 본다고 답했다.

2 숏폼 플랫폼 유형

1) 숏폼 플랫폼 유형

(1) 틱톡(Tiktok)

2016년 9월 론칭한 틱톡은 숏폼의 대표주자를 넘어 숏폼의 창시자라는 수식어를 붙여도 과언이 아니다. 지금의 숏폼 기준에 포함되는 15~60초 이내의 짧은 동영상을 제작하고 공유하는 기능을 제공한다. 틱톡 앱 내에서 소리·화면 등 간단하게 영상 편집이 가능하다. 또한 반응·듀엣 기능처럼 다른 사용자와 함께할 수 있는 기능도 있다. '디지털 네이티브'리 불리는 Z세대를 중심으로, MZ세대에게 선풍적인 인기를 누리고 있다.

초기부터 150개국에서 75개 언어로 시작해, 론칭 2년 만에 유니콘 기업에 등극했다. 지난 3월, 미국 경제 매체 '블룸버그'에 따르면 "바이트댄스(틱톡의 모회사)의 자산가치는 넷플릭스를 넘어섰다"고 발표했다. 출시부터 승승장구한 틱톡이지만, 최근 위기를 느낀 듯하다. 도널드 트럼프 행정부와 '개인정보 논란 관련 틱톡 사용금지' '마이크로소프트에 틱톡 인수 관련' 등 여러 마찰을 빚기도 했다. 또한 15~60초라는 시간에서 많은 장점이 파생했지만, 콘텐츠를 제약한다고 생각해 범위를 늘렸다. 이제 3초~3분 내에서 콘텐츠를 제작할 수 있다. 많은 숏폼 플랫폼이 론칭되며 많은 도전을 받고 있다.

(2) 인스타그램의 릴스(Reels)

SNS 강자 페이스북도 숏폼 시장에 진출했다. 2020년 8월, 인스타그램 앱 내에 '릴스'라는 기능을 추가했다. 릴스는 출시되자마자 비판이 있었다. 기존 사진이나 동영상을 게시하던 기능이 있던 인스타그램 앱 내에 별도의 동영상을 올리는 기능이 추가됐기 때문이다. 15초에서 1분의 영상길이, BGM·특수효과 등을 간편하게 추가 등 릴스의 UI는 틱톡을 떠올리게 하기에 충분했다. 릴스의 출시를 본 틱톡 측은 "릴스는 틱톡의 모조품에 불과하다"라고 비판했고, 이에 비샬 샤아 인스타그램 부사장은 "틱톡이 숏폼 분야 발전에 기여한 것은 사실이나, 최초는 틱톡이 아닌 바인(Vine)이나 뮤지컬리(Musical.ly)였다"며 대응했다. 비판과 함께 시작했지만, 그동안 터를 잘 닦아놓은 인스타그램 내에서 안정적으로 정착하는 모양새다. 릴스가 지닌 차별성은 연예인·인플루언서의 접근성이다. 인기 숏폼 콘텐츠는 연예인이나 인플루언서가 중심이 되는 경우가 많기에 릴스의 성장은 틱톡 입장에서 달갑지 않을 수 있다.

(3) 유튜브의 쇼츠(Shorts)

유튜브는 최초 TV와 방송사 중심이던 영상 시장을 '다양한 디바이스'와 '1인 크리에이터'도 참여할 수 있도록 새롭게 재편했다. 현재, 50억 명이 사용하는 세계 최대 동영상 플랫폼으로 성장했다. 이러한 유튜브도 미디어 시장의 변화를 감지하며, 60초 이내의 세로 동영상을 지원하는 '쇼츠'를 출시했다. 블로그를 통해 "틱톡이 제공하는 모든 기능을 포함하고 있다"며 틱톡을 견제하고 있는 속내를 드러냈다. 쇼츠의 가장 큰 강점은 '저작권'이다. 유튜브가 보유한 라이선스 음원을 활용할 수 있다. 이는 저작권 문제로 논란이 잦은 틱톡에 비해 상당한 이점이며, 50억 명의 기존 사용자에게 자연스레 눈도장을 찍고 있다. 현재 유튜브는 쇼츠에 광고를 붙이는 모델을 시범 운영 중이다.

(4) 네이버, 블로그 모먼트(Blog Moment)

　네이버는 대한민국 국민이 가장 많이 사용하는 웹사이트지만 한 가지 고민을 안고 있다. 연령층이 낮아질수록 사용자가 감소한다는 점이다. 영상 콘텐츠가 보편화되기 전까지 네이버는 가히 완벽했다. 가장 생생하고 자세한 정보를 담은 네이버 블로그가 있었기 때문이다. 텍스트와 사진 위주의 블로그는 영상으로 특화된 유튜브, 특유의 감성으로 어필하는 인스타그램과의 경쟁에서 밀려나고 있다. 그래서 네이버는 블로그용 동영상 편집기인 '블로그 모먼트'를 출시했다. 편집과정에서 지도, 쇼핑 등 네이버에서 제공하는 정보를 추가할 수 있다.

(5) 넷플릭스, 패스트 래프(Fast Laughs)

　코드커팅(Cord Cutting)2)을 이끌며 스트리밍 라이프를 보급했던 OTT(Over The Top) 서비스3)들도 숏폼 플랫폼을 출시하고 있다. 넷플릭스는 숏폼 서비스 '패스트 래프'를 론칭했다. 넷플릭스가 선별한 최대 1분 길이의 세로 영상을 시청할 수 있다. 각 영상에 대한 반응을 표시할 수 있으며, SNS에 롱폼(Long Form) 콘텐츠의 대표주자인 넷플릭스의 이러한 행보는 숏폼을 통해 자사의 콘텐츠를 홍보하며 기존 사용자 이탈을 방지하기 위함이라는 분석이 지배적이다. 관심은 있었지만 긴 호흡으로 넷플릭스 시리즈가 부담됐던 사람들에겐 패스트 래프의 등장은 반가울 것이다.

---

2) 코드커팅: 기존 케이블 TV 이용자가 케이블 코드를 끊어버리는 현상으로, 코드커팅은 자연스레 OTT(Over The Top)서비스의 유입으로 이어진다.
3) 인터넷을 통해 언제 어디서나 방송/프로그램 등의 미디어 콘텐츠를 시청(소비)할 수 있는 사용자 중심적인 서비스를 말한다.

2) 숏폼 콘텐츠 성공 전략

숏폼 콘텐츠 성공 전략은 크게 세 가지로 요약할 수 있다.

(1) 최대한 빨리 관심을 끈다(Capture attention early).

(2) 한 가지 메시지를 담는다(Feature one message).

(3) 트렌드를 받아들인다(Lean into trends).

쇼츠의 다양한 기능을 통해 대담한 비주얼, 독특한 편집, 인기 있는 오디오를 시험해 보면서 브랜드의 '감성'과 '경험'이 잘 드러나도록 해야 한다. 또한 하나의 메시지를 결정해 이를 명확하고 신속하게 전달한다. 마지막으로 시작과 같은 화면과 오디오로 영상을 끝마치면 사용자들은 전체 영상을 반복해서 보게 된다. 따라서 트렌드를 발 빠르게 파악해 이를 해시태그로 활용하는 것도 좋은 방법이다.

숏폼 콘텐츠는 문화체육관광부와 한국콘텐츠진흥원이 주최하는 '방송영상콘텐츠 제작지원 사업'에서 기존의 중·장편 콘텐츠와 더불어 정식 분야로 선정돼 국가적 지원을 받고 있으며, 지원금은 총 21억 5,000만 원 규모로 작품당 지원금은 1억 9,000만 원이다. 틱톡이나 릴스와 같은 SNS뿐만 아니라 라이브 커머스까지 숏폼 콘텐츠의 형식을 택해 시장 규모가 더욱 커질 것으로 보인다. 짧은 영상을 즐기고, 제작하고, 공유하는 것은 이미 MZ세대에게 하나의 놀이로 자리 잡았다. 볼 영상이 넘쳐나 영화마저 '건너뛰기'로 보는 요즘 같은 시대에 보다 효율을 중시하는 젊은 이용자들을 사로잡기 위해 하이라이트만 보여주는 짧은 영상은 더욱 인기를 얻을 것으로 보인다.

3) 숏폼과 광고

독특한 발상과 획기적인 기획 등 다양한 방법을 배울 수 있는 학습 모델인 '광고'의 성격 중 특히 '숏폼'과 맞물리는 부분은 다음과 같다.

〈표 7-1〉 숏폼과 광고의 공통점

유형	내용
순발력	빠르게 이해되어야 함 (때로는 직관적으로 받아들일 수 있을 정도로)
압축력	메시지를 간단하게 압축할 수 있어야 함 (최대한 단순하게, 복잡한 부분은 제거)
표현력	관심이 가도록 흥미 있는 표현이어야 함 (재미없으면 시청을 지속하지 않음)
경쟁력	타 콘텐츠와 구별되는 특별함이 있어야 함 (비슷한 내용과 형태의 콘텐츠 속에서 차별화될 수 있도록)
공감력	신뢰 가는 정확한 메시지로 공감을 얻을 수 있어야 함 (시청자는 냉정한 평가자임)

출처 : 연희승(2022). 『숏폼 기획 아이디어』. 박영사. p.4.

　동영상 콘텐츠를 구성할 때 기본적이면서도 중요한 작업 중 하나는 '캐릭터 설정'이다. 짧은 콘텐츠인 광고와 숏폼도 마찬가지인데, 광고에서 캐릭터가 될 수 있는 것은 '제품 및 서비스'이고, 숏폼에서 드러내려는 것은 '주체(주인공)'이다.

(1) 캐릭터 설정을 위해 가장 먼저 할 일은 대상이 가진 특징을 파악하고 장단점을 살펴보는 것이다.

(2) 설정이 확실해지면 뚜렷한 캐릭터는 스토리 구성의 기본요소가 되어 앞으로의 이야기가 어떻게 펼쳐질지 상상하게 해준다. 이야기의 흐름도 자연스럽게 이어지고 구조도 탄탄하게 만들어준다. 즉 '이야기 전달 방법'을 쉽게 진행시킬 수 있게 된다.

(3) 장면 하나하나를 세세하게 정하지 않더라도 '시각화 계획'을 세우는 것이다.

유튜브 쇼츠 "롱폼이 있기에 숏폼도 강하다"… 1년새 4배 성장

"유튜브 쇼츠는 전 세계적으로 하루 평균 300억 건이 넘는 조회 수를 기록하고 있다. 1년 전과 비교해 4배가 넘는 수치다. 또한 매월 쇼츠 콘텐츠를 시청하기 위해 유튜브에 로그인하는 시청자는 15억 명에 이른다."

토드 셔먼 유튜브 제품 관리 디렉터는 최근 유듀브 쇼츠 출시 1주년을 기념해 화상으로 개최한 기자간담회에서 이같이 밝혔다. 2021년 7월 국내 출시된 유튜브 쇼츠는 틱톡, 인스타그램 릴스와 같은 전 세계 플랫폼이 각축을 벌이고 있는 숏폼 콘텐츠 시장에서 가파르게 성장하며 두각을 나타내고 있다.

셔먼 디렉터는 이 같은 성과에 쇼츠 크리에이터를 위한 창작 툴 개선이 주효했다고 평가했다. 유튜브에 업로드된 모든 영상을 쇼츠 영상의 배경으로 활용할 수 있는 '그린 스크린' 기능과 유튜브에 업로드된 일반 영상을 잘라 쇼츠 영상으로 제작할 수 있는 '컷' 기능이 일례다. 셔먼 디렉터는 "iOS에 이어 안드로이드 운영체제(OS)를 위한 편집 도구도 곧 출시할 예정"이라며 "새로운 기능을 꾸준히 추가해 유튜브 쇼츠를 좀 더 정제되고 쉽게 이용할 수 있도록 투자할 것"이라고 전했다.

전 세계 유튜브 쇼츠 창작자들의 교육과 발전, 확장을 지원하기 위해 지난해 8월 출범한 창작자 커뮤니티 역시 기여도가 컸다는 분석이다. 케빈 퍼거슨 유튜브 쇼츠 운영·파트너십 디렉터는 "창작자들이 네트워크를 키워 서로 소식을 공유할 수 있도록 연결할 뿐 아니라 독점적인 온라인·대면 초청을 통해 유튜브 쇼츠에 대한 최신 조언을 꾸준히 제공하고 있다"고 말했다.

앞서 구글은 2022년 5월 개최한 마케팅 라이브 콘퍼런스에서 유튜브 쇼츠에도 광고를 운영하겠다고 발표했다. 다만 아직까지 유튜브 쇼츠의 광고는 창작자 수익화까지 이어지는 구조는 아니다. 셔먼 디렉터는 "짧은 영상이 시작할 때마다 광고를 붙이게 되면 기부감이 크게 느껴질 수밖에 없다"며 "유튜브 쇼츠는 기존 영상과 다른 수익화 측정 메커니즘이 필요하기 때문에 내부적으로 꾸준히 고민하고 있다"고 전했다. 대신 유튜브는 최근 창작자들의 수익화를 지원하기 위해 1억 달러 규모의 펀드를 출범시켰다. 유튜브에 따르면 수혜를 입은 창작자의 40% 이상이 기존에 유튜브로부터 수익을 창출한 적이 없는 이들로 조사됐다. 유튜브 쇼츠가 창작자가 되기 위한 문턱을 낮췄다는 해석이 가능한 셈이다. 셔먼 디렉터는 "수천 명의 창작자들이 펀드의 혜택을 받았다" 며 "장기적 차원에서 추가적인 지원 계획을 작업하고 있다"고 설명했다.

유튜브의 이 같은 전폭적인 쇼츠 플랫폼 투자는 가시적인 성과로도 이어졌다. 유튜브에 따르면 지난 4월 일반 롱폼 영상을 재구성한 쇼츠 영상이 1천억 건이 넘는 조회 수를 기록했다. 또한 쇼츠와 롱폼 콘텐츠 모두를 업로드하는 예술가와 창작자들이 롱폼 콘텐츠만 게시하는 채널에 비해 전체 시청시간과 구독자 증가율이 높은 것으로 나타났다. 롱폼과 숏폼, 오디오, 라이브 스트리밍을 아우르는 멀티 포맷 플랫폼으로서 유튜브의 진화가 가속화하고 있다는 평가가 나오는 이유다.

셔먼 디렉터는 "숏폼 플랫폼으로서의 유튜브 쇼츠의 가장 큰 경쟁력은 유튜브라는 플랫폼 그 자체에 있다"고 강조했다. 그러면서 "숏폼 콘텐츠가 모든 콘텐츠를 쉽고 재밌게 전달하는 지렛대(레버리지) 역할을 한다면, 그 트렌드의 근원이 궁금할 경우 이용자는 유튜브에서 롱폼 콘텐츠를 찾아보면 된다"고 말했다.

출처 : 매일경제(2022.07.17)

소셜 미디어와 마케팅

CHAPTER

유튜브 영상 만들기

8

1 유튜브 영상 기획하기

유튜브 채널 기획서를 작성하면 채널의 주제와 운영 방향성이 명확해질 수 있다. 채널 기획서에는 채널명, 채널 소개, 채널 유형, 목표설정, 핵심가치, 타깃 구독자, 업로드 주기, 촬영방법, 주요 콘텐츠, 벤치마킹 채널로 구성되어 있으며 각자의 특성에 맞게 수정하여 사용하면 된다(김찬기, 2021).

1) 채널명

다루고자 하는 주제를 고려하여 채널명은 기억하기 쉬운 것으로 선정하는 것이 좋다. 그러나 이미 많은 유튜브 채널이 존재하기 때문에 채널명을 확정하기 전에 유튜브 사이트에서 검색해 보는 것도 잊지 않기를 바란다. 즉, 유명 유튜브 채널의 이름이 존재한다면 다른 이름으로 생각해 볼 것을 권한다.

2) 채널 카테고리

유튜브에 동영상을 업로드할 때에는 18개의 카테고리1) 중 하나를 선택할 수

---

1) 자동차, 뷰티/패션, 코미디, 교육, 엔터테인먼트, 가족 엔터테인먼트, 영화/애니메이션, 음식, 게임, 노하우/스타일, 음악, 뉴스/정치, 비영리/사회운동, 인문/블로그, 애완동물/동물, 과학기술, 스포츠, 여행/이벤트 등.

있다. 카테고리 동영상을 올릴 때 지정하는 것이므로 동영상의 성격에 따라 각각 다른 카테고리를 지정할 수 있다.

3) 목표 구독자

영상을 게시하여 업로드하였을 때 어떤 구독자가 보게 될 것인가? 어떤 사람을 대상으로 영상을 제작할 것인가? 외국인까지 타기팅할 것인가? 언어는? 성별은? 구독자를 타기팅함으로써 충성 구독자를 확보할 수 있고, 전략적으로 유튜브 채널을 활성화하는 데 도움이 된다.

4) 채널 소개

유튜브 채널에서 다루고자 하는 주제에 대하여 간략히 소개하면 된다. 또한 처음 방문하는 구독자가 나의 채널에 대한 영상자료를 볼 수 있도록 1분 정도의 소개 동영상을 제작하는 것이 좋다. 처음 방문자가 볼 수 있도록 소개 동영상은 '내 채널'에서 '채널맞춤설정' 버튼을 클릭하여 설정할 수 있다.

5) 업로드 주기

영상을 업로드하고 3개월, 4개월이 지나도 구독자가 늘지 않고, 사람들이 나의 영상에 관심이 없다고 느껴질 때면 유튜브 채널운영을 포기할까 고민하게 된다. 업로드 주기는 채널을 활성화시키는 주요 항목이며, 구독자와의 약속이기도 하다. 물론 채널 활성화를 위하여 1주에 하나 이상의 영상을 업로드할 것을 권장하지만, 영상제작난이도와 시간적인 환경을 고려하여 업로드 주기를 정하여야 한다.

6) 촬영 방법

촬영 방법은 스튜디오 촬영, 현장 촬영, 인터뷰 형식, 여러 대의 카메라를 사용한 촬영, 게임 방송과 같이 컴퓨터 모니터 녹화방식 등 다양하게 구분할 수 있다. 촬영 방법을 사전에 고려하는 것은 촬영에 소요되는 비용, 시간, 촬영 장비 등에 영향을 미치기 때문이다.

2 ## 콘텐츠 제작 과정 이해하기

유튜브 채널을 기획한 후에 콘텐츠 아이디어를 메모하면서 효과적인 콘텐츠 제작을 위해 콘티[2] 작성이 필요하다.

콘티를 사용하면 좋기는 하지만 그림으로 표현하지 못하는 경우도 있어 글로 표현하는 방법을 써야 한다. 그림에 비해 비교적 자세하게 써야 하므로 문장이 길어지고 글을 이해해야 하므로 감정 표현 등 단어 선정 등에 고심해야 한다.

1) 콘티 종류

(1) **문자콘티** : 시나리오 + 컷, 구도, 카메라 워크, 앵글, 시점, 장면연결 기법 등을 문자로 나타낸 것을 말한다(간단하지만 상세하다. 하지만 카메라 위치 이동방향, 구도 등을 표현하기 애매하다).

---

2) 콘티란 continuity(연속성)의 줄임말로 상세설계도에 비유할 수 있다. 이것은 촬영을 위해 시나리오를 바탕으로 필요한 모든 것들을 기록한 문서다. 한마디로 정리하면 그림과 글로 구성된 대본이라고 하면 이해하기 쉽다. 흡사 만화책과 같이 표현된다. 이것을 보고 촬영 준비와 실제 촬영을 해야 하기 때문에 아주 자세하게 기획되고 표현되어야 한다. 이것은 스토리보드와 혼돈하기 쉬운데 영상을 만들기 위해 생각, 아이디어, 콘셉트 등을 좀 더 발전시켜 한 장면 한 장면 세부 묘사한 것을 스토리보드라고 한다.

(2) **그림콘티** : 컷 분할, 구도, 카메라 워크, 출연자 방향, 이동 방향 등을 그림으로 나타낸 것(영화, CF 등에서 예산이 많은 경우 사용)을 말한다.

(3) **사진콘티** : 그림 대신 사진을 촬영하거나 검색해서 구한 것을 사용해 작성한 것을 말한다.

(4) **영상콘티** : 비디오 영상을 찾아 가편집해서 나타낸 것을 말한다.

2) 이상적인 콘티 제작법

콘텐츠를 만들 때는 무엇을 촬영하고, 어떻게 편집할지 미리 구상해야 한다. 이렇게 하면 꼭 필요한 영상만 촬영할 수 있고, 편집할 때도 시행착오를 줄여 시간을 아낄 수 있다. 미리 계획성 있게 콘텐츠를 만들면 높은 퀄리티까지 챙길 수 있다.

(1) 시나리오를 쓴다.

(2) 영상 분석에 사용한 문서콘티를 작성한다.

(3) 문서콘티의 내용을 촬영에 사용할 수 있도록 사진콘티로 만든다.

(4) 사진콘티와 문서콘티를 보고 촬영하며 편집할 때는 문서콘티를 참고로 한다.

3) 최소한의 장비로 촬영하기

촬영 방법은 콘텐츠의 종류에 따라 디지털 카메라 장비로 대상을 직접 촬영하는 방법과 모니터 화면을 녹화하는 방법으로 나눌 수 있다.

장비 구매는 제작 경험이 차곡차곡 쌓여 나가면서 필요성을 느낄 때 고려해도 늦지 않다.

(1) 카메라

① 스마트폰

언제든 꺼내서 편하게 찍을 수 있기 때문에 영상을 찍을 때 유용하다. 앱으로 필터를 입혀 영상미까지 더할 수 있고, 각 기기마다 내장되어 있는 카메라 부가 기능으로 더욱 풍부하고 다양한 영상을 찍을 수 있다.

② DSLR 카메라

DSLR이란 "Digital Single Lens Reflex"의 영문 앞글자로 만들어진 약자다. 저장 매체로 SLR(Single Lens Reflex)이 필름을 사용하는 반면, DSLR은 필름이 아닌 반도체(CCD, CMOS 등의 촬상소자/이미지 센서)를 사용하기 때문에 "Digital SLR"이라고도 한다.

디지털 카메라 중에서 최상위급인 만큼 기기 자체가 갖고 있는 위력이 뛰어나고 독보적인 영상미를 얻을 수 있다.

③ 액션캠

신체나 장비에 부착해 역동적인 영상을 찍는 데 많이 활용되는 초소형 캠코더로, 최근에는 여행, 일상기록용으로 많이 사용한다. 액션캠은 보조 장비 정도로 사용하기에 좋다.

또한 360° 액션캠은 카메라의 전·후·좌·우·상·하, 360°에 이르는 거의 모든 부분을 담을 수 있는 캠코더로 VR 기기 시장의 등장, 유튜브와 페이스북의 360° 영상 지원 등으로 360° 액션캠 시장 역시 발전하고 있다.

④ 웹캠

컴퓨터에 연결해 사용하는 소형 카메라로 노트북에 내장된 경우가 많다. 카메라 이동 없이 모니터 앞에서만 촬영된다면 웹캠을 사용하면 된다

(2) 거치대

① 스마트폰 거치대

스마트폰으로 동영상을 촬영하는 분께 적극 추천한다. 손으로 들고 찍는 것보다 거치대에 끼운 후 촬영하는 것이 흔들림이 적고 훨씬 안정적이다. 각도 조절, 높이 조적 등이 되는 제품이 좋다.

② 삼각대

전문가용 고급 삼각대일 필요는 없다. 카메라 거치가 가능한 미니 삼각대나 보급형의 가벼운 삼각대 정도면 충분하다.

(3) 마이크

스마트폰은 통화가 가장 기본적인 기능이므로 내장돼 있는 마이크의 성능도 괜찮다. 여느 카메라에도 마이크는 기본으로 내장되어 있다. 다만, 잡음 없이 목소리를 깔끔하게 담고 싶을 때에는 마이크를 추가로 사용해도 좋다.

(4) 조명

자연광을 활용하거나 후보정을 거쳐도 충분하므로 조명이 꼭 필요하지는 않다. 다만, 외부 조명이 있으면 톤이 좀 더 정돈되고, 인물 촬영에도 도움이 되므로 사용해도 좋다.

4) 영상 촬영 시 주의할 점

(1) 동영상 크기는 1080(Full HD) 권장

동영상을 스마트폰이나 카메라로 찍으면 기본적으로 1080p라는 해상도로 촬영된다. 물론 UHD(4k)영상도 업로드할 수 있다.

(2) 영상 배경

영상 촬영 시 배경도 신경 써야 한다. 예를 들어, 먹방을 찍는다면 배경은 식당이 될 수 있고 또는 나에게만 집중할 수 있게 작은 방에서 촬영할 수도 있다. 뷰티영상이라면 배경은 밝은 느낌에 다른 화장품 진열대가 보이는 배경이 좋을 것이다. 이렇게 영상의 주제와 같은 성격을 가진 배경을 선택하는 것이 좋다. 간혹 CG효과를 원해서 크로마키를 이용하는 경우가 있다. 크로마키의 경우 배경에 주름이 없어야 하고 충분한 양의 조명까지 필요하기 때문에 크로마키 배경은 더욱 주의해야 한다.

(3) 수직, 수평 맞추기

수직과 수평이 맞지 않아 비스듬하게 찍힌 영상은 보는 사람에게 안정감을 주지 못하고, 영상 퀄리티도 낮아진다. 수직과 수평을 맞추어 촬영에 임하면 기본적인 영상미는 챙길 수 있다.

(4) 마이크 사용

마이크에 너무 가까이 대고 말하면 증폭음이 발생하므로 10cm 정도 떨어져서 말하는 게 좋다. 잡음이 심하거나, 바람소리가 강한 곳도 피해야 한다. 영상콘텐츠는 음실노 중요하나.

(5) 자연광 이용

빛은 동영상의 선명도를 높이고, 색상을 풍부하게 담기 때문에 자연광을 적극 활용하는 것이 좋다. 빛은 시간에 따라 자연적으로 빛의 양이 조절되어 원하는 시간대에 원하는 분위기를 연출할 수 있다는 장점도 있다. 구름이 약간 낀 날, 흐린 날, 맑은 날, 일출 1시간 후, 일몰 1시간 전 등 시간대를 사전에 알아두는 것이 좋다.

(0) 타인의 일굴

촬영하다 보면 출연자 이외에 다른 사람의 얼굴이 찍힐 때가 있다. 특히 야외 촬영에서 행인의 얼굴을 동의 없이 영상에 노출시키는 것은 초상권 침해가 될 수 있기에 항상 유의해야 한다. 최대한 다른 사람의 얼굴이 찍히지 않게 카메라 앵글을 조정하거나 후보정으로 모자이크 처리를 해야 한다.

5) 동영상 편집[3]

유튜브 영상을 촬영하였다면 편집을 해야 한다. 편집을 위해 다양한 스마트폰용 동영상 편집앱과 PC용 프로그램들이 있는데 어떻게 편집해야 할지를 먼저 알아야 나에게 맞는 편집앱이나 프로그램을 선택할 수 있을 것이다.

유튜브 콘텐츠에 따라 편집방법도 다양하고 편집자에 따라 다양한 방법과 효과들이 필요하지만 우선, 영상편집의 기본적인 편집방법에 대해 알아보고자 한다.

(1) 숏의 종류

영상은 수백~수천 개의 숏(Shot)[4]으로 이루어진다. 숏은 영화나 영상을 구성

---

3) 유튜브 동영상 편집하는 기본 3가지 방법(https://pippi-studyshop.tistory.com/43).
4) 국립국어원은 보통 'shot'은 쓰인 의미에 따라 '숏'과 '샷'을 구분하여 표기한다. 일반적으로 '장면'과 관계된 내용에서는 '숏'을, 무엇인가를 '치는' 의미로는 '샷'을 쓰고 있다.

하는 가장 기본적인 단위로 카메라가 작동하는 순간부터 멈추는 순간까지의 장면이나 사물을 연속적으로 촬영하는 것을 말한다. 영화에서는 숏이 모여 하나의 신(Scene : 한 장소, 한 장면에서 같은 시간에 일어나는 사건)이 되고 시퀀스(Sequence: 상황의 시작부터 끝까지를 묘사하는 영상 단락)가 된다.

촬영할 때 숏의 종류에는 클로즈업 숏(Close up Shot), 익스트림 클로즈업 숏(Extreme Close Up Shot), 버스트 숏(Bust Shot), 웨이스트 숏(Waist shot), 롱 숏(Long Shot)이 있고, 각도에 따른 샷에는 하이앵글숏(High Angle Shot), 수평앵글숏(Eye Level Shot), 로앵글숏(Low Angle Shot)이 있다.

① 클로즈업 숏(Close up Shot)은 인물 촬영 시 얼굴과 어깨까지 나오는 숏으로 인물의 표정을 보여주거나 강조할 때 사용하는 숏을 말하고 익스트림 클로즈업 숏(Extreme Close Up Shot)은 얼굴의 일부분이 화면에 가득차는 것으로 입술, 손가락, 눈 등 부분적인 곳을 상세히 비추는 숏으로 클로즈업보다는 더 세밀하게 흔들리는 눈동자나 꼭 다문 입술 등으로 미세한 변화를 표현할 때 사용하는 숏이다.

② 버스트 숏(Bust Shot)은 가슴 아래부터 머리까지를 보여주는 것으로 인물을 촬영할 때 가장 기본이 되는 숏이다.

③ 웨이스트 숏(Waist shot)은 허리 위 상반신을 비추는 숏으로 상반신의 움직임을 중심으로 촬영할 때 이용되는 숏이다.

④ 롱 숏(Long Shot)은 주로 여러 사람이 서서 대화하는 장면에서 많이 사용되는 샷으로 인물은 무릎 정도까지 나오고 배경이 넓게 나오는 넓은 구도의 숏을 말한다.

⑤ 롱 숏에도 미디엄 롱 숏(Medium Long Shot)과 ⑥ 익스트림 롱 숏(Extreme Long Shot)이 있는데 롱 숏보다 가까운 거리를 미디엄 숏, 롱 숏보다 먼 거리를 촬영하는 것을 익스트림 롱 숏이라고 한다.

⑥ 카메라가 피사체보다 높은 위치에서 대상을 찍는 숏으로 매스게임을 하는 운동장 장면을 위에 드론이나 높은 곳에서 넓게 찍는 경우나 대상이 외롭거나 무기력함, 불쌍한 느낌을 줄 때 주로 사용하는 숏이 하이앵글 숏이다.

⑦ 피사체와 같은 높이에서 가장 많이 찍는 숏을 수평앵글숏이라 한다.

⑧ 피사체보다 카메라가 낮은 위치에서 밑에서 위로 찍는 숏을 로앵글숏이라 하는데 건물을 웅장하게 보이게 하거나 대상을 확대하고 강한 느낌을 술 때 주로 찍는 숏의 형태이다. 속도감이나 운동감을 줄 때 더 효과적으로 느끼게 하기 위해 사용하기도 하는 숏이다.

이런 숏의 종류는 촬영할 때 영상을 보다 알차고 의미를 잘 전달하기 위해서 필요한데 편집에서 숏의 종류를 알아야만 촬영에서 미처 촬영하지 못한 부분을 편집에서 구현할 수 있다.

(2) 컷 편집

영상 편집에서 가장 기본이 되는 것이 바로 컷 편집이다. 컷 편집이란 화면과 화면을 자르고 붙이는 것을 말한다.

컷 편집을 하는 이유는 다음과 같다.

① 필요 없는 장면을 잘라내거나 원하는 장면만을 선별하기 위한 것이다. 우리가 흔히 말하는 NG는 No Good의 약자로 좋지 않은 장면으로 의도하지 않은 장면이나 잘못된 녹음 부분을 덜어내는 것이다.

② 자연스러운 화면 연결을 위해서이다. 영화나 드라마의 경우에는 앞에서 말한 숏이나 신(Scene)으로 촬영을 한다. 그러면 숏과 숏을 연결하거나 신과 신을 연결할 때 화면전환효과를 사용할 수도 있지만 매번 화면전환효과를 사용하면 정신없는 영상이 되기 때문에 자연스럽게 연결되도록 하기 위해

컷 편집을 사용하게 된다. 그러나 드라마나 영화와 달리 유튜브 콘텐츠의 경우에는 숏과 숏, 신과 신이 아니라 불필요한 부분을 덜어낸 후 연결하고자 하는 부분을 자연스럽게 연결하기 위해 사용하는 것이다. 물론 최근에는 자연스럽게 물 흐르듯 연결하는 방법 외에도 의도적으로 화면이 튀도록 하는 점프 컷이라는 편집 기법을 사용하기도 하지만, 영상의 경우 대부분 자연스럽고 거부감 없는 영상 편집을 위해 컷 편집을 사용한다.

③ 지루하지 않은 영상을 위해 컷 편집을 하는 것이다. 위에서 숏의 종류에 대해 이야기한 것이 바로 이 때문이다. 하나의 구도로 영상이 계속된다면 영상을 보는 사람은 지루해지고 영화나 드라마와 다르지 않게 유튜브 콘텐츠 또한 시청하지 않게 될 것이다. 그래서 영상 촬영에서 다양한 구도로 촬영하지 못했다고 하더라도 편집에서 컷 편집과 화면의 확대, 축소 등을 통해 지루하지 않은 영상 편집을 할 수 있다.

읽을거리

동영상 편집 프로그램 추천

① 어도비 프리미어 프로 : 인기 있는 동영상 편집기인 프리미어 프로(Premier Pro)는 영화, TV 및 웹 콘텐츠 편집에 사용할 수 있다. Adobe Sensei AI를 기반으로 하는 이 프로그램에는 프로젝트를 창의적으로 제작할 수 있는 수많은 편집 메뉴와 설정들이 있다.

② 파이널 컷 프로 : 전문가 수준의 비디오 편집 프로그램인 파이널 컷 프로 (Final Cut Pro)는 아이무비(iMovie)가 제공하는 편집 기능보다 더 고급 기능이 필요한 소비자들 위해 애플에서 개발한 프로그램이다. 파이널 컷 프로는 애플의 최신 M1 기반 제품에서 최신 버전을 지원한다.

③ 어도비 프리미어 러쉬 : 어도비 프리미어 러쉬(Adobe Premiere Rush)는 이동 중 동영상 편집을 하기 위한 훌륭한 옵션이다. 이 프로그램을 사용하면 고품질 비디오의 촬영 및 편집을 어렵지 않게 시도할 수 있다. 제작자가

콘텐츠를 쉽게 만들 수 있도록 직관적인 인터페이스를 제공한다.

④ 코렐 비디오스튜디오 : 사용하기 쉬운 편집 프로그램인 이 소프트웨어는 다양한 기능을 갖춘 강력한 도구이다. 3D, 4K 및 360도 VR을 포함한 다양한 비디오 형식으로 작업할 수 있다.

⑤ 히트필름 익스프레스 : 무료로 사용할 수 있는 프로그램인 히트필름(HitFilm)은 전문가 수준의 VFX 도구와 일반인도 쉽게 편집할 수 있는 수준의 편집 툴과 함께 비교적 저렴하다.

⑥ 필모라 X : 유튜브 동영상 편집 프로그램 목록에 있는 또 다른 사용하기 쉬운 편집기인 필모라(Filmora)는 드래그 앤 드롭 기능이 있는 사용자 친화적인 인터페이스를 제공한다.

⑦ 애플 아이무비 : MacOS, iPadOS 및 iOS용 무료 애플(Apple) 소프트웨어로, 간단하고 사용하기 쉬운 프로그램이다.

⑧ 샷컷 : 샷컷(Shotcut)은 무료 오픈 소스 프로그램이다. 사용하기 쉽고 무료로 비디오 편집 방법을 배우고자 하는 초보자에게 적합하다.

⑨ 라이트웍스 : 다용도 편집 도구인 라이트웍스(Lightworks)는 유튜브 동영상에서 4K 클립에 이르기까지 광범위한 동영상 형식을 편집하는 데 사용할 수 있다.

⑩ YouTube 스튜디오 동영상 편집기 : YouTube 전용 온라인 동영상 편집기로 플랫폼 자체에서 동영상을 편집할 수 있다.

⑪ 모바비 : 무료 동영상 편집 프로그램 중에서 가장 유명한 모바비(Movavi) 프로그램이다. 입문자가 사용하기 가장 좋은 툴이다. 비디오와 프레젠테이션 등을 제작할 수 있으며 튜토리얼을 녹화하고 파일을 변환할 수 있다.

⑫ 파워디렉터 : 파워디렉터는 크리에이티브 비디오 사진편집 등을 수준 높게 제공하며 크리에이터가 미디어 콘텐츠를 쉽게 만들고 공유하고 재생할 수 있게 해주는 소프트웨어 도구다. 또한 모든 기기에서 원활하게 편집 가능한 것이 가장 큰 장점이다.

⑬ 뱁믹스 : 뱁믹스(Vapmix)는 자막에 특화된 동영상 편집 프로그램이다. 파일크기가 작아서 저사양 PC에서도 잘 작동하며 편집과 자막을 한번에 할 수 있는 가장 큰 장점이 있다.

⑭ 샷컷 : 샷컷(Shotcut)은 2004년부터 개발된 오래된 비디오 영상 편집 프로그램이며 윈도우, Mac, 리눅스 모든 운영체제에서 사용이 가능하다. 현재는 영화 작업 등에도 많이 사용되며 FFmpeg 기반이라서 포맷이 가장 많이 지원된다. 또한 오픈소스 중에서도 사람들에게 가장 많이 사랑받는 동영상 편집 프로그램이다.

⑮ 곰믹스 : 곰믹스(Gom Mix)는 곰플레이어 회사에서 만든 동영상 편집 프로그램이다. 고퀄리티 영상 편집을 무료로 사용할 수 있으며 영상전환효과과 자막, 필터 등의 다양하고 기본적인 편집 활용이 가능하다.

⑯ 다빈치 리졸브 : 다빈치 리졸브(DaVinci Resolve)는 블랙매직 디자인 회사에서 만든 동영상 편집 프로그램이며 타임라인의 기반으로 만들어진 툴이다. 모든 운영체제에서 지원을 하며 영화사에서 고품질의 영상을 만들기 위해 주로 사용된다. 초보자가 사용하기에는 다소 어려운 부분이 있다.

⑰ 반디컷 : 반디컷 동영상 편집 프로그램은 완전히 무료로 이용 가능하며 원본 화질의 동영상을 자르고 붙이는 기능이 강력하며 여러 영상을 합치거나 분할할 때 사용되는 동영상 편집 프로그램이다. 또한 고속모드로 사용할 경우 원본화질의 저하 없이 빠르게 작업할 수 있다.

⑱ 비타 : 요즘 무료 동영상 편집 앱 중 가장 많은 사랑을 받는 비타(VITA)는 워터마크를 없앨 수 있어서 아주 유용하다. 100여 개의 다양한 자막과 효과로 예쁘게 꾸밀 수 있고 버튼이 심플해 쉽고 간편하게 편집이 가능하다. 또한 다양한 필터 효과를 줄 수 있어서 내가 원하는 색감으로 바꿀 수 있다는 장점이 있다. 브이로그용 간단한 영상은 삭제하고 "브이로그 같은 간단한 영상 편집부터 필터, 스티커, 효과음, 배경음악, 자막 넣기" 등을 활용할 수 있다.

⑲ 블로 : 블로(VLLO)는 무료 동영상 편집 앱 중 초기에 인기가 많았던 앱으로, 인터페이스가 심플해 초보자분들이 사용하기에 좋고 800여 종의 아기자기한 스티커와 텍스트가 있어 브이로그 영상을 활용하기에 좋은 앱이다. 전문가 수준이 아니라면 동영상 컷 편집, 사진 넣기, 자막 넣기, 음악 넣기, 음성 녹음 등 간단한 작업을 할 수 있으며 유료 버전을 사용할 경우 더 다양한 편집을 할 수 있다.

⑳ 키네마스터 : 키네마스터(KineMaster)는 템플릿이 많은 무료 동영상 편집

앱으로 효과음과 글꼴 이펙드 전환효과 등 템플릿이 1,000개 이상 내장되어 있다. 한국어뿐만 아니라 각국 언어에 최적화된 다양한 폰트를 제공하기 때문에 영어에서 한글로, 한글에서 영어로 폰트가 깨지지 않고 변환되어 유용하다. 이미지, 스티커, 텍스트, 손글씨도 쓸 수 있고 다채로운 음악과 영상효과가 있어서 다채롭게 편집하기 좋다. 다만 무료 이용 시에는 워터마크가 찍혀 나오므로 참고하기 바란다.

㉑ 비바비디오 : 비바비디오(VivaVideo)는 가로와 세로형 편집이 가능하며 무료 이용 시 워터마크가 제거되지 않는다. 때문에 워터마크를 제거하기 위해서는 유료버전을 이용해야 한다. 귀여운 스티커부터 자주 사용하는 블러효과와 필터 등 다양한 편집 디자인을 이용할 수 있다. 특이한 점은 음성 변조기능이 있어 다양한 목소리를 녹음하기에 좋다는 것이다.

㉒ 인샷 : 인샷(InShot)은 입문용으로도 많이 사용하는데 비교적 간편한 조작방식으로 짧은 영상을 만들기에 유용하다. 특히 자막 복사기능이 있어서 편집할 때 아주 편리하고 감각적인 배경음악을 무료로 사용할 수 있어서 인스타 업로드용으로도 많이 활용되고 있다. 대신 영상과 영상을 이어주는 트랜지션 기능이 없으니 참고하기 바란다. 워터마크의 경우 유로앱에서만 없앨 수 있다.

㉓ 멸치 : 멸치(MELCHI)는 영상 편집과 영상 제작이 모두 무료이며, 모든 사람이 영상을 쉽고 간편하게 편집하고 제작할 수 있도록 도와드리는 앱이다. 쉽고 간단하게 버튼 몇 번을 누르는 것만으로도 전문업체 수준의 행사, 기념일, 광고 영상과 사진을 쉽게 제작할 수 있고, 폰트와 자막 그리고 효과음 및 배경음악과 스티커, 필터 등의 도구를 활용해서 직접 편집도 할 수 있다. 또한, 콘텐츠를 재판매하는 경우를 제외하고는 멸치를 통해 제작된 콘텐츠는 저작권 걱정 없이 사용 가능하다. 멸치는 간편한 영상 제작이 대표적인 기능으로 실시간으로 업로드되는 트렌디한 인트로와 엔딩 영상이 무제한 무료이며, 끌어놓기하여 원하는 기능을 다양하게 활용할 수 있다.

㉔ 오캠 : 오캠은 오소프트(OhSoft)에서 제작한 무료 녹화 프로그램이다. 개인 유저라면 본 프로그램을 모두 무료로 이용할 수 있다. 하지만 기업 유저나 관공서, PC방 등에서 사용하는 경우에는 먼저 유료 라이선스를 구매하여야만 한다. 동영상 녹화 프로그램이지만 녹화와 더불어 화면 캡처, 동영상

열기 등의 기능도 지원한다.

㉕ 프리즘 라이브 스튜디오 : 프리즘 라이브 스튜디오(Prism Live Studio)는 초
보도 전문가처럼 스트리밍하도록 돕는, 라이브 방송용이다. 간편한 조작으
로 누구나 쉽게 방송을 만들고, 다양한 플랫폼에 안정적으로 송출 가능하
다. 또한 비디오 편집 목적으로도 다양한 필터 효과 및 풍성한 이펙트 기
능을 자유롭게 이용할 수 있다.

출처 : https://lbtest.tistory.com/199 https://realmojo.tistory.com/375
https://cjhong.tistory.com/456

(3) 자막

영상 편집의 기본이 되는 두 번째는 바로 자막을 넣는 것이다. 자막은 영상에
서 말로 설명한 내용을 한 번 더 자막으로 강조하여 상황을 더 극대화하거나 내
용의 중요도를 시청자에게 인식시키는 작용을 한다. 예를 들어 요리영상의 경우
요리재료를 화면에서 보여주고 설명하기도 하지만 자막으로 알려준다면 시청자
가 내용을 더 잘 인지할 수 있도록 하는 역할을 하게 된다. 또 예능프로를 보면
빠른 전개에서 시청자가 놓칠 수 있는 재미있는 배우의 멘트를 자막으로 재미있
게 강조하여 더 재미있는 영상을 만들기도 한다. 이러한 자막은 정보를 더 정확
히 전달하고 재미를 더해주고 집중도를 높여주기도 한다. 또, 출퇴근시간에 흔들
리는 버스나 지하철에서 영상을 보는 시청자들이 나의 타기층이라면 소리만 듣고
화면을 보지 않는 경우도 있겠지만, 조용한 곳에서 소리를 들을 수 없는 시청자
의 경우라면 자막을 통해 영상의 내용을 인식하기 때문에 나의 타기층에 따라 영
상에서 자막이 절대적인 역할을 하기도 한다.

앞서 언급한, 스마트폰용으로 제공되는 비타, 블로, 캡컷, 키네마스터 등의 편
집 앱이나 PC용 뱁믹스, 곰믹스의 경우에는 다양한 텍스트 효과를 특별히 편집하
지 않고도 넣을 수 있도록 템플릿을 제공하고 있다. TV 예능에서 나오는 다양한

텍스트 효과를 내기 위해 어려운 프리미어 프로나 일러스트나 포토샵을 사용하지 않고도 바로 적용할 수 있는 텍스트 템플릿 등을 제공하는 것이다.

음성이 많은 경우 일일이 자막을 만들어서 영상에 삽입해 줘야 하는데 '브루 (Vrew)'는 이런 번거로운 작업을 간단하게 자동으로 처리할 수 있는 애플리케이션이다. 브루의 자동자막 생성의 원리는 간단한데 영상을 에디터로 불러와 재생하면 인공지능이 영상 속 음성을 분석해 자동으로 자막을 만들어준다. 특히 모바일용 앱도 있어서 요즘 스마트폰으로 촬영한 영상이나 편집한 영상에 자막을 넣기도 꽤 편한 구조로 되어 있다. 맥과 윈도우 모두 사용할 수 있으며 다양한 플랫폼을 지원하고 있다. 그리고 무료로 사용할 수 있다는 것도 꽤 큰 매력 중 하나다.

추가적으로 네이버가 전용 웹사이트를 통해 이용할 수 있었던 '클로바 더빙' 서비스를 모바일 앱으로도 출시했다. 글·사진보다 동영상 콘텐츠 소비가 늘면서 목소리 녹음 없이도 인공지능(AI)으로 편하게 더빙할 수 있는 '클로바 더빙' 수요가 늘어난 데 따른 것이다. 네이버는 최근 간단한 조작으로 AI 기반 목소리를 동영상에 입힐 수 있도록 클로바 더빙을 앱으로 출시, 사용자 저변 확대에 나섰다. 모바일 환경에서 사용이 어려웠던 만큼 앱을 통해 사용성을 증대시켰다. 앱에서 원하는 AI 보이스를 골라서 더빙만 하면 동영상의 원하는 위치에 생생한 더빙을 순식간에 추가할 수 있다.

(4) 음악

영상 편집의 기본이 되는 마지막은 바로 음악이다. 배경음악은 영상에서 아주 중요한 역할을 한다. 예를 들어, 여행 브이로그의 경우에는 음악을 먼저 선정한 다음에 영상을 기획하고 촬영하기도 할 만큼 음악의 역할은 매우 크다. 그래서 영상 편집에서 배경음악과 효과음은 기본이면서도 아주 중요한 부분인 것이다. 유튜브에서 제공되는 무료 음악도 있지만 다양한 무료 음원 사이트에서 음악을 다운받아서 사용할 수도 있고, 유료 사이트에서 다운받은 음악을 편집 앱이나 편집 프로그램에서 사용하기도 한다.

〈표 8-1〉 저작권 걱정 없는 이미지, 영상, 배경음악, 글꼴 사이트

유형		내용
이미지	픽사베이	https://pixabay.com/ko/
	언스플래시	https://unsplash.com/
	구글 이미지 검색	https://www.google.com/
영상	비디보	https://www.videvo.net/
	마즈와이	https://mazwai.com/
	커버르	https://coverr.co/
	픽셀스	https://www.pexels.com/videos/
	클립스틸	https://www.clipstill.com/
	폰드5	https://www.pond5.com/
	라이프오브비디오	https://www.lifeofvids.com/
배경음악	유튜브 오디오라이브러리	https://www.youtube.com/
	사운드 클라우드	https://soundcloud.com/
	모션 엘러멘츠	https://www.motionelements.com/
	프리미엄 비트	https://www.premiumbeat.com/
	벤사운드	https://www.bensound.com/
	인컴피티치	https://incompetech.com/
효과음	효과음 연구소	https://soundeffect-lab.info/
	프리사운드	https://freesound.org/
	사운드 바이블	https://soundbible.com/
	사운드 게이터	https://www.soundgator.com/
	99 사운즈	https://99sounds.org/
	오디오 마이크로	https://www.audiomicro.com/

	네이버소프트웨어	https://hangeul.naver.com/font
글꼴	1001 프리폰츠	https://www.1001freefonts.com/
	공유마당	https://gongu.copyright.or.kr/gongu/bbs/B0 000018/list.do?menuNo=20000

출처 : 김혜주(2021). 『된다! 유튜브 영상 만들기』. 이지스퍼블리싱. pp.185~195. 저자 수정.

읽을거리 o─

꾸준히 사랑받는 유튜브 콘텐츠 10가지

1. 일상 Vlog

처음 유튜브를 시작하는 분들이 가장 쉽게 접근할 수 있는 콘텐츠가 아닌 가 싶다. 일기를 쓰듯이 내 일상을 기록으로 남기고 사람들과 공유하며 나라 는 사람 자체가 콘텐츠가 되는 일상 vlog 콘텐츠. 초반에는 너무 고가의 장비 를 사용해야겠다는 부담 없이 개인이 갖고 있는 스마트폰만으로 시작해도 충 분하다.

2. 전문적 지식을 전달하는 강의 및 짧은 튜토리얼

요즘에는 책을 통해 지식을 얻기보다 영상을 통해 지식을 얻는 사람들이 늘어나고 있다. 강의 영상을 만들어서 컴퓨터 프로그램, 안무, 영어, 자격증 공부, 요리, 미술, 운동 등등 내가 갖고 있는 양질의 지식을 많은 사람들과 나 눌 수 있다. 혹은 전문적인 지식이 아니더라도 간단한 튜토리얼도 많은 사람 들이 필요로 하는 콘텐츠다.

3. 정보 전달

역사, 정치, 시사, 상식 등 여러 가지 유익한 정보들을 전달하는 콘텐츠도 꾸준히 사랑받고 있다. 강의 콘텐츠와 비슷하다고 느낄 수 있지만 한 사람이 등장해 이야기하는 형식이나 다큐멘터리 식으로 강의 콘텐츠보다는 좀 더 친 근하게 영상을 보는 사람들에게 다가갈 수 있다.

4. 리뷰

이제 사람들은 광고를 보고 소비하기보다 직접 사용해 본 사용자의 경험을 믿고 소비한다. 그런 의미에서 내가 소비해 본 결과 느끼는 장단점이나 상품 자체들을 다른 사람들과 공유하는 것도 의미 있는 콘텐츠가 될 수 있다. 예를 들어 IT장비, 책, 영화, 음식, 옷 등 여러 분야의 리뷰 콘텐츠들이 있다.

5. 펫 튜브

아기와 동물은 언제나 대중적으로 사랑받는 주제다. 화려한 편집기술보다는 자연스럽게 반려동물의 모습을 담아 콘텐츠를 만들 수 있다.

6. 게임

게임에 큰 애정이 있는 분들은 평소 즐겨하는 게임의 플레이 영상을 녹화해 콘텐츠를 만드는 것도 좋은 방법 중 하나다. 게임을 공략하는 팁을 공유할 수도 있고 같은 게임을 즐기는 사람들끼리 교류하기에도 좋은 콘텐츠다.

7. 먹방

전 세계에서 먹방(MUKBANG)이라는 단어를 사용할 정도로 한국의 먹방 콘텐츠는 정말 독보적인데, 게임을 하지 않는 사람은 있어도 먹지 않는 사람은 단 한 명도 없으니 사람들의 공감을 사기에 좋은 콘텐츠다. 하지만 그 까닭에 하루에도 수십 명씩 새로운 먹방 유튜버가 생기고 있으니 깊은 고민을 해보고 콘텐츠를 만들어야 한다.

8. 유머

사람들 사이에서 크게 회자되는 사진이나, 짧은 영상 등을 일컫는 말인 짤은 이제 하나의 문화로 자리 잡았다. 특히 그중에서 유머러스한 짤은 더욱 인기가 있고, 심시어 공중파 예능노 소설 미니어에 유행하는 짤보 먼저 섭하는 사람들이 많아졌을 정도다. 빵송국, 피식대학, 숏박스 등 유튜브 개그채널의 성장세도 의미가 있다.

9. 인터뷰

유명인이나 위대한 업적을 세운 사람이 아니라도 다른 사람에게 큰 울림을 줄 메시지를 가진 사람들은 얼마든지 있다. 요즘은 이런 사람들을 인터뷰하는 콘텐츠도 인기를 얻고 있다.

10. 재능

내가 가진 재능을 여러 사람에게 보여주는 콘텐츠는 정말 매력적이다. 예를 들어 노래, 악기 연주, 피규어 조립, 3D펜, 요리 등등 내 재능을 영상으로 만들어 사람들과 공유한다면 내 매력을 보여주는 좋은 콘텐츠가 될 것이다.

출처 : DemoCreator(https://dc.wondershare.kr/video-editor/top-youtube-video-contents.html)

소셜 미디어와 마케팅

유튜브 채널 만들기

CHAPTER
9

1 유튜브 채널 만들기

1) 구글 계정 만들기

(1) 구글 웹사이트에 접속한 후 [로그인] 페이지에서 [계정 만들기]를 클릭한다.

(2) 계정 만들기 화면이 나타나면 각 항목을 입력한다.

(3) 약관을 읽어본 후 [동의]를 누르면 방금 만든 계정으로 로그인되어 구글 웹사이트로 돌아온다. 상단에 있는 [구글 앱] 아이콘을 클릭해 유튜브 화면으로 이동한다.

[그림 0-1] 구글 계정 만들기

2) 유튜브 계정 만들기

(1) 유튜브 화면 오른쪽 상단에 있는 프로필 사진을 누른 후 [채널 만들기]를 클릭한다.

(2) [크리에이터 활동 시작하기] 창이 나타나면 [시작하기] 버튼을 누르면, [채널 생성 방식 선택] 창으로 넘어간다.

(3) 이곳에 채널명을 입력하면 된다. 채널명 입력이 끝나면 [만들기] 버튼을 눌러 채널 개설을 완료한다.

(4) 유튜브 화면 오른쪽 상단의 프로필 사진을 클릭하면 내 채널 페이지로 언제든지 진입할 수 있다.

[그림 9-2] **유튜브 계정 만들기**

3) 유튜브 필수기능 활성화

(1) 유튜브 스튜디오의 메뉴에서 [설정]→[채널]→[고급설정]→[상태 및 기능]을 클릭한다. 아래 표시된 세 가지 기능은 '계정확인'만 해놓으면 활성화할 수 있다.

(2) 스크롤을 다시 위로 올려 내 채널명 아래의 [확인]을 클릭한다.

(3) 계정 확인이 바로 진행된다. 인증번호를 전화로 받는 방법과 문자로 받는 방법이 있다.

(4) 문자로 받은 인증코드를 입력한 후 [제출]을 클릭하면 [확인 완료] 창이 나타난다. [계속]을 클릭한다.

(5) [파트너 인증됨]이라는 메시지로 교체된다.

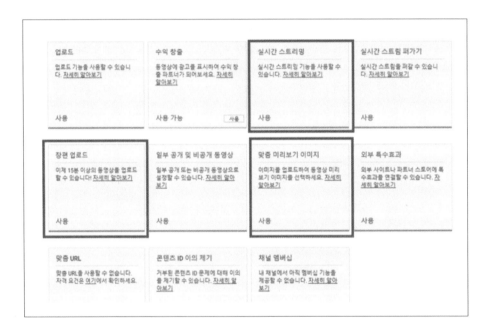

[그림 9-3] 유튜브 필수기능 활성화

2 유튜브 영상 업로드하기

1) 유튜브 앱에서 영상 업로드하기

(1) 유튜브 앱을 내려받아 설치한다. 유튜브 앱을 실행한 후 오른쪽 상단에 있는 카메라 모양의 아이콘을 누른다.

(2) 앱에서 즉시 동영상을 촬영할 수 있고, 내 폰에 저장되어 있는 동영상을 선택할 수도 있다.

(3) 동영상의 필요한 부분만 편집할 수 있다.

(4) 배경음악도 삽입할 수 있다. 음표모양의 아이콘을 누리고 [음악 추가]를 누른다. 유튜브가 제공하는 무료 음원 목록이 나타난다. [내 기기] 탭에서 저장하고 있는 음원파일을 선택해도 되지만, 저작권에 유의해야 한다.

(5) 편집이 끝난 동영상을 확인한 후 [다음]을 누른다. 동영상 세부 정보를 입력하는 페이지가 나타난다. 제목과 설명을 작성하고 [업로드]를 누르면 동영상이 업로드되기 시작한다. 업로드 시간은 동영상 시간에 비례하므로 러닝타임이 길수록 업로드 소요시간도 길어진다.

2) PC에서 영상 업로드하기

(1) 유튜브 화면 오른쪽 상단에 있는 카메라 아이콘을 누르고 [동영상 업로드]를 클릭한다. 업로드 화면이 나타나면 화면 위에 동영상 파일을 그대로 끌고 온다. [파일 선택]을 눌러 파일을 직접 불러와도 된다.

(2) 동영상 업로드가 시작되면서 총 4단계의 과정이 차례대로 나타난다.

① '세부정보'는 제목, 설명 등의 기본적인 정보를 입력한다. 미리보기 이미지, 재생목록 등과 같이 세부 항목을 설정할 수 있다.

② '동영상 요소'에서는 부가기능을 설정하는 화면이 나타난다.

③ '검토'에서는 유튜브에서 동영상에 공개 상태를 제한할 수 있는 문제가 있는지 검사한다.

④ '공개 상태'에서 동영상의 공개 범위도 설정한다. [비공개]를 선택하면 본인만 볼 수 있다. 추후 '공개'로 바꿀 수 있으므로 외부에 공개되기 전에 영상이 잘 올라갔는지 미리 테스트하는 목적으로 사용할 수 있다. [게시]를 누르면 업로드가 완료된다.

(3) 앱에서는 동영상을 편집한 후에 업로드했지만, PC에서는 업로드한 후에도 편집할 수 있다. 유튜브 스튜디오의 메뉴에서 [동영상]을 누른 후 편집할 동영상의 제목을 클릭한다.

(4) 동영상의 세부 정보를 수정할 수 있는 페이지가 나타난다. [편집기]를 클릭하면, 유튜브가 제공하는 편집기 툴이 실행된다. 자르기, 배경음악 삽입 등과 같은 간단한 편집을 할 수 있다.

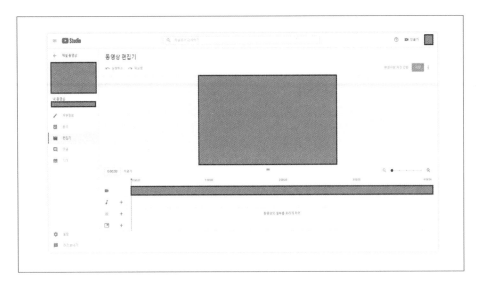

[그림 9-4] Youtube 영상 업로드

3 검색 가능성 제고 방법

1) 메타정보 입력하기

유튜브 검색 기반은 '제목', '설명', '태그'와 같은 메타정보이다. 핵심 키워드를 잘 활용하여 검색 가능성이 높아질 수 있도록 작성해야 한다.

① '제목'은 짧고 흥미롭게 작성해야 한다.
- 영상 제목에 누구를 위해 만든 영상인지 알려주는 것도 좋다(예를 들어, 대학생, 직장인, 학부모 등).
- 영상 제목에 심리를 자극할 수 있는 단어를 넣어보는 것도 좋다.
- 숫자를 넣으면 신뢰감이 생긴다.
- 영문을 포함한 외국어를 추가한다.

② '설명'은 효과적인 키워드를 사용하여 검색을 용이하도록 한다. [구글 트렌드] 및 [구글 ads keyword planner]를 사용하여 인기 키워드와 그 동의어를 파악하여, 검색으로 발생하는 트래픽을 극대화할 수 있다. 다만, 설명을 작성할 때 동영상 내용과 관련 없는 단어는 피하는 게 좋다. Youtube 커뮤니티 가이드 정책[1])을 위반할 수 있기 때문이다.

③ '태그'는 핵심 키워드와 연관 키워드로 채운다. 연관 키워드를 찾을 때 유용한 사이트는 다음과 같다.

- 튜브버디(www.tubebuddy.com)는 가장 효과적인 태그를 자동으로 찾아주는 [추천 기능]이 있다.
- 키워드툴(https://keywordtool.io)에 접속하여 필요한 키워드만 체크하고 [Copy]를 누른 후에 유튜브로 이동해서 필요한 곳에 붙여넣을 수 있다.
- 키워드시터 사이트(https://keywordsheeter.com)는 연관검색어를 찾아주는 사이트이다.

읽을거리 ○

유튜브 해시태그 사용 정책

① 공백 미포함: 해시태그에는 공백이 포함되지 않는다. 해시태그에 단어 2개를 포함하려면 #두단어, #두개단어와 같이 붙여써야 한다.

② 과도한 태그: 동영상 1개에 지나치게 많은 태그를 추가해서는 안 된다. 동영상에 60개가 넘는 해시태그가 있는 경우 YouTube에서는 동영상의 모든 해시태그를 무시한다. 태그를 과도하게 추가하면 업로드 또는 검색결과에서 동영상이 삭제될 수 있다.

---

1) https://www.youtube.com/howyoutubeworks/policies/community-guidelines/#community-guidelines

③ 시청자를 현혹하는 콘텐츠: 동영상과 직접적으로 관련 없는 해시태그를 추가해서는 안 된다. 현혹적이거나 동영상과 무관한 해시태그로 인해 동영상이 삭제될 수 있다.

④ 괴롭힘: 개인이나 집단을 대상으로 한 괴롭힘, 모욕, 위협, 폭로 또는 협박을 목적으로 해시태그를 추가해서는 안 된다. 이 정책을 위반하면 동영상이 삭제된다.

⑤ 증오심 표현: 개인이나 집단을 대상으로 폭력 또는 증오심을 조장하는 해시태그를 추가해서는 안 된다. 인종차별, 성차별 또는 기타 비방하는 내용이 포함된 해시태그를 추가하면 안 된다.

⑥ 성적인 콘텐츠: 성적이거나 음란한 내용의 해시태그를 추가하면 동영상이 삭제될 수 있다. 성적 호기심을 유발하는 동영상은 YouTube에서 허용되지 않는 경우가 많다. 성적인 콘텐츠에 대한 정책을 자세히 알아보자.

⑦ 저속한 언어: 해시태그에 욕설이나 불쾌감을 주는 용어를 사용하면 동영상에 연령 제한이 적용되거나 동영상이 삭제될 수 있다.

⑧ 해시태그가 아닌 태그: 해시태그를 추가하는 것은 허용되지만 일반적인 설명을 하는 태그나 문장을 반복적으로 설명에 추가하는 것은 여전히 금지된다. 이 정책을 위반할 경우 동영상이 삭제되거나 동영상에 불이익이 발생할 수도 있다.

출처 : https://support.google.com/youtube/answer/6390658?hl=ko

2) 미리보기 이미지(썸네일)[2] 추가하기

영상에 들어가는 제목에는 크게 두 가지가 있다. 제목란에 텍스로 들어가는 제목과 썸네일에 들어가는 제목이다. 유튜브 알고리즘이 읽을 수 있는 제목은 텍스트로 들어가는 제목뿐, 썸네일 제목을 읽을 수 없다고 한다. 그러나 시청자의

---

2) 썸네일(thumbnail)은 손톱만 한 크기의 이미지로 유튜브에서 가장 먼저 눈에 띄는 것을 말한다. 본래 영화나 드라마 아트디렉터들이 간단하게 자기 생각을 스케치한 이미지를 말하는 것이었는데, 지금은 유튜브 콘텐츠의 클릭을 유도하기 위해 올린 이미지를 통칭한다.

90% 이상이 썸네일을 먼저 본다. 썸네일의 핵심은 눈에 잘 띄게 만드는 것이다. 최근에는 제목을 짧은 단어만 던지듯 보여주는 경우도 있고, 텍스트 없이 부호만 쓰는 경우도 있다. 스타일은 다양해도 한 가지 공통점이 있다. 바로 '기대감'을 주는 제목이다. 클릭하고 싶게끔 과감하고 흥미로운 썸네일의 제목을 짓고, 썸네일 텍스트로 자기 채널만의 공식을 세워야 한다(민재희, 2021).

(1) 유튜브 스튜디오 메뉴의 [동영상]에서 해당 영상의 제목을 클릭한다.
(2) 수정 화면이 나타나면 [미리보기 이미지 업로드]를 클릭해 이미지를 업로드한다.
  ① 맞춤 썸네일 이미지는 가능한 한 커야 한다. 내장 플레이어에서도 미리보기 이미지로 사용되기 때문이다. 맞춤 썸네일 권장사항은 다음과 같다.
    - 해상도 1280x720(너비 640픽셀 이상)
    - 업로드 이미지 형식: JPG, GIF, PNG
    - 2MB 제한 준수
    - YouTube 플레이어 및 미리보기에서 가장 많이 사용되는 16:9의 가로세로 비율 사용
  ② '설명'은 효과적인 키워드를 사용하여 검색을 용이하도록 한다. [구글 트렌드]

3) 동영상 미리보기

동영상 미리보기는 3초 분량의 동영상을 미리 보여주는 기능이다. 컴퓨터에서 동영상의 썸네일 위로 마우스를 가져가거나 모바일 검색에서 동영상을 스크롤하여 넘기면 3초의 미리보기가 표시된다. 동영상 미리보기가 재생되면 다시 동영상의 썸네일이 표시된다.

(1) 시청자는 홈, 구독, 인기 탭에서 동영상 미리보기를 시청할 수 있다. 또한 보기 페이지와 검색결과에서도 볼 수 있다. 미리보기는 일부 컴퓨터 브라우저(Chrome 버전 32 이상 및 Opera 버전 19 이상)에서만 사용 가능하다.

(2) 동영상 미리보기는 30초가 넘는 대부분의 동영상에서 사용할 수 있다. 시청자가 인라인 플레이어를 사용 중지한 경우 자격요건을 충족하는 동영상에 동영상 미리보기가 자동으로 사용 설정된다. 길이가 30초를 넘더라도 일부 동영상에는 미리보기가 추가되지 않을 수 있다.

4) 동영상 최종 화면 추가

동영상의 마지막 5~20초 구간에 최종 화면을 추가할 수 있다. 여기에서 다른 동영상을 홍보하거나 시청자의 구독을 유도할 수 있다. 표준 영상비 16:9 동영상의 최종 화면에는 최대 4개의 요소를 추가할 수 있다. 그 외 가로세로 비율에서는 요소의 수가 더 적을 수 있다.

참고로 첫째, 최종 화면을 넣으려면 동영상 길이가 25초 이상이어야 한다. 둘째, 카드 티저 및 동영상 워터마크 등의 기타 상호작용 요소는 최종 화면에 표시되지 않는다. 셋째, YouTube Music 앱, 플래시 동영상, 모바일 웹, 360도 동영상에서 아동용으로 설정된 동영상에는 최종 화면을 사용할 수 없다.

(1) 유튜브 스튜디오에 로그인한다.

(2) 왼쪽 메뉴에서 [콘텐츠]를 선택한다.

(3) 수정할 동영상의 제목 또는 미리보기 이미지를 클릭한다.

(4) 왼쪽 메뉴에서 [편집기]를 선택한다.

(5) 네모난 박스처럼 생긴 아이콘인 [최종화면]을 선택하고 추가할 요소를 선택한다. 최종 화면에 추가할 수 있는 요소는 다음과 같다.

① 템플릿 적용 : 템플릿에는 최종 화면을 만들기 위해 맞춤설정이 가능한 요소 그룹이 있다.

② 동영상 : 가장 최근에 업로드한 동영상, 시청자 맞춤 동영상 또는 특정 동영상을 표시한다.

③ 재생목록 : 공개 YouTube 재생목록을 표시한다.

④ 구독 : 채널 구독을 당부한다.

⑤ 채널: 맞춤 메시지로 다른 채널을 홍보한다.

⑥ 연결: YouTube 파트너 프로그램에 가입한 경우 외부 웹사이트의 링크를 걸 수 있다.

⑦ 상품: 상품 중 1개를 자동으로 추천한다.

(6) 저장을 클릭한다.

(7) 최종화면 제작을 위한 권장사항

① 동영상과 관련성 있는 요소를 표시한다.

② 각기 다른 최종화면 요소에 클릭 유도문안을 활용하여 시청자의 클릭을 유도해야 한다.

③ 맞춤 이미지를 사용하는 경우 픽셀 너비가 300×300 이상인 이미지를 사용하는 것이 좋다.

④ 동영상 마지막에 최종화면을 넣을 수 있는 공간과 시간을 확보해 두어야 한다. 동영상 편집 시 마지막 20초를 염두에 두어야 한다.

⑤ 최종화면의 여러 요소가 서로 다른 시점에 나타나도록 표시 시점을 고민해야 한다.

4 채널 브랜딩 관리[3]

1) 채널 프로필 사진

프로필 사진은 유튜브에서 내 채널, 동영상, 공개적으로 참여하는 활동에서 시청자에게 표시되는 이미지다. 유튜브 스튜디오에서 프로필 사진을 변경하는 순서는 다음과 같다.

(1) 유튜브 스튜디오에 로그인한다.
(2) 왼쪽 메뉴에서 [맞춤설정]→ [브랜딩]을 선택한다.
(3) [변경]을 클릭하고 이미지를 선택한다. 이미지 크기를 변경한 후 [완료]를 클릭한다.
(4) [게시]를 클릭한다.
(5) 이미지 가이드라인
　① JPG, GIF, BMP 또는 PNG 파일(애니메이션 GIF 제외)
　② 800×800픽셀 이미지(권장)
　③ 98×98픽셀로 렌더링되는 정사각형 또는 원형 이미지

2) 채널 배너 이미지

배너 이미지는 내 유튜브 페이지 상단에 배경으로 표시된다.

(1) 유튜브 스튜디오에 로그인한다.
(2) 왼쪽 메뉴에서 [맞춤설정]→ [브랜딩]을 선택한다.

---

3) http://oupport.googlo.com/youtubo/?hl-ko#topic-9257498

(3) [변경]을 클릭하고 이미지를 선택한다. 이미지 크기를 변경한 후 [완료]를 클릭한다.

(4) [게시]를 클릭한다.

(5) 이미지 가이드라인

　① 업로드 최소 크기: 16:9 가로세로 비율의 2048×1152픽셀

　② 텍스트 및 로고가 잘리지 않는 최소 크기: 1235×338픽셀 여기에서 벗어나는 부분은 특정 뷰 또는 기기에서 잘릴 수 있다.

　③ 파일 크기: 6MB 이하

3) 동영상 워터마크 추가

동영상에 동영상 워터마크를 추가하여 시청자가 채널을 구독하도록 유도할 수 있다. 동영상 워터마크를 추가하면 시청자가 컴퓨터에서 유튜브를 사용할 때 바로 채널을 구독할 수 있다.

(1) 유튜브 스튜디오에 로그인한다

(2) 왼쪽 메뉴에서 [맞춤설정]→ [브랜딩]을 선택한다.

(3) 표시 시간을 선택한다.

　① 동영상 끝: 동영상 워터마크가 동영상 끝부분에 15초 동안 나타난다.

　② 맞춤 시작 시간: 동영상 워터마크는 사용자가 선택한 시간부터 나타난다.

　③ 전체 동영상: 동영상 전반에서 동영상 워터마크가 계속 나타난다.

(4) [변경]을 클릭하고 이미지를 선택한다. 이미지 크기를 변경한 후 [완료]를 클릭한다.

(5) [게시]를 클릭한다.

(6) 이미지 가이드라인

① 최소 크기 150×150픽셀

② 크기가 1MB 미만인 정사각형 이미지

〈표 9-1〉 유튜브에 유용한 디자인 툴

유형	내용
미리캔버스 https://www.miricanvas.com/	
캔바 https://www.canva.com/ko_kr/	
망고보드 https://www.mangoboard.net/	

픽슬러 https://pixlr.com/kr/	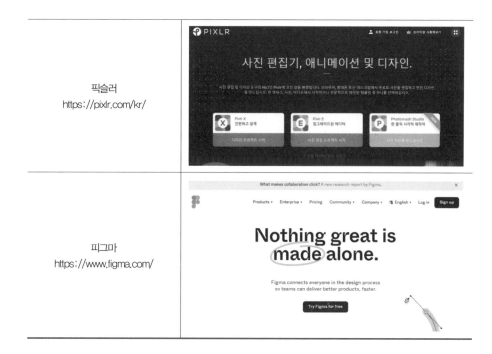
피그마 https://www.figma.com/	

소셜 미디어와 마케팅

유튜브 수익 창출하기

CHAPTER 10

1 유튜브 수익 창출1)

유튜브 파트너 프로그램의 가입 신청이 승인되면 유튜브에서 수익을 창출할 수 있다. 유튜브 파트너 프로그램에 참여하지 않고도 YouTube Shorts Fund에서 지급되는 Shorts 보너스를 받을 자격요건을 충족할 수 있다.

> **참고사항**
> - 유튜브는 크리에이터가 어떤 콘텐츠를 제작할 수 있는지 제시하지는 않지만 시청자, 크리에이터, 광고주를 공정하게 대할 책임이 있다. 유튜브 파트너 프로그램에 참여하고 있는 경우 유튜브를 통해 수익을 창출할 수 있으므로 유튜브 파트너 프로그램의 크리에이터에게 유튜브는 더 엄격한 기준을 적용한다.
> - 유튜브는 우수 크리에이터에게 보상이 제공되도록 유튜브 파트너 프로그램 참여를 승인하기 전에 신청자의 채널을 검토한다. 또한 채널을 지속적으로 검토하여 모든 정책과 가이드라인을 준수하고 있는지를 확인한다.
> - 채널이 YouTube Shorts Fund의 자격요건을 충족하기 위해 유튜브에서 반드시 수익을 창출해야 하는 건 아니나, 유튜브 파트너 프로그램의 크리에이터와 다중 채널 네트워크(MCN)의 제휴사인 채널도 자격요건을 충족해야 한다.
> - 유튜브에서 발생한 수익에 대해 크리에이터에게 세금이 부과될 수 있다.

---

1) https://support.google.com/youtube/answer/72857?hl=ko&ref_topic=9257989

유튜브에서는 다음 기능을 통해 수익을 창출할 수 있다.

1) 유튜브 파트너 프로그램에서 수익을 창출하는 방법

(1) 광고 수익 : 디스플레이, 오버레이, 동영상 광고를 통해 광고 수익을 올린다.

(2) 채널 멤버십 : 채널 회원이 크리에이터가 제공하는 특별한 혜택을 이용하는 대가로 매월 이용료를 지불한다.

(3) 상품 섹션 : 팬들이 보기 페이지에 진열된 공식 브랜드 상품을 둘러보고 구입할 수 있다.

(4) Super Chat 및 Super Sticker : 팬들이 채팅 스트림에서 자신의 메시지를 강조표시하기 위해 구입한다.

(5) YouTube Premium 수익 : YouTube Premium 구독자가 크리에이터의 콘텐츠를 시청하면 구독료의 일부가 지급된다.

2) 수익 창출기능을 사용 설정하기 위한 최소 자격요건

유튜브 파트너 프로그램(YPP)은 크리에이터에게 유튜브 리소스와 수익 창출 기능을 더 폭넓게 사용할 수 있는 기회를 제공한다. 유튜브 파트너 프로그램 (YPP) 참여 시 필요한 최소 자격요건은 다음과 같다.

(1) 모든 유튜브 채널 수익 창출 정책을 준수한다.

(2) 유튜브 파트너는 유튜브에서 수익을 창출하려면 유튜브 파트너 프로그램 정책을 포함한 계약에 따라 이 수익 창출 정책을 준수해야 한다.

(3) 유튜브 파트너 프로그램이 제공되는 국가/지역에 거주해야 한다.

(4) 채널에 활성 상태의 커뮤니티 가이드 위반 경고가 없어야 한다.

(5) 최근 12개월간 공개 동영상의 유효 시청 시간이 4,000시간을 넘고, 구독

자 수가 1,000명을 초과해야 한다.

(6) 연결된 애드센스 계정이 있다. 애드센스 계정은 1개여야 한다. 파트너 프로그램 참여를 신청할 때 수익금을 지급받을 애드센스 계정을 연결해야 한다.

유튜브 파트너 프로그램(YPP) 참여를 승인받으면 다음과 같은 수익 창출기능을 이용할 수 있다.

〈표 10-1〉 수익 창출기능 최소 자격 요건

유형	요구사항
광고 수익	• 만 18세 이상이거나, 애드센스를 통해 지급액을 처리할 수 있는 만 18세 이상의 법적 보호자가 있어야 함 • 광고주 친화적인 콘텐츠 가이드라인을 준수하는 콘텐츠 제작
채널 멤버십	• 만 18세 이상 • 구독자 수 1,000명 초과
상품 섹션	• 만 18세 이상 • 구독자 수 10,000명 초과
Super Chat 및 Super Sticker	• 만 18세 이상 • Super Chat이 제공되는 국가/지역에 거주 • 크리에이터는 Google에서 확인한 Super 수익의 70%를 지급받는다. 이 70%는 현지 판매세 및 iOS의 App Store 수수료를 공제한 후 계산된다. 신용카드 수수료 등을 포함한 거래 비용은 현재 YouTube에서 부담한다.
YouTube Premium 수익	YouTube Premium 구독자용 콘텐츠 제작

3) 유튜브 Shorts Fund

YouTube Shorts Fund는 창의적인 자신만의 Shorts 동영상을 만들어 YouTube 커뮤니티에 즐거움을 선사한 크리에이터에게 적절한 보상을 제공하기 위해 마련된 $1억 상당의 기금이다. 매달 수천 명의 크리에이터를 선정하여 기금에서 Shorts 보너스를 받은 자격이 있음을 알린다.

〈표 10-2〉 Shorts 보너스

유형	요구사항
Shorts 보너스	• 만 13~18세의 크리에이터는 부모 또는 보호자가 약관을 수락해야 하며 아직 채널에 애드센스 계정을 연결하지 않은 경우 보너스를 지급받기 위해 애드센스 계정을 설정해야 한다. • 최근 180일 이내에 자격요건을 충족하는 Shorts 동영상을 하나 이상 업로드한 적이 있어야 한다.

4) 유튜브 파트너 수익 확인

수익 공유는 유튜브와 체결한 특정 파트너 계약에 규정된 총수익의 비율을 나타낸다. 수익 공유에 대한 자세한 내용은 유튜브 파트너 프로그램 약관 또는 상거래 제품 관련 추가 조항을 확인할 수 있다.

(1) 유튜브 스튜디오에 로그인한다.

(2) 왼쪽 메뉴에서 [설정]을 선택한다.

(3) 약관을 선택한다.

(4) 유튜브 파트너 프로그램 약관 또는 상거래 제품 관련 추가 조항 옆에 있는 약관 보기를 클릭하여 수익 공유에 대한 세부정보를 확인한다.

유튜브 파트너 프로그램에 참여하고 있는 경우 유튜브 분석의 수익 탭에서 가장 많은 수익이 창출되는 동영상과 가장 수익성이 높은 수익원을 확인할 수 있다. 주요 측정항목 카드에는 예상 수익(수입), RPM(1,000회 조회당 수익), 재생 기반 CPM(1,000회 노출당 비용)이 표시된다.

(1) 유튜브 스튜디오에 로그인한다.

(2) 왼쪽 메뉴에서 [분석]을 선택한다.

(3) 상단 메뉴에서 [수익]을 선택한다.

〈표 10-3〉 수익 보고서 보기

유형	내용
RPM	• RPM 보고서는 동영상 조회 수 1,000회당 여러 수익원에서 발생한 수익금액을 보여준다. RPM은 총수익을 총 조회 수로 나눈 후 1,000을 곱하여 계산한다.
재생 기반 CPM	• 재생 기반 CPM 보고서는 광고가 하나 이상 표시된 동영상의 1,000회 재생당 평균 예상 총수익을 보여준다.
월별 예상 수익	• 월별 예상 수익 보고서에는 지난 30일 동안 내 채널에서 발생한 수익이 표시된다.
수익원	• 수익원 보고서는 각 수익원에서 발생한 것으로 예측되는 예상 수익을 분석하여 보여준다.
거래 수익	• 거래 수익 보고서에서는 채널 멤버십과 상품을 통해 창출되는 예상 수입을 대략적으로 확인할 수 있다. 이 보고서는 동영상 수준에서도 제공된다.
최고 수입 동영상	• 최고 수입 동영상 보고서에는 가장 많은 예상 수익을 창출한 동영상이 표시된다.
광고 유형	• 광고 유형 보고서에서는 광고 유형별 광고 수익의 비율을 확인할 수 있다.

5) 최종 수입 확인

최종 수입은 애드센스 계정에서만 확인할 수 있다. 전월의 최종 수입은 매월 7~12일에 애드센스 계정 잔액에 추가된다.

애드센스에서 최종 수입을 확인하는 방법은 다음과 같다.

(1) 애드센스 계정에 로그인한다.
(2) 왼쪽에서 [YouTube용 애드센스]를 선택한다.
(3) 유튜브 수입의 현재 잔액, 마지막 지급액이 표시되며 유튜브 관련 리소스에 액세스할 수 있다.
(4) 원천징수 적용에 따라 최종 수입이 달라질 수 있고 원천징수 금액은 애드센스 계정에서만 확인할 수 있다.

참고사항

- 지급기준액에 도달 : 당월 말까지 현재 잔액이 지급 기준액에 도달하면, 21일의 지급 처리기간이 시작된다. 이 처리기간 후에 수입을 지급한다.
- 애드센스 지급 일정 : 이전 달의 확정된 유튜브 수입은 매월 7일에서 12일 사이에 애드센스의 유튜브 지급 계정 잔액에 추가된다. 예를 들어 현재 미국에 거주하고 있고 6월에 100달러의 수입이 발생했다면, 7일 7일에서 12일 사이에 유튜브용 애드센스 홈페이지에 잔액이 표시된다.

〈표 10-4〉 측정 항목

유형	내용
평균 시청 지속 시간	• 선택한 동영상 및 기간에 대해 예상되는 조회당 평균 시청 시간(분)입니다.
예상 수익 창출 재생	• 시청자가 내 동영상을 시청할 때 하나 이상의 광고 노출을 기록한 경우를 수익 창출 재생으로 간주합니다. 여기에는 시청자가 프리롤 광고를 보다가 실제 동영상을 시청하지 않고 나간 경우도 포함됩니다.
거래	• 선택한 기간 및 지역을 기준으로 유료 콘텐츠 또는 Super Chat에서 발생한 거래의 횟수입니다.
조회 수	• 채널 또는 동영상의 정상적으로 조회한 횟수입니다.
시청 시간(단위: 시간)	• 시청자가 내 동영상을 시청한 시간입니다.
예상 광고 수익	• 선택한 기간 및 지역을 기준으로 애드센스 및 DoubleClick 광고에서 발생한 예상 수익입니다. 이 금액에는 파트너 판매 광고 수익이 포함되지 않습니다.
예상 수익(수입)	• 선택한 기간 및 지역에서 모든 Google 판매 광고 및 거래로 발생한 총 예상 수익(순수입)입니다.
거래당 수익	• 선택한 기간과 지역에서 유료 콘텐츠 또는 Super Chat으로 발생한 거래의 평균 금액입니다.
거래 수익	• 유료 콘텐츠 및 Super Chat 등의 거래에서 발생한 예상 순수익입니다. 예상에는 선택한 기간 및 지역에 대해 파트너가 청구한 환불 금액을 공제한 금액이 포함됩니다.
YouTube Premium 수익	• 선택한 기간 및 지역을 기준으로 YouTube Premium에서 발생한 예상 수익입니다.
YouTube Shorts 수익	• 선택한 기간 동안 YouTube Shorts Fund에서 발생한 예상 수익입니다.
제품 태그 수익	• 선택한 기간 동안 YouTube Shopping Fund에서 발생한 예상 수익입니다.

2 유튜브 채널 핵심 지표 이해[2)]

1) 시청자의 연령대

콘텐츠를 시청한 모든 사람의 성별, 연령대를 살펴볼 수 있고, 특정 성별, 연령대가 어떤 동영상을 가장 많이 시청했는지도 파악할 수 있다. 핵심 구독자가 명확하면 어떤 언어로 소통하고, 어떤 콘셉트로 영상을 기획해야 하는지 도움을 얻을 수 있다.

2) 시청 국가

콘텐츠가 어떤 국가에서 시청되고 있는지 파악할 수 있다. 해외 구독자까지 고려하고 있다면 제공할 자막의 언어를 결정하는 데 도움이 된다.

3) 검색 키워드

콘텐츠를 시청한 사람의 검색 키워드를 볼 수 있다. 다음 콘텐츠를 만들 때 어떤 키워드를 써야 할지 힌트를 얻을 수 있다. 기존 콘텐츠의 키워드를 수정할 때 참고해도 좋다.

4) 구독자와 비구독자이 시청비율

구독자와 비구독자의 시청 시간, 전체 시청자 중 구독자와 비구독자의 비율을 알면 채널의 성장가능성을 가늠할 수 있다.

---

2) 김혜주(2021). 『된다! 유튜브 영상 만들기』. 이지스퍼블리싱. pp.322~324.

5) 구독자 수 증감 추세

특정한 날에 구독자가 늘었다면? 반대로 구독자가 줄었다면? 이것은 무슨 신호일까? 사회적으로 어떤 이슈가 있었는지, 내 채널의 콘텐츠에 어떤 특징이 있었는지 원인을 분석해야 한다. 따라서 구독자 증감 추세는 지속적으로 확인하는 것이 좋다.

6) 시청 지속 시간

시청자가 콘텐츠를 얼마나 오래 시청했는지 확인할 수 있다. 콘텐츠의 우수성을 평가하는 가장 중요한 지표는 시청 시간이다. 지속 시청 시간이 긴 콘텐츠의 공통점과 시청 시간이 짧은 콘텐츠의 공통점을 찾아 다음 콘텐츠 기획에 반영해야 한다.

참/고/문/헌 :::

국내문헌

김종욱 외(2021). 소셜 미디어 마케팅. 한국직업능력개발원.

김종욱 외(2021). 소셜 미디어 윤리 준수. 한국직업능력개발원.

김혜주(2021). 된다! 유튜브 영상 만들기. 이지스퍼블리싱.

박노일, 한정호, 정지연(2012). CEO 트위터 사과메시지의 위기관리 효과: 트위터 사과
　　　여부, 사과주체, 감성적 소구를 중심으로. 광고학연구. 23(3): 85~108.

민재희(2021). Youtube 콘텐츠 아이디어 50. 미지원.

서여주(2020). 개인, 상황, 관계를 중심으로 한 인간심리. 백산출판사.

서여주(2021). 소비와 프로모션. 2판. 백산출판사.

설진아(2009). 소셜 미디어(Social Media)의 진화양상과 사회적 영향. 한국언론정보학
　　　회 학술대회, pp.35~57.

설진아(2011). 소셜 미디어와 사회변동. 커뮤니케이션북스.

오승종(2021). 된다! 저작권 문제해결. 이지스퍼블리싱.

연희승(2022). 숏폼 기획 아이디어. 박영사.

이원준(2020). 디지털 콘텐츠 실전 마케팅. 디지털북스.

이정권, 최영(2015). 소셜 미디어 이용 동기 연구: 개방형 SNS와 폐쇄형 SNS 비교를
　　　중심으로. 한국언론학보. 59(1): 115-148.

전상권, 신승중(2011). 소셜 미디어의 발전에 따른 보안 사례와 분석. 한국멀티미디어
　　　학회지. 제15권 제1호: 85~94.

정무관 외(2015). 마케팅전략 수립. 한국직업능력개발원.

정무관 외(2015). 마케팅전략 실행계획 수립. 한국직업능력개발원.

정유진, 배국진(2007). 소셜네트워크 서비스(SNS)의 동향과 전망. Emerging Issue
　　　Report pp 1~59.

최민재(2009). 소셜 미디어의 확산과 미디어 콘텐츠에 대한 수용자 인식연구. 한국언
　　　론정보학회 학술대회, pp.5~31.

한혜주, 이경미(2014). 소비자의 소셜 미디어를 통한 정보공유 활동에 대한 연구. 소비
　　　자학연구. 25(2): 21~44.

국외문헌

Aula, P.(2010). Social media, reputation risk and ambient publicity management. Strategy & leadership.

Brake, S. V., & Safko, L.(2009). The social media Bible: Tactics. Tools, And Strategies For Business Success. Publisher: John Wiley─Sons, p.45.

Hobson, K.(2006). Environmental responsibility and the possibilities of pragmatist-orientated research. Social & Cultural Geography. 7(2): 283~298.

Kaplan, A. M., & Haenlein, M.(2010). Users of the world, unite! The challenges and opportunities of Social Media. Business horizons. 53(1): 59~68.

Kazeniac, A.(2009). Social networks: Facebook takes over top spot, Twitter climbs. Compete.com, 2.

Kietzmann, J. H., Hermkens, K., McCarthy, I. P., & Silvestre, B. S.(2011). Social media? Get serious! Understanding the functional building blocks of social media. Business horizons. 54(3): 241~251.

Latour, B.(1994). On technical mediation. Common knowledge. 3(2).

Miller, R., & Lammas, N.(2010). Social media and its implications for viral marketing. Asia Pacific Public Relations Journal. 11(1): 1~9.

Montana, P. J., & Charnov, B. H.(2008). Management. New York: Barron's Educational Series, Inc. p.333.

Muntinga, D. G., Moorman, M., & Smit, E. G.(2011). Introducing COBRAs: Exploring motivations for brand-related social media use. International Journal of advertising. 30(1): 13~46.

Nagle, T. T., & Müller, G.(2017). The strategy and tactics of pricing: A guide to growing more profitably. Routledge.

Peters, K., Chen, Y., Kaplan, A. M., Ognibeni, B., & Pauwels, K.(2013). Social media metrics─A framework and guidelines for managing social media. Journal of interactive marketing. 27(4): 281~298.

Shirky, C.(2008). It's not information overload. It's filter failure. Web, September.

Stuart, R.(2020). Social Media. In Communication Technology Update and Fundamentals, Routledge, pp.291-303.

저자
약력

서여주

이화여자대학교 일반대학원 경영학 석사
이화여자대학교 일반대학원 소비자학 박사

前 IDS & Associates Consulting 컨설턴트
　　경기연구원 연구원
　　한국직업능력개발원 연구원
　　과학기술정책연구원 부연구위원

現 알토스랩 대표
　　을지대학교, 가천대학교, 강남대학교 외래교수
　　우송대학교 겸임교수

서여주 박사는 소비자에 집중된 수많은 이슈들에 관심을 가진 학자로서 최근에는 소비자가 인식하는 기업의 가치, 즉 진정성(authentic)에 관한 연구를 중점적으로 진행하고 있다. 2016년 소비자정책교육학회와 2018년 고객만족경영학회에서 우수논문상을 수상하였다. 소비자행동, 소비자심리 및 문화 그리고 소비자정책에 관하여 학계는 물론 실무적 영역에서 선도적인 문제제기를 하고 있다. 대학에서는 기업과 소비자에 대한 명확한 이해를 바탕으로 강의를 진행하면서, 소비자 중심적인 시각에서 소비자 만족과 효용을 극대화하는 가교역할을 담당하고 있고, 기업이 소비자 니즈를 재빨리 확인할 수 있는 소비행동에 대한 다양하고 심층적인 정보를 수집·가공하여 소비자 후생 향상에 기여할 수 있는 정책연구 또한 꾸준히 개발하고 있다.

대표 저서로는 『고객서비스 능력 향상을 위한 고객응대실무』, 『소비자행동과 심리』, 『소비와 시장』, 『소비와 프로모션』, 『소비자 그리고 라이프스타일』, 『인간심리: 개인, 상황, 관계 중심』, 『365 글로벌 매너 : 당신의 결정적 차이를 만들어 줄 법칙』 등이 있다.

저자와의
합의하에
인지첩부
생략

소셜 미디어와 마케팅

2022년 2월 25일 초 판 1쇄 발행
2022년 8월 15일 제2판 1쇄 발행

지은이 서여주
펴낸이 진욱상
펴낸곳 (주)백산출판사
교 정 성인숙
본문디자인 오행복
표지디자인 오정은

등 록 2017년 5월 29일 제406-2017-000058호
주 소 경기도 파주시 회동길 370(백산빌딩 3층)
전 화 02-914-1621(代)
팩 스 031-955-9911
이메일 edit@ibaeksan.kr
홈페이지 www.ibaeksan.kr

ISBN 979-11-6567-543-1 93320
값 20,000원